BIBLIOTHÈQUE D'HISTOIRE CONTEMPORAINE

JOSEPH REINACH

La Vie politique

de

Léon Gambetta

suivie

d'autres essais sur Gambetta

LIBR

LA VIE POLITIQUE

DE

LÉON GAMBETTA

SUIVIE

D'AUTRES ESSAIS SUR GAMBETTA

LA VIE POLITIQUE

DE

LÉON GAMBETTA

SUIVIE

D'AUTRES ESSAIS SUR GAMBETTA

PAR

JOSEPH REINACH

PARIS
LIBRAIRIE FÉLIX ALCAN
108, BOULEVARD SAINT-GERMAIN, 108
1918

AU MARÉCHAL JOFFRE

J. R.

PRÉFACE

J'ai réuni dans ce volume à une esquisse biographique de Gambetta des essais que j'ai publiés à diverses époques sur ce grand citoyen. Si incomplet qu'il soit, ce livre vient peut-être à son heure : « Il n'y a pas un seul jour depuis la guerre, me disait le général Gallieni, où Gambetta n'ait encore grandi. »

J'ai abordé Gambetta pour la première fois en 1876. J'avais vingt ans et je faisais mon droit. Comme tous les républicains de ma génération, je professais pour Gambetta une vive admiration. Anatole de la Forge, préfet de l'Aisne en 1870 et défenseur de Saint-Quentin, me donna une lettre d'introduction pour lui. Je ne me présentai point sans quelque émotion, un certain dimanche de septembre, aux bureaux de la République française. Gambetta me reçut aussitôt, s'amusa, je pense, de mon trouble. Albert de Mun a dit de lui qu' « il avait le charme de l'accueil et le secret des mots encourageants ». Il me questionna sur mes études et sur la politique au Quartier Latin, tout comme il venait d' « ordonner » l'invalidation du noble orateur catholique, « avec des paroles d'une grâce infinie ».

Bien qu'il m'y eût invité, je n'osai pas retourner chez

Gambetta. Je ne le revis que l'année d'après, le 16 mai 1877, dans la soirée du jour où le maréchal de Mac-Mahon avait congédié un peu vivement Jules Simon. C'était dans un salon ami où il fréquentait quelquefois. La maîtresse de la maison me présenta à lui. Il me reconnut, ou fit semblant, et me fit reproche de n'être pas revenu le voir. Je m'y risquai peu après. Il avait lu, ou parcouru, une dissertation où j'avais esquissé à grands traits un très grand sujet (l'influence historique de la France sur l'Allemagne), et qui avait été mes débuts à la Revue Politique et Littéraire. *Il était au plein de la grande lutte contre l'« Ordre moral ». Il m'entretint de mon article, comme si le baromètre avait été au calme. On me pardonnera de noter ici que j'entends encore me dire de ce juvénile essai : « Cela est vu de haut. » Il m'invita à collaborer par des articles littéraires à la* République française *et à m'entendre à cet effet avec le rédacteur en chef du journal, Challemel-Lacour. Il me demanda encore d'écrire une brochure de propagande républicaine pour la réélection des 363.*

Je sortis de chez lui à peu près ivre de joie et d'orgueil. Après tant d'années, cela ne me paraît pas si ridicule.

L'accueil de Challemel-Lacour ne ressembla point au sien. Comme je lui dis, sur son interrogation, que je n'avais jamais fait de journalisme : « Qu'est-ce que ces petits jeunes gens, grogna-t-il, que m'envoie Monsieur Gambetta ? » Il fut, par la suite, le plus tendre et le plus paternel des amis et il est l'un des hommes que j'ai le plus aimés. Mais il avait le caractère et, aussi, la digestion difficiles, et il avait, sans doute, ce jour-là, quelque sujet de mauvaise humeur. Il prit sur son bureau l'Histoire des Hongrois de Sayous et me « commanda » de lui faire une Variété sur ces deux gros volumes. Je me crus ramené au lycée, à la classe, plutôt austère, de mon professeur de seconde, M. Foucart.

Je préférai, nécessairement, travailler « pour » Gambetta. Je mis l'Histoire des Hongrois dans un coin, et j'écrivis d'un trait ma brochure de propagande : la République ou le Gâchis, *le gâchis étant l'Ordre moral. J'en portai aussitôt le manuscrit à Gambetta qui me pria de lui en faire la lecture ; il l'approuva, la fit imprimer, et l'un des parquets de M. le duc de Broglie, celui de Tarascon, ordonna contre moi des poursuites « pour outrage au maréchal ».*

Voici quel était le passage incriminé : « Si les élections sont républicaines, le maréchal ne pourra choisir qu'entre ces deux partis : Ou faire exécuter la volonté souveraine du pays, ou donner sa démission de Président de la République ». Je cherchai par la suite à me persuader, sans y parvenir, que Gambetta, ayant cueilli ces lignes au vol, en avait fait son fameux dilemme : Se soumettre ou se démettre.

J'étais dans la grande bataille ! Je serais condamné ! Je connaîtrais, moi aussi, la paille humide des cachots de l'infâme Réaction !

O jeunesse ! printemps de la vie !

Je devais être, finalement, compris dans la première loi d'amnistie, présentée par Dufaure, après la victoire des 363.

Désormais, j'allai fréquemment chez Gambetta, je l'accompagnai dans les réunions publiques, il m'enrôla dans un de ses comités d' « action ».

Je n'avais pas cherché à revoir Challemel-Lacour ; je le rencontrai quelque temps après à une soirée chez Émile de Girardin ; il s'informa, mais, cette fois, avec beaucoup de bonne grâce, de mon article sur « les Hongrois ». Il était de belle humeur et charmant. Je lui dis que je venais de terminer l'article et que je me proposais de le lui porter le lendemain. Je l'écrivis dans la nuit. Il le parcourut, m'en

*fit compliment et le fit paraître sans délai. About m'écrivit
le lendemain : « Mon cher confrère, après votre magnifique
article sur les Hongrois, je n'ose plus me dire le vôtre.. »
Les hommes de ce temps-là aimaient les jeunes gens et les
poussaient. Puis, Gambetta me fit entrer dans la rédaction
politique de la* **République** *française ; Challemel-Lacour
me donna à traiter les questions de politique étrangère ;
c'est une façon comme une autre de commencer à s'en instruire.*

*L'année d'après, Gambetta me confia la publication de
ses discours « avec commentaires historiques ». Il en avait
précédemment chargé Eugène Spuller, le plus ancien et le
plus cher de ses amis. Mais Spuller était député et absorbé
par le travail parlementaire. Gambetta m'écrivit que
Spuller était « enchanté de m'avoir pour substitut » et me
souhaita « bonne nage ». Je ne devais achever qu'après sa
mort ce travail dont je tirai grand profit pour mon éducation politique. Les onze volumes des discours de Gambetta
sont un véritable cours de politique générale et de politique
parlementaire. Lors de son court ministère, il me prit
comme chef du cabinet à la présidence du conseil ; Auguste
Gérard, depuis ambassadeur, et Hanotaux étaient chef et
sous-chef de cabinet aux Affaires étrangères. Je rédigeai
l'exposé des motifs de son projet de révision de la Constitution ; il en donna lecture à la Chambre dans la séance du
14 janvier 1882. Il lisait à merveille, de sa voix pleine et
chaude. L'accueil fut franchement mauvais. Silence à
gauche et au centre. Rumeurs à droite, à la gauche radicale, et à l'extrême-gauche. La Commission, qui fut élue
dans les bureaux pour l'examen du projet, compta 32 membres hostiles (Clemenceau, Ribot, Camille Pelletan, Andrieux, Marcère, Horace de Choiseul, Barodet, etc.) et un
seul membre favorable, Marcellin Pellet, rédacteur à la*

République française. *Le ministère fut renversé le 26 janvier.*

Étais-je trop jeune pour bien comprendre Gambetta ? Ou bien, l'ai-je tout au contraire mieux compris parce que j'étais jeune et que j'avais pour lui une admiration sans arrière-pensée ?

Sa fortune avait été trop rapide, et sa supériorité trop éclatante, pour que nombre de ses contemporains, et ses cadets autant que ses aînés, n'en eussent pas de la jalousie, ce qui ne lui échappait point, comme il s'apercevait aussi que certains se servaient de lui pour leurs intérêts plus qu'ils ne le servaient pour sa politique. Surtout, sa puissante personnalité débordait de beaucoup les cadres du parti républicain, qui ne tenait pas à ouvrir ses rangs aux convertis des anciens partis, alors que, même à l'époque des luttes les plus ardentes, il eut l'ambition raisonnée de faire entrer le pays tout entier dans la République. Il ne voulut rien être que par son parti et il ne comprit pas la République autrement qu'entourée d'institutions républicaines ; mais il ne faisait pas dater de la République ni de la Révolution l'histoire de France, il en avait l'intelligence profonde et il aspirait davantage à y tenir devant la postérité une grande place qu'à être chômé sur le calendrier des républicains de profession.

Aussi ses jeunes amis étaient-ils plus accessibles à son action, dans ce qu'elle avait de plus général et de plus noble, que ses plus anciens compagnons. Il se trouva plus d'une fois dans la nécessité de se justifier devant ceux-ci précisément des actes et des desseins qui parlaient d'eux-mêmes à l'âme de ceux-là et qui l'ont porté devant l'histoire, au-dessus des autres chefs républicains, dans une sphère plus lumineuse et plus pure.

Il m'emmenait assez souvent promener avec lui, parlant devant moi plus qu'il ne causait avec moi et, je dirais volontiers, essayant ses idées. Plus elles étaient larges et plus elles portaient loin, plus j'en étais ravi, ce qui n'était point sans lui faire plaisir. Quand j'allais ensuite aux bureaux du journal, j'y éprouvais comme une sensation de resserrement. Sans doute, la bataille quotidienne ne peut pas se poursuivre comme une offensive de grand style vers l'avenir. Tout de même, il y avait souvent entre la pensée de Gambetta et la politique de son journal un écart trop considérable.

*C'est dans la correspondance de Gambetta avec M*ᵐᵉ *Léonie Léon, quand on la pourra publier tout entière, que la postérité trouvera sa véritable pensée sur les événements et sur les hommes. Les fragments qui en ont paru en donnent déjà une idée assez exacte. Apparemment, l'ardeur qu'il porte dans les grandes affaires de l'État le fait éclater quelquefois en des diatribes sans mesure et des doléances excessives. Il aurait révisé lui-même, à tête reposée, plus d'un de ses jugements, non seulement sur les personnes, mais sur l'ensemble de la représentation populaire, issue, à la vérité, du scrutin d'arrondissement qu'il maudissait en public comme dans le particulier, et sur la démocratie. Pourtant, c'est bien du plus profond de son cœur angoissé pour l'avenir et avec toute la lucidité de son cerveau qu'il menace « d'abandonner à leur irrémédiable impuissance » les médiocrités et les haines parlementaires qui se sont coalisées contre sa politique « de fierté nationale » et sa volonté d'établir dans la République « un gouvernement digne de ce nom ». Pourtant, encore, c'est en toute sérénité d'esprit qu'errant dans les rues de Gênes et s'oubliant dans « la* *rêverie du passé : l'admirable aventure de Colomb, les audacieuses courses marines des Doria, les grands coups d'épée des Spinola »*, il envie au berceau de sa famille paternelle *« une République où la force et la dignité marchaient de pair avec la liberté populaire »*. Lui faudra-t-il se *« résigner à ne plus fatiguer ses aveugles contemporains de ses projets de restauration nationale »* [1] ?

Je serais taxé pour le moins d'inexactitude ou de parti pris si je relatais toutes les craintes qu'il éprouvait, dès les années qui furent les meilleures, pour l'avenir du régime parlementaire, — faussé dans son principe par la détestable politique des surenchères et la politique plus misérable encore des clientèles, — et pour l'avenir d'une démocratie élective dont les compétitions et les influences prétendent faire *« le gouvernement d'une maison privilégiée q i voit pulluler les créatures autour d'elle »*. Mais il a prononcé cette dernière phrase, en plein Belleville, au mois d'août 1881, et il revient incessamment sur ce thème dans les lettres à celle qu'il appelle *« la sage Minerve »*.

Il a emprunté *« à son ami Peyrat »*, dans l'un de ses discours les plus retentissants, la formule dont il a fait un cri de guerre : *« Le cléricalisme, voilà l'ennemi ! »* et il est resté, jusqu'à sa dernière heure, l'adversaire juré des oppressions théocratiques et de la mainmise par l'Église sur la politique, positiviste et libre-penseur. Mais qu'ont fait et que vont faire les sots et les sectaires de cet anti-cléricalisme, à la fois bouclier et épée de la liberté de conscience et des droits souverains de l'État, et qui n'a pas été moins dans la tradition de la monarchie capétienne que dans celle de la Révolution ? Convié à une cérémonie religieuse à l'occasion de la mort de Victor-Emmanuel, il se

---

1. Lettres des 12 et 19 janvier, du 13 février et du 6 juillet 1882 (publiées dans la *Revue de Paris* du 1er décembre 1906).

rendra à l'église : « Ce ne sont pas les quolibets qui pourront jamais me faire peur et me barrer la route[1]. » Le fait d'arrêter la carrière d'un officier ou d'un fonctionnaire, parce qu'il va à la messe, ou que sa femme fréquente les églises, ou que ses enfants reçoivent une éducation religieuse, lui aurait fait horreur. Lui aussi, ce n'est point pour cela qu'il avait vaincu à Marathon !

Je me souviens de la soirée où le télégraphe apporta la nouvelle de l'élection du cardinal Pecci qui allait être le pape Léon XIII. Il vint s'asseoir à la grande table autour de laquelle avaient coutume de s'asseoir les rédacteurs de la République pour lire les journaux. Avisant Louis Combes, l'auteur pénétrant et érudit des Curiosités révolutionnaires, il l'interpella : « Eh bien ! Combes, que pensez-vous de la nomination du cardinal Pecci ? — Monsieur Gambetta, répliqua le petit vieillard fluet, nous ne fréquentons pas le même monde. » Évidemment. On parla d'autre chose.

Mais, le soir, Gambetta écrivit à Mme Léon ces lignes admirables, dont il n'aurait pu faire passer que la petite monnaie dans son propre journal : « Aujourd'hui (20 février « 1878) sera un grand jour, la paix venue de Berlin, » — un discours de Bismarck sur la question d'Orient, — « et « peut-être la conciliation faite au Vatican. On a nommé « le nouveau pape : c'est cet élégant et raffiné cardinal « Pecci, évêque de Pérouse, à qui le vieux Pie IX, jaloux, « avait essayé en mourant d'enlever la tiare en l'insti- « tuant camerlingue. Cet Italien, plus diplomate que « prêtre, est passé au travers de toutes les mailles des « jésuites et des clergés exotiques : il est pape, et le nom « de Léon XIII qu'il a pris me semble du meilleur augure[2].

1. 16 janvier 1878.
2. Léon Gambetta et Léonie Léon.

« *Je salue cet avènement plein de promesses. Il ne rompra*
« *pas ouvertement avec les traditions et les déclarations*
« *de son prédécesseur ; mais sa conduite, ses actes, ses*
« *relations, vaudront mieux que les discours, et, s'il ne*
« *meurt pas trop tôt, nous pouvons espérer un mariage de*
« *raison avec l'Église.* »

Ce ne fut point Léon XIII, ce fut Gambetta qui mourut
trop tôt.

Il y a donc, après tant de publications, un Gambetta
encore inconnu, qui ne pourra être révélé que par lui-
même, par ses lettres à la compagne des dix dernières
années de sa vie et dont il allait faire sa femme quand
un accident stupide brisa cette noble existence. Cependant
le Gambetta de ces lettres et de tant d'entretiens, qui ne
sont pas morts dans tous les souvenirs, ce Gambetta ne
diffère de l'autre que par des nuances, surtout dans la
forme, et sa conscience est si droite qu'il se les reproche
parfois.

Les hommes, même les plus puissants par la pensée et
par le caractère, sont assez souvent tissus de contradic-
tions. Gambetta est, peut-être, de tous les hommes d'État,
celui qui a été le plus fidèle dans ses manifestations
publiques à son intime pensée ; mais il l'a été en politique,
en diplomate, en latin qu'il est. Sans doute, assez de diffé-
rences encore apparaîtront entre l'homme public et l'amant
pour que l'historien, qui aura tout à la fois sous les yeux
les lettres et les discours, les pensées et les actes, éprouve
un peu d'hésitation. Cependant, il ne sera à aucun moment
amené à se demander, comme pour tels autres : « De ces
deux sosies, quel est le vrai ? » Ce grand républicain, en

effet, ne se déguise jamais ; il ne se croit pas tenu de
découvrir toute sa pensée, qui va très loin, à tous les instants ; mais il ne la dénature à aucun moment : orateur, il
prend des précautions oratoires ; politique, il est, bien
qu'il repousse le mot, « opportuniste ». A la tribune devant
le peuple ou les représentants du peuple, à la petite table
d'où il écrit presque tous les soirs, pendant tant d'années, à la maîtresse que, souvent, il venait à peine de
quitter, il est également sincère. Seulement, quand il
parle en public, c'est avec la préoccupation du moment :
non pas tout ce qu'il faut dire, mais ce qu'il convient de
dire à une heure précise. Quand il écrit à son amie, il
plonge, au contraire, dans l'avenir. Au surplus, comme il
est, à n'en pas douter, trop épris de gloire et trop constamment penché sur l'histoire pour ne pas s'inquiéter du
jugement de la postérité, il s'applique à rester conséquent
avec lui-même, le plus qu'il peut, et il ne laisse ni courir
sa plume, ni sa parole se précipiter au hasard. Je l'ai
montré méditant longuement ses discours, où la phrase
est improvisée, mais dont la construction solide est très
étudiée, puis les faisant reviser par Spuller avec un soin
extrême, et me chargeant de les publier avec des notices
qui les replaceront dans le cadre des événements. Pareille-
ment, je crois qu'il écrivait ses lettres à Mme Léon comme
de véritables mémoires au jour le jour, avec la certitude
qu'elles seraient conservées et ne mourraient ni avec elle
ni avec lui, et y passant, sans que l'association singulière
soit déplaisante, de la tendresse à la politique, parce qu'il
ne dédaigne point d'être aussi un grand amoureux dans
l'histoire.

Ayant connu par Mme Léon une très grande partie de la
correspondance, il me semble bien que les lettres et les discours s'éclaireront les uns les autres pour les peintres de

l'avenir. Pour moi, le vrai Gambetta, c'est celui des lettres, mais l'autre, celui de la vie publique, cherche toujours à ne s'en éloigner que le moins possible, à la fois pour s'estimer lui-même et pour que son amie ne s'étonne pas. Je pourrais illustrer cette opinion de plusieurs exemples, dont voici l'un des plus probants.

Gambetta doit prononcer, dans sa circonscription de Belleville, un discours « sur la situation politique, telle qu'elle découle des élections du 20 février 1876 », a-t-il écrit au président de son comité, « et sur la marche politique suivie et à suivre pour assurer à ce grand acte de la volonté nationale toutes ses conséquences légitimes ». Cette montagne de Belleville est un quartier presque entièrement ouvrier, déjà socialiste sous l'Empire, dernier champ de bataille de la Commune et qui est resté de cœur avec les fédérés. Beaucoup de familles ont été éprouvées durement par la répression de Versailles et il y en a beaucoup dont un père, un fils ou un parent est encore déporté à Nouméa. La question de l'amnistie est donc très brûlante dans cet arrondissement. On y tient nécessairement pour l'amnistie plénière. Hugo, qui vient d'être élu sénateur de Paris, l'a inscrite dans son programme ; la plupart des députés de la Seine la réclament, Louis Blanc, Clemenceau, Floquet, Raspail, Émile Deschanel, Brisson, les uns par conviction, les autres, toujours en quête de popularité, pour faire leur cour aux plus avancés. Cependant il est certain absolument que ni le maréchal président de la République, ni le ministère Dufaure, ni la grosse majorité de la Chambre et du Sénat, n'accepteront l'amnistie plénière : tout au plus des grâces, ou une amnistie très restreinte. Ils la voteront quatre ans plus tard, sous la parole pressante de Gambetta qui les suppliera d'écarter ce haillon de guerre civile. Mais il est encore beaucoup trop tôt, les crimes de la Commune,

guerre civile sous les yeux des vainqueurs prussiens, incen-
dies, assassinats des otages, sont trop récents, les passions
trop vives ; l'amnistie totale fait horreur à tous les partis
de droite et à tout le gros du parti républicain. Un homme
politique, qui aspire à gouverner l'État, qui a pris à tâche
de recommander la patience et la sagesse et qui a les yeux
toujours tournés vers l'avenir, peut-il se prononcer pour
l'amnistie plénière de la Commune sans compromettre tout
son avenir d'homme d'État? Mais le député de Belleville
la peut-il repousser sans perdre sa popularité, déjà com-
promise aux couches agitées ou troubles d'une démocratie
simpliste?

Voilà le problème; c'est sur l'amnistie que Gambetta a
été invité à s'expliquer devant ses électeurs.

Il écrit la veille de la réunion à Mme Léon : « J'ai jeté
« les yeux sur le croquis que j'avais tracé devant toi de cette
« pénible harangue. » Pénible, parce qu'il voit les périls
des deux opinions, la sienne qui est encore opposée à l'am-
nistie plénière, ne serait-ce que parce qu'elle est impos-
sible, et celle de son corps électoral et de toute l'extrême
gauche de son parti. « Je sens comme un embarras maus-
« sade ; les développements s'entassent dans ma tête ; mais
« l'ordre et la clarté font défaut : on dirait que je suis
« rebelle à produire loin de la chaleur de l'auditoire. » —
Évidemment, son parti est pris ; mais pourra-t-il s'y tenir
dans la salle ardente, et mêlée d'éléments hostiles, qu'il
prévoit? A nager contre le courant, ne risque-t-il pas, si
vigoureux que soit son bras, d'être emporté? » — « Je ne
« trouve, il me semble, que des lieux communs, des bana-
« lités sans précision, j'abandonne ma besogne et je m'en
« remets à la fortune du moment. Advienne que pourra!
« Je préfère attendre le tête-à-tête avec cet autre monstre
« plus épais et plus difficile que celui de Varzin. » —

Renan écrirait-il autrement, ou Taine ? Puis, cette confes-
sion magnifique, qui n'est pas seulement la sienne, mais
celle de tous les conducteurs loyaux de peuples et de
foules : « *Quel métier que le mien ! Il me faut, avant d'agir,*
« *gagner le droit de faire triompher la raison et la justice*
« *sous la livrée de la violence. Il faut écarter les suspicions*
« *des uns, mater les calomnies ou les terreurs des autres, et*
« *les tromper tous pour les mieux servir.* » — *C'est du Tacite,*
on du Retz. — « *Heureusement, il me reste la certitude*
« *au fond de ma conscience que je ne peux mieux faire.*
« *Qui donc a voulu que la vérité ne puisse cheminer dans*
« *le monde toute nue ? La plus impérieuse des volontés,*
« *le besoin qu'éprouve l'humanité de n'obéir, de ne suivre*
« *qu'à la condition d'être séduite ou violentée... Mais*
« *trêve de misanthropie ! Je reviens vers toi.. »*

La réunion fut orageuse. (27 octobre 1876), mais Gam-
betta se tiendra parole, sans doute avec des habiletés de
toutes sortes, bien qu'il dise et répète que l'insurrection
du 18 mars a été criminelle, et que c'est faire injure aux
républicains que « *de les confondre de proche en proche*
avec les hommes les plus tarés et les plus souillés de la
Commune ». *L'art du discours consiste en ceci, qu'après*
être convenu de son désaccord avec les promoteurs de
l'amnistie totale, — il pressent et il donne à entendre qu'il
en sera lui-même l'auteur au jour favorable, — c'est
moins l'objet qu'il condamne que les procédures suivies.
Prenant l'offensive, il accuse les promoteurs de la mesure
générale d' « *avoir mal pris la question* », *de* « *l'avoir*
mal posée », *d'* « *avoir présenté le glaive par la pointe*
au lieu de le présenter par la garde », *si bien que pour*
conquérir un peu de clémence pour les égarés, il a été con-
traint, lui, de signer une demande d'amnistie partielle.
Il eût voulu qu' « *une large politique, une politique intel-*

ligente » ne laissât point poser la question et qu'elle eût
devancé le sentiment public. Entre un gouvernement qui a
manqué de générosité et un parti extrême qui a manqué
de science manœuvrière, il n'a voulu ni s'associer à la
dureté des uns ni à la maladresse des autres. Et c'est donc
lui qui, cherchant à sauver quelque chose dans ce conflit,
aura été, vraiment, l'homme de l'oubli et du pardon.

Faire applaudir l'amnistie partielle, qui est juste et possible, par ce peuple de Belleville qui veut l'amnistie totale
et l'irriter, en même temps, contre la fausse manœuvre des
purs, est-ce de la politique florentine? En tous cas, c'est
de la politique.

Cependant, il lui répugnerait de n'avoir été qu'habile,
et, par conséquent, il accompagne sa défense, car c'en est
une, dans ce milieu ardent et nerveux, du panégyrique le
plus vibrant « de la politique de transactions et de résultats » qu'il oppose « à la politique de violence et d'intransigeance ». Il sait combien est meurtrière parmi le peuple
l'accusation de modérantisme. Alors il découvre sa poitrine, comme l'Empereur, au retour de l'île d'Elbe, devant
ses soldats envoyés contre lui, et, s'étant déclaré « sûr de
ne jamais trahir la confiance de la démocratie », il proclame qu'il est tout de même « préparé à ne pas avoir la
faveur populaire. » Comment donc ne lui viendrait-elle pas
ce soir encore? Ces ouvriers et ces petits bourgeois « du
mont Aventin de la démocratie » sont des passionnés. Il ne
les en blâme pas, mais il leur demande s'ils veulent, eux
aussi, se conduire en maladroits. Non, évidemment. Donc
suivez, une fois encore, « celui qui a la prétention de connaître, aussi bien que personne, les voies et moyens à l'aide
desquels on peut assurer l'établissement de la démocratie
républicaine ». Finalement, il fait acclamer par cette avant-
garde de prolétaires ces paroles qui, demain, iront au cœur

des patriotes de tous les partis : « *Ce que je rêve pour mon parti, ce ne sont pas les héroïques résistances de la rue* », — *qui sait mieux que Belleville ce qu'elles se payent ?* — « *c'est le gouvernement de la France par elle-même, parce qu'il y a quelque chose que je place plus haut peut-être que toutes mes convictions politiques et philosophiques, c'est la France !* »

« *Quel métier !* » *écrivait-il hier. Mais comme il le pratique ! Quel tacticien et, dans le même temps, quel éducateur !*

*Je n'ai connu M*ᵐᵉ *Léon qu'après la mort de Gambetta. Elle l'avait soigné, dans la petite maison des Jardies, comme savent le faire les amantes. La famille survenant après qu'il eut rendu le dernier soupir, elle le regarda longuement et s'en alla dans la nuit.*

Elle avait encore sur son visage ravagé par la douleur de très grands restes de beauté quand je fus admis auprès d'elle, quelque temps après, ayant un peu forcé sa porte, mais elle savait mon admiration fidèle pour celui qui l'avait tant aimée et qu'il me portait quelque amitié. Je la revis souvent jusque dans les dernières années de sa vie où elle tomba dans une dévotion étroite et se condamna à une espèce de claustration.

Le plus qu'elle m'a raconté d'elle-même la laisse entourée d'un grand mystère. Son père était officier et avait servi auprès du duc d'Orléans. Il finit dans un drame. Ce n'est point par elle que j'ai su sa liaison, sous l'Empire, avec Hyrvoix, le chef de la police secrète ; mais elle n'ignorait pas que j'en étais instruit.

Il est fait allusion dans les lettres de Gambetta à des

épreuves « terribles et cruelles » qu'elle traversa avec une grande vaillance ; elle ne m'en a jamais rien dit. Sa sœur avait eu un fils ; Gambetta s'étant intéressé à l'enfant, on eut vite fait de supposer qu'il était né de ses amours avec Mme Léon.

Gambetta l'avait remarquée, en 1870, à une séance du Corps Législatif qu'elle suivait d'une tribune. Il lui fit porter par un huissier un billet qu'elle déchira. Vers la fin de 1871, étant allé voir un ami malade, celui-ci l'engagea à rendre visite à sa mère ; il y trouva son inconnue, lui fut présenté. J'ai cru comprendre qu'elle ne lui résista pas longtemps. Parmi les lettres qui ont été publiées, les plus anciennes sont de 1873. Mais il suffit de les lire pour reconnaître que, si elles sont d'un amant passionné, elles sont postérieures de beaucoup à sa première victoire.

Désormais, il n'aima plus qu'elle : « Tu es bien la plus incomparable charmeuse qui soit sortie des mains de la nature... Songe que je t'aime plus que la vie, plus que la gloire... Je t'adore du plus profond, du meilleur de mon cœur, et si tu étais là, comme tu y seras lundi, je t'embras-serais si éloquemment (ce n'est pas lui qui souligne) que tu verrais bien que je suis tien pour toujours. »

De bonne heure il voulait l'épouser, mais elle s'y refu-sait, alléguant son passé. Il insistait ; ses lettres abondent en supplications : « Laisse-toi vaincre à ma grande âme... J'ai connu, sans en être troublé, toutes les extrémités du bonheur, de ce qu'on est convenu d'appeler parmi les hommes les joies du pouvoir et de la renommée ; mais rien ne m'est de rien sans toi, sans ton amour, sans ta présence, sans ta revanche contre l'injuste destinée. » Il lui donna une bague où il avait fait graver : Hors cet annel, point n'est d'amour. Elle ne céda à ses instances qu'au mois d'août 1882, comme il venait de perdre sa mère, quatre

mois avant sa propre mort. Il la conduisit alors en
Suisse, chez sa vieille amie, Mme Arnaud de l'Ariège,
qui la retint pendant quelques jours au château des
Crêtes. Il lui écrivit le 11 septembre : « Je compte bien
que tu es déjà installée à Ville-d'Avray, que tu y passeras
ces quinze jours de séparation, que tu y présideras à la
rigoureuse exécution des travaux et que tu seras, comme
il convient, une maîtresse de maison préludant ainsi au
rôle définitif qui t'attend et le plus vite possible. » Le
dernier billet qu'il lui écrivit est du 21 novembre, huit
jours avant l'accident mortel : « Ah! que j'ai d'impatience
d'en finir avec cette vie hachée, dépensée à courir l'un
après l'autre... Il faut terminer ce supplice qui est d'autant plus intolérable que nous sommes seuls maîtres de
ne pas le subir. Je me console en songeant que nous tou-
chons au terme et que bientôt nous ne nous quitterons
plus. »

Elle fut, à la manière antique, son Egérie. Il lui racon-
tait tout, la consultait sur tout, célébrant sa sagesse, sa
clairvoyance, sa fermeté d'esprit. C'est l'un des leit-motiv
de ses lettres.

Il y a, sans doute, de l'exaltation, de l'amour, sous toutes
ses formes, dans ces incessants dithyrambes. Il était de ces
hommes, comme j'en ai connu quelques-uns, qui veulent
que l'objet aimé pour sa beauté ait tous les dons de l'esprit. Ils croiraient déchoir si la beauté ou le charme étaient
seuls à inspirer leur passion. Dès qu'ils vantent l'intelligence d'une jolie femme, c'est qu'ils sont de nouveau
épris.

Le jugement, tantôt bienveillant, tantôt sévère, de Gambetta sur les hommes et sur d'autres femmes m'a toujours
paru si droit, si pénétrant, que je ne me risquerai pas à
reviser l'opinion qu'il avait de sa maîtresse. Dans les

entretiens prolongés que j'ai eus avec elle, j'ai été frappé davantage de ses connaissances très étendues que de son intelligence. Elle l'avait certainement très fine et libre. Elle avait le sens de la politique. Elle avait du goût, sans être très artiste. Mais elle s'observait beaucoup, non sans quelque préciosité, et je n'ai rien retenu de nos conversations qui me l'aurait fait tenir pour une femme supérieure si Gambetta ne l'avait point proclamée « l'inspiratrice de ses meilleures actions, le guide le plus sûr de ses actes, sa Minerve personnelle ».

Il est possible qu'elle ait été seulement le miroir fidèle de son génie. Il se serait admiré en elle. Je le croirais volontiers à bien lire la lettre (du 27 janvier 1877) qui a l'allure et le ton d'un cantique : « Celui-là n'a pas connu la véritable ivresse du triomphe politique qui ne l'a pas savourée dans l'amour... Je puis dépenser sans compter, à pleines mains, dans les multiples luttes de mon existence, les épargnes et les réserves de mon esprit; je suis sûr de refaire le trésor à ton simple contact... Tu es la fontaine de ma vie, ma belle Samaritaine. » Pourtant, elle le contredisait et n'approuvait pas tout de sa politique.

Mais qu'elle ait été digne d'être aimée de lui, compagne discrète autant que délicieuse, se cachant dans son ombre et ne demandant qu'à être ignorée, ne vivant que pour lui seul, cela ne fait pas de doute; le grand fleuve d'oubli qui a emporté tant d'amours respectera le leur.

25 octobre 1917.

LA VIE POLITIQUE

DE

LÉON GAMBETTA[1]

1. Cette étude a paru pour la première fois en 1883 ; je reproduis cette œuvre de jeunesse (dont le ton, je le sais, n'est pas celui de l'histoire) sans d'autres corrections que de pure forme et avec quelques additions qui m'ont semblé nécessaires et équitables.

I

Léon Gambetta naquit à Cahors le 2 avril 1838. Son père, originaire de Gênes, était épicier. Sa mère, Orasie Massabie, descendait d'une vieille famille bourgeoise du Quercy. Ainsi sortait-il de ces *nouvelles couches sociales* dont il devait proclamer et diriger l'avènement.

Après avoir fait de rapides et brillantes études d'abord au petit séminaire de Monfaucon, puis au lycée de sa ville natale, Léon Gambetta vint à Paris pour suivre les cours de l'École de droit et se livrer, selon le désir de sa mère, qui lui avait appris à lire dans les œuvres d'Armand Carrel, à sa passion déjà dominante pour la politique. Inscrit au barreau en 1860, il débuta bientôt avec succès, mais sans se laisser éblouir par ses premiers triomphes oratoires, et continua à développer par d'immenses lectures une instruction qu'il sentait incomplète. On a beaucoup glosé sur les longues stations du jeune avocat au café Procope ; il n'avait pas accès, en effet, aux salons du grand monde. De nombreuses légendes ont couru sur *les années d'apprentissage* de Gambetta. On n'a pas dit assez qu'il fut un travailleur acharné et méthodique. Sa tante Massabie tenait pour lui un modeste appartement où il recevait quelques amis. Dans les cafés, à la conférence Molé dont il fut deux fois président, à la conférence du stage dont il fut le troisième secrétaire, Gambetta ouvrait une écluse aux pensées qui bouillonnaient en lui. Peu d'hommes sont entrés mieux armés que lui dans la

vie publique. Il s'arma lui-même, alors que les fils de ces
grandes familles, au service de l'État depuis de longues
années, trouvent la politique dans leurs berceaux.

Il n'a réellement paru sur la scène qu'après avoir achevé
une éducation littéraire, historique, économique et militaire qui faisait, dès 1865, l'admiration de Thiers, — le
vieil homme d'État eut pour lui, de très bonne heure, un
goût très vif, — de Crémieux dont il fut le secrétaire
favori, de Jules Favre. Il suivait avec assiduité les
séances du Corps législatif, dont il rendit-compte, pendant quelque temps, dans l'*Europe* [1]. Il cherchait à connaître et à comprendre les hommes importants de tous
les partis. Il voyagea deux fois en Orient, et ne voyagea
pas en simple touriste. Il voulait déjà voir et savoir
par lui-même. Méditant sur les causes qui avaient fait
échouer la tentative républicaine de 1848, il s'appliqua à
dégager une conception claire et pratique de la démocratie.

Ce fut aux élections générales de 1863 que Gambetta fit
son premier acte de politique un peu éclatant, en soute-
nant dans le VIe arrondissement, qui était le quartier
des Écoles, la candidature, simplement libérale, de Prévost-Paradol. Il a toujours été très fier de cet acte d'indépendance qui lui créa, dès lors, une place à part dans le
camp républicain. Cette campagne n'a pas été moins caractéristique de son tempérament d'homme d'État et de sa
ligne générale de conduite que ne le fut, quelques années
plus tard, sa foudroyante intervention dans l'affaire
Baudin.

Le procès Baudin s'ouvrit le 14 novembre 1868. Pinard,
ministre de l'Intérieur, avait provoqué des poursuites
devant la police correctionnelle, contre Challemel-Lacour,
rédacteur en chef de la *Revue politique*, Peyrat, rédacteur

1. Journal international qui paraissait à Francfort.

en chef de *l'Avenir National*, Delescluze, rédacteur en chef
du *Réveil*, Charles Quentin, rédacteur au même journal,
Duret, gérant du journal la *Tribune*, Gaillard père et fils,
et Abel Peyrouton, « sous l'inculpation d'avoir tous les
huit, à Paris, dans le but de troubler la paix publique et
d'exciter à la haine et au mépris du gouvernement, pratiqué des manœuvres à l'intérieur ». Ces manœuvres résul-
taient du fait d'avoir ouvert une souscription pour élever un
monument au représentant du peuple qui avait été tué
sur les barricades de Décembre. Delescluze savait que
Gambetta avait plaidé avec talent l'affaire des Sociétés
secrètes, dite procès des 54, et l'affaire des correspondants
mexicains. Il se souvenait que Gambetta avait gagné
contre lui-même, en 1865, un procès littéraire qui enga-
geait le droit de réponse. Il le désigna comme avocat
l'avant-veille de l'audience. Les défenseurs des autres accusés étaient Crémieux, Clément Laurier, Jules Favre, Emmanuel Arago et Leblond.

L'attente de Delescluze ne fut pas trompée ; il faut citer
les principaux passages du discours de Gambetta ; cette
ardente rhétorique défie l'analyse :

Un pareil procès a-t-il jamais été agité à aucune époque
parmi les hommes ? Non ! jamais ! Remontez jusqu'au temps
d'Athènes, jusqu'au temps de Rome, cherchez s'il y a jamais
eu un procès comparable à celui dont vous êtes saisis ? Quant
à moi, je le dis avec toute l'énergie des forces qui vibrent dans
mon être, j'ai beau interroger mes souvenirs, consulter l'histoire, jamais, non jamais, je n'ai rencontré un pareil duel entre
le droit et le despotisme, entre la loi et la force, jamais je ne
les ai vus si ouvertement ni si injustement aux prises dans cet
éternel drame dont se compose l'humanité.

Je ne sais si je me fais illusion, mais il me semble que le
dernier endroit pour soutenir de telles thèses, pour glorifier de
tels attentats, c'est le prétoire du juge, car ici la loi seule doit
parler et être entendue. Seule elle doit être l'intérêt et la passion
du magistrat, puisque sans elle il n'y a rien de durable et de
respecté, que toute certitude sociale disparaît, et qu'on aboutit

fatalement à l'anarchie avec tout ce qu'elle entraîne de désordres et de lâchetés. Je me demande si c'est dans cette enceinte particulière du droit qu'il sera permis de me contredire ?

Rappelez-vous ce que c'est que le 2 Décembre ? Rappelez-vous ce qui s'est passé ? Les actes viennent d'être repris, racontés par M. Ténot, dans leurs épisodes navrants. Vous avez lu ce récit, qui se borne aux faits et d'une impartialité d'autant plus vengeresse ; vous savez tout ce qu'il y a de sang et de douleurs, de larmes dans cette date. Mais ce qu'il faut dire ici, ce qu'il faut toucher du doigt, c'est la machination, c'est la conséquence, c'est le mal causé à la France, c'est le trouble apporté dans les consciences par cet attentat : c'est là ce qui constitue la véritable responsabilité. C'est cela seulement qui pourra vous faire apprécier jusqu'à quel point vous nous devez aide et protection quand nous venons honorer la mémoire de ceux qui sont tombés pour avoir défendu la loi et la Constitution qu'on égorgeait.

Oui ! le 2 Décembre, autour d'un prétendant, se sont groupés des hommes que la France ne connaissait pas jusque-là, qui n'avaient ni talent, ni honneur, ni rang, ni situation, de ces gens qui, à toutes les époques, sont les complices des coups de la force, de ces gens dont on peut répéter ce que Salluste a dit de la tourbe qui entourait Catilina, ce que César dit lui-même en traçant le portrait de ses complices, éternels rebuts des sociétés régulières :

> *Ære alieno obruti et vitiis onusti,*
> Un tas d'hommes perdus de dettes et de crimes,

comme traduisait Corneille. C'est avec ce personnel que l'on sabre depuis des siècles les institutions et les lois, et la conscience humaine est impuissante à réagir, malgré le défilé sublime des Socrate, des Thraséas, des Cicéron, des Caton, des penseurs et des martyrs qui protestent au nom de la religion immolée, de la morale blessée, du droit écrasé sous la botte d'un soldat.

Mais ici, il ne peut pas en être de la sorte ; quand nous venons devant vous, magistrats, et que nous vous disons ces choses, vous nous devez aide et protection. Ces hommes ont prétendu avoir sauvé la France. Il est un moyen décisif de savoir si c'est une vérité ou une imposture. Quand un pays traverse réellement une crise suprême, qu'il sent que tout va succomber, jusqu'à

l'assiette même de la société, alors savez-vous ce qui arrive ?
C'est que ceux que la nation est habituée à compter à sa tête,
parce qu'ils se sont illustrés par leurs talents et leurs vertus,
accourent pour la sauver. Si je compte, si je dénombre, si j'analyse la valeur des hommes qui ont prétendu avoir sauvé la
patrie au 2 Décembre, je ne rencontre parmi eux aucune illus-
tration, tandis que de l'autre côté, je vois venir au secours du
pays des hommes comme Michel de Bourges, Charras, morts
depuis, — Ledru était déjà exilé, — et tant d'autres, pris dans
l'élite des partis les plus divers : par exemple, notre Berryer,
ce mourant illustre, qui, hier encore, nous envoyait cette lettre
d'un homme de cœur, testament d'indignation qui prouve que
tous les partis se tiennent pour la revendication de la morale.

Où étaient Cavaignac, Lamoricière, Changarnier, Leflô, Be-
deau, et tous les capitaines, l'honneur et l'orgueil de notre
armée ?

Où étaient M. Thiers, M. de Rémusat, les représentants autorisés des partis orléaniste, légitimiste, républicain, où étaient-
ils ? A Mazas, à Vincennes : tous les hommes qui défendaient
la loi ! En route pour Cayenne, en partance pour Lambessa, ces
victimes spoliées d'une frénésie ambitieuse ! Voilà, messieurs,
comment on sauve la France ! Après cela, pensez-vous qu'on
ait le droit de s'écrier qu'on a sauvé la société, uniquement
parce qu'on a porté la main sur le pays ?

De quel côté était le génie, la morale, la vertu ? Tout s'était
effondré sous l'attentat !.....

Mais il y a déjà quelque chose qui juge nos adversaires.
Écoutez, voilà dix-sept ans que vous êtes les maîtres absolus,
discrétionnaires de la France, — c'est votre mot ; — nous ne
recherchons pas l'emploi que vous avez fait de ses trésors, de
son sang, de son honneur et de sa gloire ; nous ne parlerons
pas de son intégrité compromise, ni de ce que sont devenus les
fruits de son industrie, sans compter que personne n'ignore les
catastrophes financières qui, en ce moment même, sautent
comme des mines sous nos pas ; mais ce qui vous juge le
mieux, parce que c'est l'attestation de vos propres remords,
c'est que vous n'avez jamais osé dire : Nous célébrerons, nous
mettrons au rang des solennités de la France le 2 Décembre
comme un anniversaire national ! Et cependant tous les régimes
qui se sont succédé dans ce pays se sont honorés du jour qui
les a vus naître. Ils ont fêté le 14 Juillet, le 10 Août ; les journées
de Juillet 1830 ont été fêtées aussi, de même que le 24 Février ;

il n'y a que deux anniversaires : le 18 Brumaire et le 2 Décembre, qui n'ont jamais été mis au rang des solennités d'origine, parce que vous savez que si vous vouliez les y mettre, la conscience universelle les repousserait.

Eh bien ! cet anniversaire dont vous n'avez pas voulu, nous le revendiquons, nous le prenons pour nous ; nous le fêterons toujours, incessamment ; chaque année, ce sera l'anniversaire de nos morts jusqu'au jour où le pays, redevenu le maître, vous imposera la grande expiation nationale au nom de la liberté, de l'égalité, de la fraternité. (*S'adressant à M. l'Avocat impérial :*) Ah ! vous levez les épaules !

M. L'AVOCAT IMPÉRIAL. — Mais ce n'est plus de la plaidoirie...

Mᵉ GAMBETTA. — Sachez-le, je ne redoute pas plus vos dédains que vos menaces. En terminant, hier, votre réquisitoire, vous avez dit : *Nous aviserons !* Comment ! avocat impérial, magistrat, homme de loi, vous osez dire : « Nous prendrons des mesures ! » Et quelles mesures ? Ne sont-ce pas là des menaces ? Eh bien ! écoutez, c'est mon dernier mot : Vous pouvez nous frapper, mais vous ne pourrez jamais ni nous déshonorer, ni nous abattre !

Le plaidoyer pour Delescluze retentit comme un coup de tonnerre. Jamais un plus terrible réquisitoire contre l'Empire n'avait été prononcé dans un plus magnifique langage. Jamais encore le régime de Décembre n'avait été dénoncé avec plus de force au nom de la liberté et du droit. Ce fut, réellement, le signal avant-coureur de la chute prochaine des Bonaparte. « La veille du procès, écrivait Henri Brisson dans la *Revue politique*, on parlait de Sadowa, du Mexique, du pape. Le lendemain, on ne parla plus que du 2 Décembre, et dévoilé, flétri dans son origine criminelle, l'Empire était condamné. »

Gambetta passa ainsi du premier coup au premier rang des républicains. Berryer étant mort, les électeurs de Marseille lui offrirent sa succession. Le gouvernement décida qu'à la veille des élections générales, les élections partielles seraient ajournées.

Ce ne fut pour Gambetta qu'un très court retard. Deux

circonscriptions, la première du département de la Seine,
et la première des Bouches-du-Rhône, l'envoyèrent au
Corps législatif le 23 mai et le 6 juin 1869. Il fut élu à
Marseille contre Thiers, Ferdinand de Lesseps et Barthélemy, et à Paris, contre Carnot, comme candidat irréconciliable avec l'Empire.

Le principe directeur de mes opinions et de mes actes politiques, disait-il dans sa profession de foi aux électeurs de Belleville, c'est la souveraineté du peuple organisée d'une manière
intégrale et complète ; il faut tout lui rapporter et il en faut
tout déduire, les institutions, les lois, les intérêts et les mœurs
mêmes ; scientifiquement appliqué, ce principe peut seul achever
la Révolution française, et fonder pour toujours l'ordre réel, la
justice absolue, la liberté plénière, et l'égalité véritable.

Gambetta devint rapidement l'un des chefs de la minorité républicaine du Corps législatif. Recherché par ses
collègues de tous les partis pour la vigueur et la grâce de
son esprit et l'irrésistible attrait de son talent, il s'appliquait à avoir attitude d'homme de gouvernement,
même aux heures de l'opposition la plus violente :

Il faut surtout, écrivait-il le 24 avril 1870, s'attacher à dissiper les calomnies dont on couvre nos doctrines et nos aspirations. Il faut dire, redire et prouver que, pour nous, le
triomphe de la démocratie fondée sur les libres institutions,
c'est la sécurité et la prospérité assurée aux intérêts matériels,
la garantie rendue à tous les droits, le respect de la propriété,
la protection des droits sacrés et légitimes des travailleurs,
l'amélioration et la moralisation des deshérités, sans atteinte,
sans péril pour les favorisés de la fortune et de l'intelligence.
Dites bien que notre passion, c'est uniquement d'amener la
justice et la paix sociale parmi les hommes ; démontrez sans
trêve, sans repos, que, seul entre tous les partis, le parti démocratique est réellement conservateur, libéral et progressif.
Avec le triomphe de nos idées et seulement par ce triomphe,
la France pourra clore l'ère des révolutions, et développer, au
sein d'une démocratie régénérée et maîtresse d'elle-même, les
admirables ressources de la patrie française.

D'une autre lettre de la même époque :

Je crois pouvoir résumer en deux lignes toute ma politique :
faire prédominer la politique tirée du suffrage universel dans
l'ordre intérieur aussi bien que dans la conduite des affaires
extérieures ; pour tout dire au point de vue des circonstances
actuelles, prouver que la République est désormais la condition même du salut de la France au dedans, et de l'équilibre
européen.

Il avait dit de même dans sa profession de foi :

Dévoué avec passion aux principes de liberté et de fraternité, j'aurai pour méthode politique, dans toutes les discussions, de relever et d'établir, en face de la démocratie césarienne, la doctrine, les droits, les griefs et aussi les incompa-
tibilités de la démocratie loyale.

Il se tint parole. Ses interventions oratoires sont souvent âpres, passionnées ; elles ne sont jamais d'un démagogue. Il n'aura pas à regretter sous le régime de
son choix ses discours ni ses votes d'ennemi irréconciliable de l'Empire. Il dit, le 10 janvier 1870, à Émile
Ollivier qui, déserteur du parti républicain, se fait
l'illusion d'avoir fondé l'Empire libéral :

Vous n'êtes qu'un pont entre la République de 1848 et la
République à venir, et ce pont, nous le passons.

Comme Émile Ollivier s'étonne[1] que les républicains,
partisans du régime parlementaire, refusent de prime
abord leur confiance à sa tentative de le rétablir :

Il y a quelque chose que vous ne pourrez expliquer pour la
moralité française, c'est que votre changement d'opinion a
coïncidé avec votre fortune.

Il expose encore la politique nouvelle dans le charmant
discours au banquet de la jeunesse, et surtout dans le

1. Séance du 18 janvier 1870.

discours du 5 avril contre le plébiscite. Ce jour-là, dans
une Chambre dont la grande majorité est composée d'élus
de la candidature officielle, mais qu'a subjuguée la force
qui éclate devant elle, Gambetta proclame la République
contre l'Empire. Il avait déjà dit le 10 janvier :

Ce que nous voulons, c'est qu'à la place de la monarchie, on
organise une série d'institutions conformes au suffrage universel, à la souveraineté nationale ; c'est qu'on nous donne, sans
révolution, pacifiquement, cette forme de gouvernement dont
vous savez tous le nom : la République.

Il le répéta, le 5 avril, avec plus de vigueur encore et
d'éclat :

Oui, je dis qu'il faut faire du nouveau, et ne croyez pas que
dans ces paroles il y ait une contradiction ou une espèce d'im-
piété filiale contre la Révolution française. A coup sûr, quand
je dis qu'il y a une forme par excellence pour assurer la liberté,
cette forme, vous ne me permettriez pas de la taire, parce
qu'elle est sur mes lèvres, dans mon cœur, c'est la forme républicaine. Si elle n'a pas assuré l'ordre avec la liberté, est-ce que
vous entendez que je le nierai, que je ne le confesserai pas ? En
aucune façon.

Seulement je dis qu'en dehors de cette forme, qui est la seule
qui soit corrélative, qui soit harmonique, qui soit, passez-moi
un mot un peu scolastique, mais juste, qui soit adéquate au
suffrage universel...

Oui, en dehors de la réalisation de la liberté par la République, tout ne sera que convulsion, anarchie ou dictature.

Il ne s'agira cependant pas de changer le mot, et peu m'im-
porterait, quant à moi, que le premier magistrat de la République fût ou ne fût pas décoré du nom de président ou du nom
de roi, si c'est toujours le même système, si c'est toujours la
même législation, si c'est toujours la même exclusion de ceux
qui ont le droit de participer à la direction des affaires publiques.

Non, non, je ne veux pas d'une république mensongère, je
veux d'une république réelle, et, si l'on ne l'a pas essayée, c'est
une raison de plus pour le faire.

Et c'est ici qu'il est nécessaire de déclarer que la souveraineté

nationale ne saurait exister que dans une certaine institution
politique, et c'est cette preuve que je vous demande la permis-
sion d'essayer.

Qu'est-ce que c'est que la souveraineté nationale ? Bien des
gouvernements qui ne sont pas la République, bien des politiques qui appartiennent à des écoles différentes, ont dit, ont
affirmé, ont prétendu qu'ils représentaient la souveraineté
nationale : qu'y avait-il de fondé dans leurs prétentions ?

Il n'y a moyen de se rendre compte de la légitimité de leurs
prétentions qu'en examinant le fond même de l'idée de la souveraineté nationale.

Pour moi, je la définis d'une façon expérimentale, et je dis :
La souveraineté nationale n'existe, n'est reconnue, n'est prati-
quée dans un pays que là où le Parlement, nommé par la participation de tous les citoyens, possède la direction et le dernier
mot dans le traitement des affaires politiques...

Eh bien il faut choisir entre les conditions, — oh ! très dures !
— entre les conditions de combats, de luttes perpétuelles et de
victoires nécessaires que font aux gouvernements les démocraties libres, et les quiétudes stériles et périlleuses de la monarchie. Mais si l'on veut être sincère, et si, lorsqu'on proclame la
souveraineté nationale, on veut son application, il faut reconnaître que tout ce qui a aujourd'hui un caractère permanent et
héréditaire dans le pouvoir est désormais caduc, et que l'exécutif monarchique, dynastique, est condamné à être éliminé, à
être expulsé.

Voilà la vérité démocratique.

Il faut choisir entre le suffrage universel et la monarchie ;
quand on fait de la politique et des institutions, il faut faire des
institutions conformes aux principes qu'on veut faire triompher.

Quand vous ferez de la monarchie, entourez-vous d'institutions monarchiques.

Quand vous ferez de la république, et c'est un changement
que je prends la liberté de recommander à ceux qui, au dehors
et au dedans, pensent comme moi, faites des institutions républicaines. Cela est nécessaire, si vous voulez faire œuvre
durable.

Mais si vous associez deux opinions jalouses l'une de l'autre,
dont les intérêts sont manifestement contraires, attendez-vous à
des conflits, attendez-vous à la neutralisation des forces vives
du pays, à un duel insensé, et il faudra de deux choses l'une :
ou que la liberté du suffrage et l'universalité du droit succom-

bent devant les satisfactions et les désirs d'un seul, ou que la
puissance d'un seul disparaisse devant la majorité du droit
populaire.

Je me demande maintenant jusqu'à quel point le sénatus-
consulte ou la charte nouvelle qu'on propose correspond à
ces idées, à ces principes fondamentaux de l'organisation
démocratique, et je ne peux pas, en vérité, m'arrêter à cette
objection qu'on nous faisait hier, à savoir : que lorsque le
peuple a délégué sa puissance à un homme, Rousseau s'oppose
à ce qu'il la reprenne. Rousseau a tort, messieurs ; et quant à
moi, je ne me fais aucune espèce de scrupule de déclarer hautement que les théories et les doctrines de ce grand esprit ne sauraient convenir aux théories, aux doctrines et aux espérances de
la démocratie contemporaine.

Rousseau, — et c'est là peut-être l'explication de son avènement, en même temps que celui des disciples qu'il fit et rencontra sur les bancs de la Convention, — Rousseau, dis-je, écrivait
contre un ordre de choses appelé l'ancien régime, qui avait été
la concentration de la puissance du gouvernement dans les
mains d'un seul, le tout fondé sur la grâce et le droit divin, et
il était peut-être nécessaire de trouver un penseur et des
hommes d'État qui, pour briser ce vieil appareil de la monarchie et de la centralisation de l'ancien régime, eussent, à leur
tour, un principe et un esprit de gouvernement analogues dans
leurs procédés, analogues dans leurs aspirations, et différents
dans leurs résultats.

La politique tirée de l'Écriture sainte étant le code véritable
de l'ancienne monarchie, code si magnifiquement écrit par
Bossuet, il était peut-être nécessaire qu'un grand esprit, enivré
du culte de l'antiquité, mit son éloquence passionnée de républicain genevois au service de la politique tirée du *Contrat social*.

Mais aujourd'hui il faut bien avouer que la nation française
est complètement changée et que la démocratie n'y est plus
seulement impartie : la démocratie, elle est le soi-même de la
France, elle est partout, et par conséquent, ces théories et ces
procédés anciens ne sauraient lui convenir.

Le suffrage universel est son arche sainte ; c'est de ce principe du suffrage universel qu'il faut désormais faire découler
toute la politique.

Il faut que, nous aussi, nous ayons un Code politique, et que
ce Code politique soit intitulé : De la politique tirée du suffrage
universel.

Les avertissements de Gambetta furent perdus pour le suffrage universel comme pour le Corps législatif. Un ordre du jour de confiance fut voté au cabinet du 2 janvier ; le sénatus-consulte fut approuvé le 8 mai par 7.359.142 *oui*, contre 1.538.825 *non* et 112.975 bulletins nuls. L'appel des gauches à la nation et à l'armée, à la veille du plébiscite, avait été rédigé par Gambetta. Les députés républicains disaient : « La Constitution qu'on vous propose, c'est votre abdication qu'on vous demande. » Ce fut par l'abdication que le suffrage universel répondit, égaré et trompé une dernière fois par les hommes qui lui répétaient que l'Empire, c'était la paix.

II

LA DÉFENSE NATIONALE

Le 15 juillet, le gouvernement impérial déclarait la
guerre à la Prusse.

Le plaidoyer pour Delescluze avait révélé dans Gambetta l'orateur de premier ordre ; le discours contre le
plébiscite avait montré dans le jeune tribun l'homme
d'État le plus puissant de son parti : il va, maintenant,
incarner le patriotisme.

D'abord, après avoir joint ses efforts à ceux de Thiers
pour obtenir du ministère une preuve, même la plus
faible, que la France avait été réellement insultée par le
roi de Prusse dans la personne de son ambassadeur, que
cette guerre était vraiment une guerre nationale et non
une guerre dynastique, Gambetta se sépara avec éclat
de ceux de ses collègues qui refusèrent de voter les
demandes de subsides. « Quand la guerre sera déclarée,
dit Gambetta, nous ne verrons devant nous qu'une seule
chose : le drapeau de la patrie. » En effet, il ne vit
plus que le drapeau. Après les désastres de Wœrth et de
Spickeren, s'il fut le premier à signer avec Jules Favre
la demande d'un comité de gouvernement élu par le Corps
législatif « pour repousser l'invasion étrangère », —
demande qui, si elle avait été adoptée dès 'le 10 août,
aurait été le salut, car la marche sur Sedan fut décidée
seulement dans un intérêt dynastique, — Gambetta fut
aussi le plus énergique à repousser les avances des démagogues qui ne cherchaient dans les malheurs de l'armée

qu'une occasion de trouble. L'échauffourée de la Villette
fut flétrie par lui en termes indignés (séance du 17 août) ;
le ministre de la guerre n'eut pas d'avocat, ni même de
collaborateur plus actif que lui, pour toutes les mesures
qui avaient trait à l'organisation de la défense.

Il montait presque chaque jour à la tribune du Corps
législatif ; ses paroles allaient au cœur du pays. Le 10 août,
il demande l'armement immédiat de la garde nationale ;
le 12, l'armement immédiat de Paris ; le 13, la discussion et l'adoption de la proposition de Jules Favre :

Il faut savoir si, ici, nous avons fait notre choix entre le salut
de la patrie ou le salut de la dynastie.

Il réclame la permanence de l'Assemblée, l'application
énergique de la loi sur les étrangers ; il insiste pour le
vote de la loi sur l'activité des militaires de tous grades,
appuie la proposition de mettre le recrutement et l'armement de la garde nationale de Paris dans les attributions
du général Trochu (27 et 29). Le gouvernement cachait
les nouvelles de la guerre :

Savez-vous, messieurs, ce que je pense ? c'est que vous êtes
tout à fait patriotes, mais aveugles, je le dis dans la sincérité de
mon âme. Eh bien ! j'estime que nous avons fait assez de concessions, que nous nous sommes assez tus, qu'on a trop longtemps jeté devant ce pays un voile sur les événements qui se
précipitent et fondent sur nous. J'ai la conviction intime que
ce pays court vers l'abîme sans en avoir conscience.

Il roulait en effet au gouffre ; l'armée fut entourée
dans Sedan ; l'Empereur la rendit au Roi de Prusse.

Ce fut dans la nuit du 2 au 3 septembre que le ministère reçut la première dépêche de la capitulation de
Sedan ; la nouvelle se répandit le lendemain dans Paris.

Le patriotisme de Gambetta grandit avec le désastre.
Comprenant quelle serait, en face de l'invasion triom-
phante, la faiblesse originelle d'un gouvernement issu

d'une insurrection, il aurait voulu que le Corps législatif eût le courage de proclamer lui-même la vacance du pouvoir et de nommer, en dehors de toute préoccupation de parti, un gouvernement de défense nationale. Thiers et Jules Favre pensaient comme lui ; ils s'efforcèrent avec lui d'obtenir de l'Assemblée qu'elle pourvût légalement à la succession de l'Empire effondré. Mais la majorité atterrée ne sut pas se décider à temps ; le général de Palikao s'obstina à poursuivre une lieutenance chimérique de l'Empire. Cependant le peuple de Paris se mit en mouvement. Il n'y eut pas, à proprement parler, de révolution. Le Corps législatif fut envahi malgré les efforts de Gambetta, et l'Empire disparut. Lorsqu'il fut avéré que le gouvernement s'abandonnait lui-même et que les députés, réunis dans les bureaux, étaient incapables de prendre une résolution, Gambetta s'élança à la tribune :

Citoyens! attendu que la patrie est en danger ; attendu que tout le temps nécessaire a été donné à la représentation nationale pour prononcer la déchéance ; attendu que nous sommes et que nous continuons le pouvoir régulier issu du suffrage universel libre, nous déclarons que Louis-Napoléon Bonaparte et sa dynastie ont à jamais cessé de régner sur la France.

La foule réclame la République. « Oui! vive la République! réplique Gambetta. Citoyens, allons la proclamer à l'Hôtel de Ville. » Il partit au milieu d'une escorte enthousiaste de gardes nationaux, mais, à la pensée de l'armée vaincue et captive, il souffrait dans son cœur, comme il l'a dit bien des fois, de cette joie politique du peuple. A l'Hôtel de Ville, ce fut lui qui proclama la République. Les députés de Paris se constituèrent en gouvernement de la Défense nationale sous la présidence du général Trochu : le ministère de l'Intérieur fut confié à Gambetta.

Il est impossible de résumer, dans le cadre étroit de

cette notice, le rôle do Gambetta pendant la Défense
nationale : à Paris d'abord, jusqu'au 7 octobre, alors qu'il
renouvelait en quelques heures le personnel administratif, qu'il adressait au peuple les vibrantes proclamations
du 23 septembre et du 3 octobre, qu'il insistait en vain
pour la translation du gouvernement en province ; puis,
à Tours et à Bordeaux, jusqu'au 6 février, lorsque,
s'étant échappé en ballon de Paris assiégé[1], il prit
en main l'organisation de la résistance dans les départements et qu'il sauva l'honneur de la patrie, après
avoir mérité d'en sauver l'intégrité. L'histoire de Gambetta pendant la Défense nationale, c'est celle de la
France elle-même, qu'il enflamma de l'éloquence de ses
discours, qu'il remplit de son enthousiasme, nation
armée qui disputa pied à pied le sol sacré du territoire
contre les plus fortes troupes du monde. Les chefs allemands, le général de Moltke le premier, rendirent au
génie organisateur ou, plus exactement, créateur de
Gambetta un éclatant hommage. Ministre de l'Intérieur,
il avait tenu tête aux tentatives factieuses, dompté la
commune dans Lyon par son intervention aux funérailles
du commandant Arnaud, brisé la ligue du Midi par la
vigueur d'une prompte répression, arrêté les dissidences
monarchistes par la dissolution des conseils généraux.
Ministre de la Guerre, il fit de la France un immense
camp retranché et il lança coup sur coup, au secours de
Paris, quatre armées. Quand Gambetta avait débarqué
au milieu de la forêt d'Épineuse, près de Montdidier, la
France manquait de tout. Un mois après, grâce à l'activité passionnée du jeune dictateur, elle était debout et les
Allemands vaincus évacuaient Orléans.

Il avait débuté à Tours par une proclamation où il

1. Dans le ballon l'*Armand-Barbès*, avec Eugène Spuller, qui devait être,
à Tours et à Bordeaux, sans titre officiel, son collaborateur de tous les
instants.

marquait le double devoir de tous les bons citoyens : écarter tout autre souci que celui de la guerre à outrance ; accepter fraternellement, jusqu'à la paix, le commandement du pouvoir républicain sorti de la nécessité et du droit :

Le temps manque, disait-il ; j'ai mandat, sans tenir compte ni des difficultés, ni des résistances, de suppléer, à force d'activité, avec le concours de toutes les libres énergies, à l'insuffisance des détails. Les hommes ne manquent pas ; ce qui a fait défaut, c'est la résolution, la décision, la suite dans l'exécution des projets. Ce qui a fait défaut, ce sont les armes...

Il annonçait que l'on concluait des marchés pour accaparer tous les fusils disponibles sur le marché du globe. Il peignait en traits de feu ce qui était à faire pour mettre en œuvre les ressources, encore considérables, du pays, pour inaugurer la guerre nationale :

La République fait appel au concours de tous. C'est sa tradition à elle d'armer les jeunes chefs ; nous en ferons !

Et il en faisait. A côté des d'Aurelle et des Faidherbe, il découvrit Chanzy, Billot, Clinchant, Farre, Crémer ; il prit à la marine Jauréguiberry, Jaurès, Gougeard :

Non, il n'est pas possible que le génie de la France se soit voilé pour toujours, que la grande nation se laisse prendre sa place dans le monde par une invasion de 800.000 hommes ! Levons-nous en masse, et mourons plutôt que de subir la honte du démembrement.

Et il formait les deux armées de la Loire, l'armée du Nord, l'armée de Normandie, l'armée des Vosges, l'armée de l'Est. Il avait accepté le concours de Garibaldi ; il reçut avec joie celui de Cathelineau, de Stofflet, de Charette. Il choisit l'ingénieur Charles de Freycinet pour son délégué à la guerre, le colonel Thoumas comme directeur de l'artillerie, le général Loverdo comme directeur de l'in-

fanterie et de la cavalerie. Clément Laurier conclut à
Londres un emprunt de 250 millions. Il appela à lui
toutes les forces, tous les courages, tous les patriotismes[1].

Mais le destin nous avait condamnés ; Metz capitule.
Les plus vaillants désespèrent. Gambetta ne se laisse point
abattre :

Français ! s'écrie-t-il dans une proclamation qui semble
écrite de lave ardente. Français, élevez vos âmes et vos résolutions à la hauteur des effroyables périls qui fondent sur la
patrie. Il dépend encore de vous de lasser la mauvaise fortune
et de montrer à l'univers ce qu'est un grand peuple qui ne veut
pas périr et dont le courage s'exalte au sein même des catastrophes. Metz a capitulé ! Un général sur qui la France comptait,
même après le Mexique, vient d'enlever à la patrie en danger
plus de cent mille de ses défenseurs. Le maréchal Bazaine a
trahi ; il s'est fait l'agent de l'homme de Sedan, le complice de
l'envahisseur, et, au mépris de l'honneur de l'armée dont il
avait la garde, il a livré, sans même essayer un suprême effort,
cent vingt mille combattants, vingt mille blessés, ses fusils, ses
canons, ses drapeaux et la plus forte citadelle de France : Metz,
vierge jusqu'à lui des souillures de l'étranger. Un tel crime est
au-dessus même des châtiments de la justice...

Au lendemain de cet héroïque appel, le général d'Aurelle de Paladines rentrait dans Orléans. Le mouvement
militaire qui fut couronné par cette victoire avait été
indiqué par Gambetta. Le ministre de la Guerre avait
insisté pour que l'opération eût lieu quinze jours plus tôt,
et il avait vu juste. Les retards nécessités par l'inutile
voyage de Thiers à Versailles et par les hésitations du
général d'Aurelle après la bataille, permirent à l'armée du
prince Frédéric-Charles de rejoindre les Bavarois défaits et

<hr>

1. Les principaux commissaires de la République et préfets furent Challemel-Lacour, Testelin, Grosjean, Valentin, Gent, Paul Bert, Allain-Targé,
Desseaux, Ténot, Lechevalier, Ricard, Martin Nadaud, Charton, Anatole
de La Forge, Pierre Lefranc, Girot-Pouzol, Cornil, Camescasse. Chaudordy
était délégué aux affaires étrangères. Cazot secrétaire général à l'intérieur, Ranc directeur de la sûreté générale, Lecesne président de la commission d'armement, Steenackers directeur des postes et télégraphes.

d'entrer en ligne. Orléans repris par les troupes allemandes, la série des désastres, interrompue pendant quelques jours à Coulmiers et à Bapaume, recommença. Pourtant ni la perte de la bataille du Mans, ni la défaite de Saint-Quentin ne purent altérer la confiance de Gambetta dans un retour final de la fortune. Les troupes s'aguerrissaient à vue d'œil; l'admirable retraite de Chanzy, la campagne de Faidherbe dans le Nord, des combats comme ceux de Dijon, Nuits et Villersexel, témoignaient que la France allait bientôt tenir une véritable armée.

Mais Paris affamé capitule, un armistice est signé à Versailles, l'armée de l'Est est perdue par l'erreur de Jules Favre, dupe d'un nouveau mensonge de Bismarck. Le gouvernement de Paris appelle les électeurs à la nomination d'une Assemblée nationale. Gambetta persiste à vouloir lutter. Tout en s'inclinant devant la décision qui convoque les électeurs pour le 8 février, la Délégation rend un décret qui frappe d'inéligibilité tous ceux qui ont exercé sous l'Empire les fonctions de ministre, de sénateur, de conseiller d'Etat, ou qui ont été présentés aux populations comme candidats officiels, qu'ils aient ou non réussi à se faire élire députés. Ce décret, où l'histoire verra peut-être une pensée de justice et de moralité, provoque une violente protestation de Bismarck. Le chancelier, « au nom de la liberté des élections stipulées par l'armistice », déclare que le scrutin, « dans de telles conditions d'oppression », ne pourrait créer une représentation légale du pays. Gambetta répond par quelques paroles indignées à cette immixtion de l'étranger dans nos affaires intérieures. Le gouvernement de Paris est dominé par d'autres sentiments; il annule le décret de Bordeaux; Jules Simon est envoyé auprès de la délégation, avec mission de faire exécuter dans sa plénitude le décret de convocation. Gambetta résiste d'abord; Jules Simon s'obstine, s'abouche avec des officiers. Quand il apparaît que

l'attitude de l'envoyé de Paris menace d'ajouter aux horreurs de la guerre étrangère la honte d'une lutte civile,
Gambetta donne sa démission.

Les élections pour l'Assemblée nationale eurent lieu le
8 février. Gambetta fut élu représentant dans neuf départements : à Paris, par 20.2.399 voix, par 56.621 dans le
Bas-Rhin, par 51.917 dans le Haut-Rhin, par 57.047 dans
la Moselle, par 47.211 dans la Meurthe, par 18.530 dans la
Seine-et-Oise, par 62.739 dans les Bouches-du-Rhône, par
12.425 à Alger, et par 6.112 à Oran. Il opta pour le Bas-
Rhin et vota contre les préliminaires de la paix
(1er mars 1871).

Quand le traité de démembrement, arraché à Thiers
par la dureté impitoyable de Bismarck, eut été adopté par
545 voix contre 107, Gambetta rédigea la protestation
qui fut portée par Grosjean, ancien préfet et député du
Haut-Rhin, à la tribune de l'Assemblée :

Les représentants de l'Alsace et de la Lorraine ont déposé,
avant toute négociation de paix, sur le bureau de l'Assemblée
nationale, une déclaration affirmant de la manière la plus
formelle, au nom de ces provinces, leur volonté et leur droit
de rester françaises.

Livrés, au mépris de toute justice et par un odieux abus de
la force, à la domination de l'étranger, nous avons un dernier
devoir à remplir.

Nous déclarons encore une fois nul et non avenu un pacte
qui dispose de nous sans notre consentement.

La revendication de nos droits reste à jamais ouverte à tous
et à chacun dans la forme et dans la mesure que notre conscience nous dictera.

Au moment de quitter cette enceinte où notre dignité ne
nous permet plus de siéger, et malgré l'amertume de notre
douleur. la pensée suprême que nous trouvons au fond de nos
cœurs, est une pensée de reconnaissance pour ceux qui, pendant six mois, n'ont pas cessé de nous défendre, et d'inalté-
rable attachement à la patrie dont nous sommes violemment
arrachés.

Nous vous suivrons de nos vœux et nous attendrons, avec une confiance entière dans l'avenir, que la France régénérée reprenne le cours de sa grande destinée.

Vos frères d'Alsace et de Lorraine, séparés en ce moment de la famille commune, conserveront à la France, absente de leurs foyers, une affection filiale jusqu'au jour où elle viendra y reprendre sa place.

Bordeaux, le 1er mars 1871.

Signée : L. Chauffour, E. Teutsch, André Ostermann, Schneegans, E. Keller, Kablé, Melsheim, Bœll, Titot, Albrecht, Alfred Kœchlin, V. Behm, A. Scheurer-Kestner, A. Saglio, Humbert, Küss, Ronckor, Deschange, Bœrsch, A. Tachard, Th. Noblot, Dornès, Ed. Bamberger, Bardon, Léon Gambetta, Frédéric Hartmann, Jules Grosjean.

Puis les députés de l'Alsace-Lorraine quittèrent la salle des séances, le président de l'Assemblée restant muet au fauteuil. Le soir même mourait Kuss, le dernier maire français de Strasbourg ; ses obsèques furent célébrées le lendemain au milieu d'une affluence énorme. Gambetta y prit la parole, adressa, au milieu d'une émotion profonde, un suprême hommage à la ville de Strasbourg et à l'Alsace :

La force nous sépare, mais pour un temps seulement, de l'Alsace, berceau traditionnel du patriotisme français. Nos frères de ces contrées malheureuses ont fait dignement leur devoir, et, eux du moins, ils l'ont fait jusqu'au bout. Eh bien ! qu'ils se consolent en pensant que la France, désormais, ne saurait avoir d'autre politique que leur délivrance ; pour atteindre ce résultat, il faut que les républicains, jurant à nouveau une haine implacable aux dynasties et aux Césars qui ont amené tous nos désastres, oublient leurs divisions et s'unissent étroitement dans la pensée patriotique d'une revanche qui sera la protestation du droit et de la justice contre la force et l'infamie.

Épuisé par les fatigues surhumaines de la Défense, Gam-

betta se rendit à Saint-Sébastien. C'est de là qu'il assista,
témoin désolé, aux événements des trois mois sinistres,
mars, avril et mai. S'il blâma les erreurs de l'Assemblée,
suspecte à Paris de vouloir rétablir la monarchie, il flétrit
avec force les excès et les crimes de la Commune.

III

LA POLITIQUE DE RÉGÉNÉRATION

Les élections complémentaires ayant été fixées au
3 juillet, Gambetta accepta une triple candidature dans la
Seine, le Var et les Bouches-du-Rhône :

On pose aujourd'hui à la France, sous des noms divers, la
même question : veut-elle, une fois encore, abdiquer et verser
dans l'ornière des dynasties?

Non, répondait le discours de Bordeaux (26 juin) et,
promettant à Thiers, sans marchander, son appui désin-
téressé, Gambetta commentait en ces termes la formule
fameuse du vieil homme d'État, qu'un accord unanime
avait nommé chef du pouvoir exécutif de la République :

Je crois que, grâce à l'union faite entre les diverses nuances
de l'opinion républicaine, nous pouvons donner à la France le
spectacle d'un parti discipliné, ferme en ses principes, laborieux,
agissant et résolu à tout pour arriver à convaincre la France de
ses facultés gouvernementales, en un mot, un parti acceptant
la formule : le pouvoir au plus sage et au plus digne... Il faut
donc être les plus sages.

Gambetta traçait ensuite les grandes lignes de sa politique : d'abord, il faut maintenir et appuyer la République,
considérer quiconque la menace comme un factieux ; puis
il faut changer le caractère de l'opposition :

L'opposition, sous un gouvernement républicain, doit
presser et contrôler et non détruire ; l'âge héroïque, cheva-

leresque du parti est passé depuis la réalisation d'une partie de ses espérances.

Enfin, pour achever la Révolution, il faut donner l'éducation à tous, car c'est l'infériorité de notre éducation nationale qui nous a conduits aux revers :

Il faut que notre action soit double, qu'elle porte sur le développement de l'esprit et du corps, que, dans chaque homme, elle nous donne une intelligence réellement servie par des organes. Je ne veux pas seulement que cet homme pense, lise et raisonne, je veux qu'il puisse agir et combattre. Il faut mettre partout, à côté de l'instituteur, le gymnaste et le militaire, afin que nos enfants, nos soldats, nos concitoyens soient tous aptes à tenir une épée, à manier un fusil, à faire de longues marches, à passer les nuits à la belle étoile, à supporter vaillamment toutes les épreuves pour la patrie. Il faut pousser de front ces deux éducations : autrement, vous ferez une œuvre de lettrés, vous ne ferez pas une œuvre de patriotes. »

En un mot, rentrons dans la vérité, et que, pour tout le monde, il soit bien entendu que lorsqu'en France un citoyen est né, il est né un soldat; et que quiconque se dérobe à ce double devoir d'instruction civile et militaire, soit impitoyablement privé de ses droits de citoyen et d'électeur. Faisons entrer dans l'âme des générations actuelles et de celles qui vont naître la pensée que quiconque, dans une société démocratique, n'est pas apte à prendre sa part de ses douleurs et de ses épreuves, n'est pas digne de prendre part à son gouvernement.

Par là, je le répète, vous rentrez dans la vérité des principes démocratiques, qui est d'honorer le travail, qui est de faire du travail et de la science les deux éléments constitutifs de toute société libre. Ah! quelle nation on ferait avec une telle discipline, religieusement suivie pendant des années, avec les admirables aptitudes de notre race à produire des penseurs, des savants, des héros et de libres esprits! C'est en pensant à ce grand sujet qu'on s'élève vite au-dessus des tristesses du présent pour envisager l'avenir avec confiance.

Je le dis avec orgueil, sur le terrain de la science, la France peut soutenir la rivalité avec le monde entier; et, malgré

l'affaiblissement du niveau de l'esprit public, il est constamment, grâce au ciel, resté dans notre pays une élite d'hommes
qui, tous les jours, ont reculé les limites de la science, qui,
tous les jours, ont avancé les progrès de l'esprit humain : et
c'est par là que la France, quels que soient, quels qu'aient été
les désastres qui ont accablé le pays, reste le guide du monde.

Savez-vous ce qu'on disait, pendant la guerre, à l'étranger ?
« Il n'y a plus de livres ! » Et, en effet, tout entière occupée à
sa défense, la France ne produisait plus rien pour l'intelligence
des peuples.

Mais, ce que je demande, c'est que de la science, sortent des
livres, des bibliothèques, des académies et des instituts; je
demande que ceux qui la détiennent la prodiguent à ceux qui
en ont besoin; je veux que la science descende sur la place
publique, qu'elle soit donnée dans les plus humbles écoles.

Oui, on peut établir, preuves en main, que c'est l'infériorité
de notre éducation nationale qui nous a conduits aux revers.
Nous avons été battus par des adversaires qui avaient mis de
leur côté la prévoyance, la discipline et la science : ce qui
prouve, en dernière analyse, que, même dans les conflits de la
force matérielle, c'est l'intelligence qui reste maîtresse. Et à
l'intérieur, n'est-ce pas l'ignorance dans laquelle on a laissé
croupir les masses qui engendre, presque à époque fixe, ces
crises, ces explosions effroyables qui apparaissent dans le
cours de notre histoire comme une sorte de mal chronique, à
ce point qu'on pourrait annoncer à l'avance l'arrivée de ces
vastes tempêtes sociales ?

« Oh ! il faut nous débarrasser du passé. Il faut refaire la
France. » Hélas ! tel fut le cri qui, au lendemain de nos
désastres, est sorti de toutes les poitrines. Pendant trois mois
on a entendu ce cri sacré, illumination subite d'un peuple qui
ne voulait pas périr. Ce cri, on ne l'entend plus. On n'entend
plus parler aujourd'hui que de complots et d'intrigues dynas-
tiques; il n'est plus question que de savoir quel prétendant
s'attribuera les débris de la patrie en péril. Il faut que cela
cesse; il faut écarter résolument ces scandaleuses convoitises
et ne plus penser qu'à la France. Il faut se retourner vers les
ignorants et les déshérités, et faire du suffrage universel, qui
est la force par le nombre, le pouvoir éclairé par la raison. Il
faut achever la Révolution.

Oui, quelque calomniés que soient aujourd'hui les hommes et
les principes de la Révolution française, nous devons haute-

ment les revendiquer, poursuivre notre œuvre, qui ne sera
terminée que lorsque la Révolution sera accomplie ; mais j'entends, messieurs, par ce mot : la Révolution, la diffusion des
principes de justice et de raison qui l'inspiraient, et je repousse
de toutes mes forces l'assimilation perfide, calculée, de nos
adversaires avec les entreprises de la violence. La Révolution
a voulu garantir à tous la justice, l'égalité, la liberté ; elle pro-
clamait le règne du travail, et voulait en assurer à tous les
légitimes fruits ; mais elle a subi des retards, presque des
éclipses. Les conquêtes matérielles nous sont restées en partie,
mais les conséquences morales et politiques sont encore à
venir pour les plus nombreux : les ouvriers et les paysans ; ces
derniers, surtout, n'en ont retiré que des bénéfices matériels, précieux assurément, dignes de tous nos respects et de
toute notre sollicitude, mais insuffisants toutefois à en faire de
libres et complets citoyens.

Gambetta fut élu dans les trois départements où sa candidature avait été posée. Il avait alors pour adversaires, non
seulement les royalistes et les bonapartistes, mais nombre
de républicains qui ne méconnaissaient pas moins
que les hommes des anciens partis le magnifique effort
de la Défense nationale en province et continuaient à voir
en lui « un fou furieux ». Ainsi, il rentrait à l'Assemblée,
— et c'était à la fois sa force et sa faiblesse, — comme
étant par excellence l'homme de la revanche et l'homme
de la République intégrale.

A l'Assemblée, il poursuivit deux buts : préparer le
relèvement de la patrie en refaisant l'éducation civique et
militaire de la nation ; faire du parti républicain un parti
de gouvernement. Comme Thiers avait compris « qu'il n'y
avait plus d'autre port où la France se referait que la
République », Gambetta lui apporta son concours, contenant
les impatiences des députés de l'extrême-gauche, affirmant
avec la même force les principes sans lesquels la République ne serait qu'une enseigne, et ceux sans lesquels
elle ne serait, une fois de plus, que le fourrier de la dictature. Il imposera bientôt aux plus violents de ses adver-

saires le respect de son talent, de son travail acharné et de
son caractère. L'Assemblée, se croyant en état de rétablir
la monarchie, se déclarait constituante : Gambetta nia
qu'elle en eût le droit et combattit la proposition Rivet qui
l'admettait (30 août 1871). Mais, s'il était d'avis que
l'Assemblée, élue pour trancher la question de paix ou de
guerre, avait pour devoir de se dissoudre et de faire place
à une Assemblée constituante, il ne pensait pas qu'il con-
vînt aux représentants du parti républicain à l'Assemblée
de se mettre en grève, en présence d'un vote qu'ils tenaient
pour une usurpation. Au contraire, ses amis ne devaient
négliger aucune occasion d'apporter leur pierre à l'œuvre
commune de la régénération nationale ; il le dit et le répéta,
il les persuada à la longue, et, donnant l'exemple, il interve-
nait souvent dans les débats et, sur les questions politiques
comme sur les questions d'affaires, avec la constante préoccupation du précepte de Mirabeau : « Être juste et modéré,
avoir toujours raison. » Il frappa l'assemblée par la solidité de ses discours sur les traités de commerce, la réorganisation du conseil d'État, le recrutement de l'armée et la
responsabilité ministérielle. Il apparut dans le même temps
comme le premier des manœuvriers parlementaires et des
tacticiens de couloir, habile à profiter du moment, toujours
prêt à tirer parti des fautes de ses adversaires, prompt à se
décider dans les moments de crise et à s'emparer de la position la plus forte, confiant et inspirant la confiance,
sachant se dégager aussi bien que s'engager, de tous les
leaders politiques le plus vigilant et le plus sûr. Thiers,
qui l'avait malmené, surtout par politique, eut vite fait
de se rapprocher de lui. Ils s'entendirent d'abord dans le
silence.

Les partis de droite avaient entrepris de déshonorer les
actes de la Délégation de Tours-Bordeaux, tout le prodigieux
effort qui avait fait l'admiration du monde et auquel eux-
mêmes, par la suite, quand les pires passions furent

éteintes, rendirent justice, oublieux des injures et des basses
calomnies dont ils avaient poursuivi Gambetta et ses collaborateurs. Ils avaient incriminé jusqu'à leur probité.
La déposition de Gambetta devant la commission d'enquête
sur les actes du gouvernement de la Défense, son discours
et celui de Challemel-Lacour sur le rapport fait au nom
de la commission des marchés réduisirent à néant le
fatras des misérables accusations.

Jugeant avec raison que l'action parlementaire a ses
limites en elle-même, qui sont assez étroites, Gambetta voulut avoir un journal ; il fonda la *République française*[1] (5 novembre 1871). Il commença en même temps, au banquet
de Saint-Quentin, la campagne de propagande et d'éducation démocratique qu'il devait continuer, avec une activité prodigieuse, dans cinquante discours[2].

L'apparition de la *République française* fut un événement politique d'une grande portée. Au lendemain de la
guerre et de la Commune, en plein régime de l'état de
siège, ce n'avait pas été sans quelques arrière-pensées que
l'autorisation de publier un journal avait été accordée à la
première demande de Gambetta. On s'attendait à une feuille
d'allure révolutionnaire, âpre et violente, qui eût discré-
dité son fondateur. Ce fut le *Journal des Débats* de la démocratie. « La politique pratique tint autant de place à la
République française que l'exposition de la doctrine.

1. Il y eut pour principaux collaborateurs politiques Spuller, Challemel-
Lacour, Isambert, Allain-Targé, Paul Bert, Ranc, Louis Combes, de Frey-
cinet, Antonin Proust, Thomson, et, un peu plus tard, Girard de Rialle,
Coluni, Marcellin Pellet, Joseph Reinach, Barrère, Depasse. La *Petite
République française*, journal populaire à cinq centimes, ne fut fondée
qu'en 1876.

2. Discours de Saint-Quentin, Angers, le Havre, Versailles, la Ferté-sous-
Jouarre, Firminy, Chambéry, Albertville, Grenoble, Pontcharra, Thonon,
Bonneville, la Roche, Annecy, Saint-Julien, Nantes, Versailles, Périgueux,
la Borde, Auxerre, Aix, Lille, Avignon, Bordeaux, Lyon, Amiens, Abbeville, Lille, Château-Chinon, Marseille, Valence, Romans, Grenoble; Cherbourg, Cahors, Tours, le Neubourg, Lisieux, Honfleur, Pont-l'Evêque,
Quillebœuf et tous les discours prononcés à Paris (réunions publiques du
XX° arrondissement, conférences populaires, banquets des voyageurs de
commerce, des débitants de vin, des chambres syndicales, etc., etc.).

Chaque jour les collaborateurs de Gambetta s'y appliquèrent, sous son inspiration, à faire comprendre les incidents
de la journée, à exposer la véritable question, souvent fort
différente de la question apparente, à découvrir la tactique
des adversaires, à montrer par quel mouvement les républicains y devaient répondre. Aucun incident, même secondaire, ne fut omis, aucune difficulté ne fut dissimulée, et,
pour que la propagande fût complète et parvînt jusqu'aux
plus humbles, bientôt à la *République* la *Petite République
française* vint s'adjoindre. Le lecteur ne s'intéressa plus
seulement aux débats retentissants de la tribune ; il suivit
les mouvements des couloirs, il fut initié au travail des
commissions, aux discussions des bureaux ; et cet exemple,
auquel s'associa toute la presse républicaine, eut pour
effet de répandre par toute la France la vie politique.
Chaque électeur, tenu au courant des faits et gestes de ses
mandataires, de leurs votes, des moindres agitations des
partis, comprit peu à peu ce qu'est l'art de la politique et
à quelles conditions on y remporte la victoire[1]. »

Mais ce fut surtout par ses promenades oratoires à travers la France que Gambetta se révéla comme le plus
puissant des éducateurs du suffrage universel. Avant lui,
on avait vu des tribuns populaires, des *leaders* politiques,
s'adresser dans leurs harangues à telle ou telle fraction de
la démocratie, de préférence aux électeurs de leur circonscription. Gambetta conçut le dessein de se mettre,
d'une façon permanente, en communication directe avec
tout le pays ; il eut cette ambition que sa parole, éclatant
tour à tour dans toutes les parties du territoire, formerait
à une seule et même politique les populations les plus diverses par l'éducation, les besoins et les mœurs. Ouvriers
et bourgeois des villes, paysans et fermiers des campagnes,
il aspirait à les amener tous à une République à la fois.

1. CHARLES BIGOT, *la Fin de l'Anarchie*, p. 266, sq.

progressiste et conservatrice, patriote avant tout. Aucune
peine ne devait lui coûter. Vexé et tracassé par une administration grossièrement hostile, poursuivi par les injures
de la presse royaliste et de la presse bonapartiste, il ne
connut ni lassitude ni amertume. Du Nord au Sud et de l'Est
à l'Ouest, chaque fois que les vacances parlementaires lui
en donnaient le loisir, il s'appliqua à répandre par la parole
les principes et les règles d'une sage conduite politique, et
toujours le principe le plus important à comprendre, la règle
la plus utile à pratiquer à l'heure où il s'adressait à ses
immenses auditoires. Il recommandait la patience autant que
le courage, démontrait la nécessité et l'excellence du gouvernement républicain, semait à pleines mains le patriotisme et l'espoir. Une démocratie nouvelle naquit sous sa
parole. Il aimait le peuple d'un ardent amour, mais, comme
il l'estimait autant qu'il l'aimait, il ne s'abaissa point à le
flatter. Tous les discours de ce grand prédicateur laïque
sont des enseignements, et, par conséquent, des actes ;
chacune de ses campagnes oratoires marque une étape en
avant dans la marche de la République. Il s'appelait lui-
même « le commis voyageur de la République ». Aux
banquets commémoratifs de la naissance de Hoche, il cherchait à faire pénétrer au plus profond de cœurs naguère
encore défiants le culte passionné de l'armée ; en Savoie,
en Dauphiné, dans l'Anjou, il apprenait à des campagnards
à peine affranchis du joug des moines les bienfaits de la
Révolution.

Voici quelques extraits de ces discours.

A Saint-Quentin (16 novembre 1871) :

Il faut que la France soit constamment penchée sur cette
œuvre de régénération. Il lui faut un gouvernement qui soit
adapté à ses besoins du moment et surtout à la nécessité qui
s'impose à elle, de reprendre son véritable rôle dans le monde.
Là-dessus, messieurs, soyons très réservés, ne prononçons
jamais une parole téméraire, cela ne conviendrait pas à notre

dignité de vaincus ; car il y a aussi une dignité du vaincu, quand il est tombé victime du sort et non pas de sa propre faute. Soyons gardiens de cette dignité, et ne parlons jamais de l'étranger, mais que l'on comprenne que nous y pensons toujours... Alors vous serez sur le véritable chemin de la revanche, parce que vous serez parvenus à vous gouverner et à vous contenir vous-mêmes.

A Angers (7 avril 1872) :

Ce qui ajoute à ma foi dans l'avenir, c'est qu'il me semble que celui qui est à la tête du gouvernement ne peut oublier ni son origine, ni ses études, ni les leçons de l'expérience ; il sait, il doit savoir qu'il y a quelque chose de plus beau que d'avoir écrit les annales de la Révolution française, c'est de l'achever, en couronnant son œuvre par la loyauté et la sincérité de son gouvernement.

Au Havre (18 avril 1872) :

Il y a même des gens, je puis dire des hommes d'esprit, ma foi ! qui ont cru en faire preuve en m'appelant *commis voyageur !* Cela n'est pas fait pour m'humilier. S'ils ont cru toucher en quoi que ce soit ma vanité ou mon amour-propre en répétant cette plaisanterie, ils se sont cruellement... j'allais dire grossièrement trompés ! Je n'en rougis pas : je suis, en effet, un voyageur et le commis de la démocratie. C'est ma commission, je la tiens du peuple. Tant pis pour ceux qui passent leur vie à débiter ces misères.

Et encore, dans le même discours qui ne fut pas sans irriter les socialistes romantiques de 1848 et les doctrinaires de l'*Internationale*, les fidèles de Louis Blanc et les disciples de Karl Marx :

Mais tenons-nous en garde contre les utopies de ceux qui, dupes de leur imagination ou attardés dans leur ignorance, croient à une panacée, à une formule qu'il s'agit de trouver pour faire le bonheur du monde. Croyez qu'il n'y a pas de remède social, parce qu'il n'y a pas *une question sociale.* Il y a une série de problèmes à résoudre, de difficultés à vaincre, variant avec les lieux, les climats, les habitudes, l'état sanitaire, problèmes économiques qui changent dans l'intérieur d'un même pays ; eh bien ! ces problèmes doivent être résolus un à un et non par une formule unique. C'est par le travail, par l'étude, par l'association, par l'effort toujours constant d'un gouvernement d'honnêtes gens, que les peuples sont conduits à l'émancipation. Il n'y a pas, je le répète, de panacée sociale, il y a tous les jours un progrès à faire, mais non pas de solution immédiate, définitive et complète.

A la Ferté-sous-Jouarre, le 14 juillet 1872 :

Que s'est-il passé après l'émancipation légale des citoyens, après ce don magnifique de joyeux avènement de la Révolution française, qui prend dans son sillon, où il croupissait comme une bête de somme, le paysan, qui le redresse et lui fait figure humaine, que dis-je ? qui lui fait figure civile et politique et qui lui dit : cette terre est à toi ; c'est ta passion dominante, tu l'aimes, tu la travailles, tu la fécondes, tu sens là toutes les joies qui appartiennent à l'homme sur son propre fonds, chaque jour tu ornes cette maîtresse, tu la surveilles avec des soins jaloux, ne permettant d'empiètement à personne, mais cherchant toujours à l'agrandir, à l'amplifier, mettant constamment dans chaque pli, dans chaque recoin, l'empreinte de ta personnalité avec celle de ton travail ; eh bien, ce travail de chaque jour, ce travail accumulé, ce travail associé à ta personne, c'est ton bien, c'est ta propriété, il est à toi !

A Thonon, un convive avait prononcé cette phrase : « Mais si, à la suite d'événements improbables, on était disposé à essayer de nouveau d'un régime monarchique, alors nous nous souviendrions que, près de nous, se trouve un petit pays — la Suisse — qui a su conquérir de grandes libertés et qui veut le maintien des institutions républicaines ; là où se trouve la liberté, doit exister une patrie. » Gambetta s'indigne :

Il faut réfléchir quand on parle du patrimoine de la France. La France, vous avez eu raison de le dire, sera d'autant plus attrayante qu'elle ne sera régie que par la loi, qu'elle sera aux mains de tous les citoyens et non plus aux mains et soumise aux caprices d'un seul.

Ah! oui, la France glorieuse et replacée, sous l'égide de la
République, à la tête du monde, groupant sous ses ailes tous
ses enfants désormais unis pour la défendre au nom d'un seul
principe et présentant au monde ses légions d'artistes, d'ouvriers, de bourgeois et de paysans; ah! oui, il est bon d. faire
partie d'une France pareille, et il n'est pas un homme qui, alors,
ne se glorifiât de dire à son tour : je suis citoyen français!

Mais il n'y a pas que cette France, que cette France glorieuse,
que cette France révolutionnaire, que cette France émancipa-
trice et initiatrice du genre humain, que cette France d'une
activité merveilleuse et, comme on l'a dit, cette France nourrice
des idées générales du monde; il y a une autre France que je
n'aime pas moins, une autre France qui m'est encore plus
chère, c'est la France misérable, c'est la France vaincue et
humiliée, c'est la France qui est accablée, c'est la France qui
traîne son boulet depuis quatorze siècles, la France qui crie, sup-
pliante, vers la justice et vers la liberté, la France que les des-
potes poussent constamment sur les champs de bataille, sous prétexte de liberté, pour lui faire verser son sang par toutes les
artères et par toutes les veines; la France que, dans sa défaite,
on calomnie, que l'on outrage; oh! cette France-là, je l'aime
comme on aime une mère; c'est à celle-là qu'il faut faire le
sacrifice de sa vie, de son amour propre et de ses jouissances
égoïstes; c'est de celle-là qu'il faut dire, là où est la France, là
est la patrie!

Enfin, à Grenoble, dans le discours du 26 septembre 1872 :

On se demande si ces hommes ont bien réfléchi sur ce qui se
passe; on se demande comment ils ne s'aperçoivent pas des
fautes qu'ils commettent, et comment ils pensent plus longtemps
conserver de bonne foi les idées sur lesquelles ils prétendent
s'appuyer, comment ils peuvent fermer les yeux à un spectacle
qui devrait les frapper. N'ont-ils pas vu apparaître, depuis la
chute de l'Empire, une génération neuve, ardente, quoique con-
tenue, intelligente, propre aux affaires, amoureuse de la justice,
soucieuse des droits généraux. Ne l'ont-ils pas vu faire son entrée
dans les conseils municipaux. s'élever, par degrés dans les
autres conseils électifs du pays, réclamer et se faire sa place de
plus en plus grande dans les luttes électorales? N'a-t-on pas vu

apparaître sur toute la surface du pays, — et je tiens infiniment
à mettre en relief cette génération nouvelle de la démocratie,
— un nouveau personnel du suffrage universel? N'a-t-on pas vu
les travailleurs des villes et des campagnes, ce monde du travail
à qui appartient l'avenir, faire son entrée dans les affaires
politiques? N'est-ce pas l'avertissement caractéristique que le
pays, après avoir essayé bien des formes de gouvernement,
veut enfin s'adresser à une autre couche sociale pour expéri-
menter la forme républicaine.

Oui! je pressens, je sens, j'annonce la venue et la présence,
dans la politique, d'une couche sociale nouvelle, qui est aux
affaires depuis tantôt dix-huit mois, et qui est loin, à coup sûr,
d'être inférieure à ses devancières.

Cette prédiction de l'avènement des nouvelles couches
sociales a été l'un des points culminants de la carrière
politique de Gambetta ; non seulement il a annoncé cet
avènement, mais il l'a préparé, il l'a conduit; c'est lui,
plus que tout autre, qui l'a mené au but. Ce jour-là, les
vieux partis furent clairvoyants dans leur colère; depuis
la grande parole de Bonaparte : « La carrière est ouverte
au talent », aucun mot d'une pareille portée politique et
sociale n'avait été prononcé en France.

Le plus intelligent des conservateurs de ces temps trou-
blés, mais féconds, J.-J. Weiss écrira plus tard :

Ils sont nombreux ceux qui, n'étant pas de la même doctrine
philosophique ni du même parti politique que M. Gambetta, se
sont toujours sentis du même parti social. On demande quelquefois ce que c'est que les « nouvelles couches ». Je vais le
dire. Il y a toute une génération politique sortie des derniers
rangs de la foule, fils de petits boutiquiers, de petits fonctionnaires, de simples soldats, d'ouvriers à la tâche, d'artistes plus
riches de talent que d'argent; cette génération s'était formée à
force de travail solitaire; elle s'était abreuvée aux sources les
plus pures. Les poètes, les romanciers, les dramaturges, les
constructeurs d'utopies du règne de Louis-Philippe l'avaient
illuminée, dès l'adolescence, d'un rêve éblouissant. Tout ce
qu'il y avait de plus grand dans le monde n'aurait pas rempli
son cœur. Elle avait vingt ans, elle s'élançait, lorsqu'elle fut tout

à coup arrêtée et refoulée par la nuit de Décembre. Il lui a fallu attendre une aurore jusqu'en son âge mûr. M. Gambetta s'est fait son homme. L'occasion l'a porté; mais il a pu saisir !'occasion. Il nous a réalisé, au moment où nous n'espérions plus, le rêve de notre jeunesse. Croyants ou philosophes, monarchistes ou républicains, qu'importe. Nous n'avons tous fait qu'un avec le fils de l'épicier de Cahors, s'élevant tout à coup au premier rang, commandant les armées et incarnant la France. Sa fortune a été littéralement la nôtre. Nous débordions en lui, après la trop longue compression de 1852. Voilà ce qu'a été pour nous M. Gambetta.

IV

LA CONSTITUTION RÉPUBLICAINE

Cependant, la conjuration des droites monarchiques suivait son cours. Quand le président de la République, soutenu par toutes les gauches, eut réussi, à force de génie et d'adresse, à payer l'indemnité allemande, à hâter la libération du territoire et à reconstruire dans ses parties principales l'édifice dévasté et prêt à crouler, alors les droites reconnurent, comme Thiers l'avait pressenti et annoncé, que « la tâche était désormais à la hauteur de leurs courages », et ils le renversèrent (24 mai 1873). La nomination de Barodet à Paris (27 avril) avait été, de l'aveu même de Thiers et de Jules Simon, à peu près étrangère à l'événement. Si Gambetta avait soutenu Barodet, c'est que la candidature de Charles de Rémusat lui était apparue comme un retour à la candidature officielle et comme un essai de confiscation des gauches démocratiques au profit du centre gauche[1]. Au 24 mai, comme dans vingt votes antérieurs, Thiers eut pour lui la voix de Gambetta et celles de tous ses amis.

Le maréchal de Mac-Mahon, élu président de la République, appela aux affaires les chefs de la réaction cléricale ; la campagne pour la restauration monarchique commença aussitôt.

Ce fut Gambetta qui conduisit la résistance des gauches, après avoir rédigé cet appel des représentants républicains à la nation :

[1] Discours des 10 et 24 juin 1873.

Citoyens,

Dans la situation que fait à la France la crise politique qui vient d'éclater, il est d'une importance suprême que l'ordre ne soit pas troublé.

Nous vous adjurons d'éviter tout ce qui serait de nature à tourmenter l'opinion publique.

Jamais le calme de la force ne fut plus nécessaire. Restez calmes. Il y va du salut de la France et de la République!

Le parti républicain se conforma à cette sage exhortation. Laissant à Gambetta le soin de protester à la tribune de l'Assemblée contre les abus de pouvoir et contre les tentatives de corruption et d'intimidation, il sut garder son calme devant les provocations du cléricalisme et du bonapartisme, les persécutions contre les libres penseurs, l'insolence des consécrateurs de l'église du Sacré-Cœur, les menées qui précédèrent et suivirent la fusion des deux branches de la famille de Bourbon à Frohsdorf, le régime de plus en plus agressif de l'état de siège. La ferme attitude du centre gauche dérouta une première fois, au mois d'octobre, le complot royaliste. A sa fidélité pour la pure tradition monarchique se joignait, chez le comte de Chambord, le sentiment confus, mais profond, que cette démocratie qui montait ne se réconcilierait jamais avec le passé qu'il incarnait; il recula honorablement devant l'aventure, déclara qu'il ne pouvait renoncer au drapeau blanc. (Lettre à Chesnelong.) C'était abdiquer sa couronne avant de l'avoir portée.

L'Assemblée nationale, qui s'était mise en vacances pour laisser le champ plus libre à la conspiration royaliste, reprit ses séances le 5 novembre. Quatre jours avant la publication de la lettre du comte de Chambord, les membres du comité de direction des droites avaient déclaré que la prorogation des pouvoirs du maréchal de Mac-Mahon ne serait qu'un « misérable expédient »; le nouveau président de la République n'y consentirait

Jamais. Croyant la monarchie faite, ils affirmaient que mieux valait même la République que le provisoire. Après la lettre du comte de Chambord, qui mettait à néant, pour ce qu'il restait d'années à vivre au seul prétendant légitime, les espérances royalistes, force fut aux conjurés du 24 mai de se rejeter sur la solution dédaignée de la prorogation. Le comité des Neuf décida de maintenir le provisoire à l'aide d'une dictature indéfinie et, ainsi, de garder le pouvoir en attendant les occasions, c'est-à-dire la mort du comte de Chambord.

Ce fut alors que Gambetta commença de retourner, lui aussi, ses batteries : tout en continuant à réclamer la dissolution de l'Assemblée, il laissa entrevoir la possibilité d'une transaction sur le vote de lois constitutionnelles établissant la République. Il a déclaré vingt fois qu'entre la dissolution de la patrie et la dissolution de l'Assemblée, il voterait la dissolution de l'Assemblée. Mais si, par lassitude, par crainte d'un mécontentement qui ne grandit pas seulement dans les couches profondes de la démocratie, mais encore dans tout le monde des affaires, du commerce, de l'industrie, par horreur du bonapartisme qui relève la tête, par patriotisme enfin, s'il peut se former, sur la frontière du centre gauche, une majorité pour fonder la République, faut-il s'obstiner ? Faut-il s'attacher à la vieille formule : « Périsse la République plutôt qu'un principe ? » Louis Blanc, Quinet, Jules Grévy lui-même, hésitaient à sauter le pas. Gambetta opposa résolument à la politique des intransigeances et des attitudes *la politique des résultats*. C'est ce qu'on a appelé par la suite, d'un mot à sens péjoratif, l'*opportunisme*, comme si une politique inopportune était une politique. Il entama, en conséquence, des négociations avec le centre gauche sur cette base : ou la dissolution (que le centre avait repoussée jusqu'alors), ou l'établissement de la République par l'Assemblée.

Mais d'abord, il fallait faire rentrer sous terre le bonapartisme qui, après avoir été au 24 mai le protecteur du duc de Broglie, l'avait débordé et finalement renversé avec le concours de la droite légitimiste. La stratégie politique a ses règles, qui ne diffèrent pas beaucoup de celles de la militaire. Gambetta porte, en conséquence, son principal effort contre le parti qu'un vote solennel de l'Assemblée, unanime moins cinq voix, a rendu responsable « des malheurs de la patrie et du démembrement de la France ».

Ce fut le thème de ses discours du 1er juin 1874 à Auxerre, du 9 à l'Assemblée, du 26 au banquet commémoratif de la naissance de Hoche.

Ce duel entre l'Empire et la République était attendu, prévu ; il était certain qu'un jour la démocratie déloyale, la pseudo-démocratie, qui s'appelle et qui se vante d'être la démocratie couronnée, se rencontrerait avec la démocratie républicaine, la démocratie française. C'est pourquoi ce duel était inévitable.

Il est impossible, en effet, que ce pays qu'on a tant trompé, que ce pays qui a supporté les Bonaparte, en les croyant par deux fois les héritiers et les continuateurs de la Révolution française, il est impossible que ce pays soit complètement guéri et complètement éclairé. Et pourquoi en est-il ainsi ? N'aurions-nous donc pas subi assez de désastres, assez d'humiliations et de hontes ? Non, la raison n'est pas là. Ce pays est encore trop faible, trop peu éclairé ; on lui a trop marchandé, on lui a mesuré d'une main trop avare l'éducation et la lumière.

Vous souvenez-vous du premier cri que poussa la France républicaine, quand elle se vit au fond de l'abîme où l'avaient plongé Bonaparte et ses amis ? Des écoles, des écoles ! C'était le cri célèbre : de la lumière ! de la lumière ! Qu'a-t-on fait pour éclairer la France ? On voudrait, hélas ! qu'elle n'apprît rien. Un peuple ignorant est un peuple docile ; mais il y a pour déjouer ces plans néfastes mieux qu'un système complet d'instruction publique, que cette éducation qu'on reçoit sur les bancs de l'école : c'est l'éducation que nos mobiles et nos mobilisés ont reçue dans les rangs de l'armée, c'est l'éducation devant le canon prussien ou la lance du uhlan, alors que notre armée combattait

pour la défense de la patrie envahie!... Il suffit de ramener le
souvenir de la France à ce passé horrible, il suffit de montrer
cette portion mutilée et saignante de la France, en disant :
C'est là qu'est la trace de l'envahisseur. Il nous a quitté, mais
il nous surveille. Il médite de revenir pour nous arracher quelque autre province. Qui donc l'amène infailliblement? N'est-ce
pas l'empire? Est-il jamais entré victorieux dans ce pays autrement qu'à la suite des Bonaparte? (Auxerre, 1er juin.)

Cyprien Girard ayant porté, le 5 juin, à la tribune de
l'Assemblée une pièce qui constatait l'existence d'un
comité central bonapartiste pour le rétablissement de
l'Empire, Gambetta interpella :

Ce qui fait la gravité du document, c'est la complicité coupable qu'elle révèle de la part de certains agents de l'État pour
la faction dont il s'agit.

Rouher essaya de parer le coup en faisant appel aux
rancunes de la majorité contre les hommes du 4 septembre. Mais alors Gambetta :

Je dis, messieurs, que dans cette assemblée, je n'ai jamais
décliné la controverse ni la contradiction avec les honorables
membres que vous avez chargés d'installer des commissions
d'enquête, et que, toutes les fois qu'on a apporté un rapport à
cette tribune, j'y ai répondu ; mais j'ajoute qu'il y a quelqu'un
ici à qui je ne reconnais ni titre, ni qualité pour demander des
comptes à la révolution du 4 septembre, ce sont les misérables
qui ont perdu la France !

Rappelé à l'ordre par le président Buffet, Gambetta
reprit :

Messieurs, il est certain que l'expression que j'ai employée
contient plus qu'un outrage : c'est une flétrissure, et je la maintiens !

Le lendemain, à la gare Saint-Lazare, Gambetta fut
assailli et injurié par une bande de jeunes bonapartistes,
dont l'un alla jusqu'à le frapper d'un coup de poing au

visage. Ces grossières violences, l'appui que le ministre
de l'Intérieur, Fourtou, accordait ostensiblement aux
bonapartistes, inquiétèrent ceux des conservateurs qui se
souvenaient encore d'avoir appartenu sous l'Empire à
l'*Union libérale* et qui considéraient l'invasion et le démembrement de la France comme les conséquences fa-
tales de la dictature. Lorsque l'Assemblée se sépara le
31 juillet, il devint évident que, malgré les rejets successifs
du projet de constitution, présenté par Casimir Perier, et
de la proposition de dissolution, déposée par le marquis
de Malleville au nom de trois cents et quelques députés,
une majorité allait se former pour sortir du provisoire et
fonder la République. Gambetta l'annonça à l'Assemblée,
la veille même de sa prorogation (31 juillet 1874) :

La vérité, la voici : plus vous allez, plus vous vous mettez
en opposition avec l'opinion. Et le secret de votre politique
est là : vous rusez avec elle au lieu d'agir ; vous ne voulez
pas surmonter vos anciennes défiances, vos anciennes rancunes.

Cependant vous êtes destinés à vivre. Vous avez des enfants,
vous devez préparer l'avenir des générations futures : croyez-
vous pouvoir le leur préparer en dehors de la démocratie?

Est-ce qu'il appartiendra à une coalition de trois ou quatre
cents députés de faire rebrousser chemin à la Révolution française? Le croyez-vous ?

Si vous ne le croyez pas, il faut prendre un parti, le prendre
avec énergie. Allez en vacances : passez-y un mois, je souhaite
surtout que les électeurs vous disent la vérité, toute la vérité ;
et alors, confiant dans tout ce qui doit rester de patriotisme au
fond de vos âmes, en dehors de l'esprit de parti, je suis convaincu que ces vacances ne se passeront pas sans que vous
ayez remarqué l'orage qui s'amoncelle sur ce qui reste de la
France ; et, quand vous serez revenus, je suis convaincu que
vous ne prêterez pas les mains à des combinaisons artificielles.
Si vous pouvez faire la monarchie, vous la ferez ; si vous
voyez que la République seule est possible, vous la ferez, et
vous ferez un gouvernement fort, capable de refaire, comme
nous en avons tous la passion, la gloire et l'honneur de la
France.

Ces espérances devinrent des prévisions. Le 30 novembre, quand l'Assemblée nationale reprit ses séances, la nécessité de sortir d'un provisoire énervant était devenue le cri public.

On n'entrera pas ici dans le détail des négociations et des débats qui aboutirent, le 30 janvier 1875, à la reconnaissance constitutionnelle de la République. Thiers finit par détacher une dizaine de voix du centre droit, Gambetta par déterminer ses amis de l'extrême-gauche à sacrifier, dans l'intérêt de la cause commune, leurs sentiments intimes sur la création d'une seconde Chambre et sur la septennalité de la Présidence. Ce fut au bon sens persuasif et à l'activité infatigable de ces deux chefs du parti républicain que la cause de la République dut de triompher finalement à une voix de majorité, cette seule et unique voix qui avait été proclamée suffisante pour restaurer la monarchie. L'Assemblée avait abordé, le 21 janvier, la discussion de la loi relative à l'organisation des pouvoirs publics. Le 30 janvier, elle votait, par 353 voix contre 352, la proposition présentée par Wallon : « *Le président de la République est élu, à la pluralité des suffrages, par le Sénat et la Chambre des députés réunis en Assemblée nationale. Il est nommé pour sept ans. Il est rééligible.* » La République était désormais la loi.

Il restait toutefois un dernier écueil à franchir. Un article additionnel à la loi sur l'organisation des pouvoirs publics avait stipulé qu'elle ne serait promulguée qu'après le vote du projet sur le Sénat ; cette insidieuse disposition, imaginée par le duc de Broglie, faillit être la pierre d'achoppement de la République (11 et 12 février). En effet, l'Assemblée ayant commencé par adopter l'article 1er d'un projet, en vertu duquel le Sénat devait être nommé par les mêmes électeurs que la Chambre des députés, le président de la République intervint par un message qui jeta le désarroi parmi les modérés du Centre, et les détermina à se joindre aux droites pour rejeter l'ensemble de la loi. Les royalistes et les bonapartistes exultèrent. « La gueuse est enterrée », disait le général Changarnier. Brisson déposa une proposition de dissolution.

Gambetta intervint :

Vous aviez souvent qualifié notre parti d'intransigeant, d'excessif, d'exclusif, de rebelle à tout compromis et à toute transaction politique. Qu'avons-nous fait ? Non sans quelque courage et sans de grands sacrifices de la part de nos aînés et de nos devanciers dans la vie politique, nous vous avons donné ce spectacle de nous associer à vous et de vous dire : Conservateurs, vous voulez bien reconnaître qu'après l'échec et l'avortement définitif de vos espérances monarchiques, il est temps enfin de donner à la France un gouvernement qui pourra rester dans vos mains, si vous êtes sincères et véritablement épris de ces principes libéraux dont vous nous parlez sans cesse et dont vous suspendez constamment l'application.

Nous vous avons dit : eh bien, nous faisons taire nos scrupules, nous prenons sur nous de faire ce sacrifice aux nécessités générales de l'État, troublé au dedans, menacé au dehors, et qui a plus besoin que jamais de gagner sur les heures qui s'écoulent un temps que lui convoite la jalousie de ses adversaires dans le monde ; nous prenons sur nous de capituler entre vos mains, si vous voulez faire un gouvernement modéré et conservateur.

Nous avons consenti à diviser le pouvoir, à créer deux Chambres ; nous avons consenti à vous donner le pouvoir exécutif le plus fort qu'on ait jamais constitué dans un pays d'élection et de démocratie ; nous vous avons donné le droit de dissolution, et sur qui ? sur la nation elle-même, au lendemain du jour où elle aurait rendu son verdict.

Mais cela ne vous a pas suffi, vous avez voulu aller plus loin, exiger davantage ; vous avez voulu préparer un Sénat qui fût à vous, exclusivement à vous. Peut-être cependant n'auriez-vous pas insisté dans ces prétentions extrêmes, et c'est ici que se place la responsabilité du cabinet. Hier, vous aviez fait une majorité ; vous avez fait aujourd'hui deux majorités. Dans la journée, le cabinet, dont l'existence politique individuelle et collective était mise en question d'une façon véritablement définitive si cette majorité restait constituée, le cabinet s'est précipité chez le

maréchal, et il en est revenu avec une déclaration. Il vous l'a
lue ; l'a-t-il commentée, expliquée ? a-t-il apporté un argument,
une raison politique ? Non, il s'est caché derrière cette épée, et
il vous a fait voter.

Et maintenant, voici ce que j'ai à vous dire : Je sais — par-
donnez-moi de froisser vos illusions, — je sais qu'il en est encore parmi vous qui poussent cet esprit de sagesse et de transaction politique jusqu'à l'héroïsme, et qui croient pouvoir
encore rencontrer, dans des rangs où rien de solide ne s'est présenté, des auxiliaires pour cette œuvre impossible : oui, je le
sais. Eh bien! expérimentez vos illusions, la déception ne tardera
pas à venir. Jusqu'à présent nous vous avons donné des gages,
— je l'ai dit et je le maintiens, — plus tard on nous jugera, et
on nous jugera moins sévèrement, malgré les fautes que nous
avons pu commettre, que vous ne serez jugés vous-mêmes. Plus
tard on dira que vous avez manqué la seule occasion peut-être
de faire une République véritablement ferme, légale et modérée.

À ce discours, la gauche reprit courage ; à droite, on se
sentit jugé. De nouvelles négociations furent entamées.
Un projet d'organisation du Sénat, déposé par Wallon, fut
successivement adopté par la fraction du centre droit qui
marchait avec le duc d'Audiffret-Pasquier et Bocher, par
le groupe Lavergne, par le centre gauche, par la gauche
républicaine à l'unanimité moins cinq voix, dont celle de
Grévy, et enfin par l'*Union républicaine*, après un discours de Gambetta qui arracha des larmes aux délégués
des autres groupes qu'on avait appelés à la séance. L'ac-
córd étant fait de ce côté, le projet fut porté devant l'Assemblée, où le débat dura quatre jours. Enfin, le 24 février, la loi sur le Sénat fut adoptée par 448 voix contre
210. Le lendemain 425 suffrages contre 254 votèrent l'ensemble de la loi sur l'organisation et la transmission des
pouvoirs publics.

Faire ratifier par la démocratie l'œuvre de conciliation
nationale qu'il avait menée à bonne fin et préparer les élections générales de 1876 dans un sens favorable à la

République, fut la tâche principale de Gambetta pendant la dernière année de l'Assemblée. A part les « intransigeants », comme ils commencèrent à s'appeler, les uns idéologues, les autres démagogues, les républicains donnèrent leur adhésion à la politique qui avait conduit à la reconnaissance de la République par l'Assemblée. A Belleville, le 25 avril, l'approbation fut chaleureuse, même lorsque Gambetta y fit, dans cette forteresse de la démocratie la plus avancée, l'éloge du Sénat :

> Ceux qui ont eu les premiers l'idée de constituer un Sénat, dit-il, ont voulu dès l'origine créer là une citadelle pour l'esprit de réaction, organiser là une sorte de dernier refuge contre les dépossédés et les refusés du suffrage universel. Mais il faut voir si ceux qui ont eu cette pensée l'ont bien réalisée; si, voulant créer une chambre de résistance, une citadelle de réaction, ils n'ont pas organisé un pouvoir essentiellement démocratique par son origine, par ses tendances, par son avenir. Messieurs, quant à moi, telle est ma conviction, et je vais essayer de l'établir... Après la délibération commune, que va-t-il sortir des urnes ? Un Sénat? Non, citoyens, il en sortira le grand conseil des communes françaises. Voulez-vous me dire dans quel État de la vieille Europe on a fait, à l'usage d'une démocratie, un instrument meilleur et plus avantageux ? Par cette institution du Sénat, bien comprise, bien appliquée, la démocratie est souveraine maîtresse de la France.

Si l'institution d'une seconde Chambre a pu s'acclimater en France, c'est à Gambetta qu'elle le doit. C'est lui qui a convaincu la démocratie de la nécessité d'une assemblée de contrôle.

Le succès des républicains dans l'élection des sénateurs inamovibles par l'Assemblée nationale fut l'œuvre de Gambetta et le résultat d'une de ses plus habiles manœuvres parlementaires. Il fut battu, par contre, sur la question du scrutin de liste. Également soucieux de la dignité et de la représentation *vraie* du suffrage universel, il demandait que la Chambre des députés fût élue au scrutin de liste. Les droites, soutenues par le président du conseil Buffet, firent adopter le scrutin d'arrondissement, qui devait, dans leur pensée, assurer le succès des grosses influences locales, presque toutes conservatrices, et, aussi, leur assurer le bénéfice de la candidature officielle (13 et 26 novembre). Ce fut dans le discours du 26 que Gambetta prononça ces mots : « La modération, c'est la raison politique. »

Il dit encore, et jamais encore il n'avait rien dit de plus noble :

On ne fait pas de la politique dans un pays comme la France, de la même manière, à toutes les époques. Quand un pays a sa force matérielle, que le cercle de ses frontières est intact, alors il peut être possible et loisible d'agiter des questions de métaphysique politique : mais dans un pays qui n'a pas toutes ses frontières, cela est sacrilège, cela est criminel.

Et puisque vous cherchez la raison d'être de l'œuvre du 24 février et de cette politique de concorde et de pacification, je vais vous la donner : Regardez à la trouée des Vosges!

Toute la beauté, plus durable que l'airain, de la politique de Gambetta, et le culte persistant de sa mémoire procèdent de cette pensée dominante de sa vie : Regarder à la trouée des Vosges.

V

SÉPARATION DE L'ASSEMBLÉE NATIONALE
CHAMBRE DES DÉPUTÉS

L'Assemblée nationale s'étant séparée le 31 décembre 1875, il fut procédé aux élections sénatoriales, puis aux élections législatives. Le parti républicain eut, pour la première fois, en Gambetta un *leader* à la manière anglaise.

Il faut placer au premier rang de ses meilleures leçons de politique rationnelle et pratique ses discours de cette période alors que, voyageur infatigable, il sillonna la France pendant six semaines, et aussi ferme sur les principes qu'accueillant aux hommes, conquérant la France à la République et ouvrant la République à la France.

A Lille, le 6 février 1876 :

Quand je dis qu'il faut que vos candidats soient des démocrates, j'entends dire qu'ils doivent être pénétrés, avant tout, de la nécessité de l'amélioration intellectuelle et morale du plus grand nombre et qu'ils ne doivent pas cesser de poursuivre, dans l'administration comme dans la législation, les moyens pratiques d'éclairer les esprits et de faire arriver à la lumière les capacités intellectuelles que recèle la masse entière du peuple, laquelle est tenue à l'écart, et qui, comme une mine non exploitée, renferme peut-être des trésors de facultés et d'aptitudes que la misère et l'ignorance étiolent, que l'obscurantisme asservit ou corrompt au détriment de la patrie. Ce que j'entends par démocrates, ce sont des hommes qui sont persuadés que la souveraineté doit s'exercer dans le sens du plus grand nombre, et jamais au profit d'une collection d'individus, d'une caste ou d'une famille ; ce sont des hommes qui comprennent que l'administration de l'État, que son budget et sa force ne doivent être qu'un moyen de développement général, et ñon pas la mense, la feuille de bénéfice de quelques-uns. Ce sont des hommes qui ne sont préoccuf és, avant tout, que de la meilleure distribution des forces finan ières, industrielles, économiques du pays ; ce sont des hommes qui, ne sacrifiant rien au hasard, ne vont que du connu à l'inconnu, aved patience, avec méthode, ne tentant que ce qui est p ssible et reconnaissant qu'il y a toujours quelque chose à f .ire, même dans le meilleur des mondes possible.

Le démocraie enfin n'est p.is celui qui n'est uniquement préoccupé que de reconnaître des égaux, car tous les jonrs, dans la société, on reconnaît des égaux, mais là n'est pas la démocratie vraie. *Ce qui constitue la vraie démocratie, ce n'est pas de reconnaître des égaux, c'est d'en faire.*

A Avignon, trois jours plus tard :

Il suffit de déchirer les divers décrets, mesures et ordonnances qu'ont pris nos ministres depuis trois ans, pour établir une politique de liberté qui est le premier besoin du pays et, notamment, le premier besoin des populations de ce Midi de la France, qu'on a systématiquement diffamées pour pouvoir mieux les refouler et les mater. Oui, le premier besoin de ces populations, avant d'entreprendre des réformes plus ou moins délicates et lointaines, c'est de redevenir maîtresses d'elles-mêmes, c'est de ressaisir la liberté d'écrire, de se réunir, de s'associer, la liberté de choisir leurs maires ; le premier besoin de ces populations, c'est d'avoir des fonctionnaires, qui, au lieu d'être des ennemis tracassiers, des esprits hostiles et chagrins constamment en conflit réglé avec les populations, soient des fonctionnaires soucieux de la paix et du bon ordre des populations, en même temps que de la dignité de l'administration dans un pays qui n'est avide que d'apaisement, de concorde et de travail, et qui n'exige que le règne de la loi, à la place des fantaisies et des caprices d'une poignée d'ambitieux infatués de leurs mérites.

Le 13, à Bordeaux :

On a donc fait la Constitution, et, grâce à elle, on a évité la dictature décorée du nom de septennat, on a évité cette égalité de prétendants de tous les partis, et le suffrage universel, qui se prononcera le 20 de ce mois, n'a pas à écouter les sollicitations de Napoléon IV, de Chambord ou d'Orléans ; il n'a qu'une chose à faire : maintenir et consacrer l'édifice républicain, à l'abri duquel l'ordre et les développements progressifs des droits de tous sont assurés. Voilà l'œuvre du 25 février 1875 ; c'est une œuvre de patriotisme, et, quand on dit qu'elle est le fruit de la conciliation, c'est le plus bel éloge qu'on en puisse faire. Oui, elle est le fruit de la conciliation. Mais est-ce que vous connaissez une politique qui soit plus désirable que la conciliation entre des Français venant à la République, abjurant leurs anciennes idées, vous apportant l'influence de leurs noms et de leur situation sociale ? Non pas, s'ils ne sont pas sincères ; non pas, s'ils sont hypocrites ; mais nous avons fait ce classement, nous savons ceux qui mentent en parlant, ceux qui sont sincères en votant ; le vote est là, c'est un critérium décisif. Eh bien ! je dois dire que de tous ceux qui, à la suite de M. Thiers, de M. Casimir Perier, de M. Léon de Maleville, se sont détachés de leurs vieilles idées et, sous l'influence d'un patriotisme éclairé, sont venus à la République, pas un seul n'a fléchi ; il n'en est pas un qui n'ait été le plus ferme, le plus vigilant, le plus soucieux, le plus jaloux défenseur des libertés publiques.

Le pays a vu se réaliser enfin la pensée de ce rapprochement tant recherché, qui, s'il s'était opéré il y a soixante ans, il y a quarante ans, ou même trente ans, aurait achevé le cycle de la Révolution française. Qu'est-ce qu'ont voulu, en effet, nos prédécesseurs, les auteurs de la Déclaration des Droits ? Qu'est-ce qu'ont voulu Mirabeau, Saint-Just lui-même, Robespierre, ces esprits rendus exclusifs par la passion et par cette étroitesse d'esprit qui fait les combattants ? Ils ont surtout voulu, dans leur jour de sérénité, fonder une immense démocratie dans laquelle les frères aînés, c'est-à-dire ceux qui sont arrivés, seraient les initiateurs, les parents, les guides, les protecteurs de ceux qui, placés au-dessous, n'avaient pu recevoir les bienfaits de l'éducation, de la fortune, mais qui avaient leurs droits, eux aussi. C'est précisément cette alliance, cette union, ce concordat pacifique entre la bourgeoisie et le peuple, qui a été accompli dans la Constitution du 25 février, c'est ce qui en fait un gage pour l'avenir ; ce qui fait qu'elle vivra en dépit d'attaques que j'admets, que je comprends et que je m'explique pour des hommes de théorie. Pour moi, je ne suis pas un homme de théorie, je suis un homme de pratique, voué à la défense des

idées démocratiques; je n'ai qu'une passion, celle de réaliser
tous les jours un progrès dans les lois et les institutions de mon
pays.

A Paris, le 15 janvier, proclamant la candidature de
Victor Chauffour dans le VIIIe arrondissement :

A toutes ces qualités qui suffiraient à en faire le modèle de la
candidature réellement républicaine dans notre parti, Victor
Chauffour joint un autre titre qui n'a jamais laissé et qui ne
laissera jamais Paris insensible. Il est de ceux qui expient
parmi nous, avec nous, les conséquences de cette odieuse servitude impériale supportée pendant dix-huit ans et qui a abouti
à le priver, lui, de son berceau et nous, de nos meilleures provinces.
Eh bien! il serait douloureux, devant une assemblée de Français, de patriotes, de Parisiens, d'insister longuement sur un
pareil deuil et de toucher à cette blessure toujours saignante. Je
n'ajouterai qu'un mot. Quand on a devant soi un homme aussi
dévoué à nos idées, ayant cet ineffaçable et auguste caractère
d'être un fils de l'Alsace frappée par l'étranger, on n'a qu'à se
dire : Ne pouvant pas avoir la terre, prenons les hommes.

Après le vote du 30 janvier qui avait envoyé au Sénat
une forte minorité républicaine, le vote du 20 février jus-
tifia les espérances des républicains et récompensa leurs
efforts. Ainsi que Challemel-Lacour l'avait annoncé dans
l'une des dernières séances de l'Assemblée, la France se
rendit au scrutin comme à une fête de délivrance. Le premier tour de scrutin donna au parti républicain 300 sièges
contre 135; le second 56 contre 49. — Résultat signifi-
catif : pendant que Gambetta était élu à Paris, à Lille, à
Marseille et à Bordéaux, le président du conseil Buffet
était battu dans les quatre circonscriptions où il s'était fait
porter (Castelsarrazin, Bourges, Commercy, Mirecourt).
La défaite était si lourde que Buffet refusa d'attendre la
réunion des Chambres. Il donna sa démission (23 février)
et fut remplacé à la tête du ministère par Dufaure.
La nouvelle assemblée s'étant constituée sous la prési-

dence de Grévy, Gambetta conseilla la cohésion en un seul groupe des diverses fractions de la gauche : « Il faut, disait-il, que chacun de nous puisse parler au nom de la majorité tout entière, d'une majorité qui n'est pas seulement celle des Assemblées, mais qui est aussi celle de la nation. » C'était trop demander aux élus du scrutin d'arrondissement ; la gauche se divisa en quatre groupes (centre, gauche républicaine, union républicaine, extrême-gauche). Ce fut, comme Gambetta en avait exprimé la crainte, la cause profonde de beaucoup de difficultés et de fautes.

Deux questions occupèrent principalement Gambetta pendant cette première législature : celle des finances et celle des empiètements du clergé. Nommé président de la commission du budget (5 avril), il révéla dans cette nouvelle direction des qualités nouvelles. Après avoir annoncé dans son allocution d'ouverture qu'il fallait travailler à dissiper « les appréhensions intéressées des esprits cha-grins et hostiles », il porta son attention sur tous les chapitres du budget, et particulièrement sur celui de la guerre. La passion dont il avait témoigné de longue date pour les questions qui intéressent la force, la grandeur et le bien-être de l'armée, lui avait créé dans ses rangs de vives sympathies. Ces sympathies redoublèrent quand on le vit se constituer, dans la commission du budget comme à la Chambre, l'avocat des intérêts et des réformes militaires.

La discussion du budget pour l'exercice 1877 a été l'une des plus remarquables de notre histoire économique et politique. Gambetta y prononça quinze discours (budgets de la guerre, de la marine, de l'intérieur, des affaires étrangères). Il s'y montra également supérieur, soit qu'en combattant la suppression de l'ambassade auprès du Saint-Siège, il rendît hommage à la clientèle catholique de la France dans le monde ; soit qu'il discutât les détails techniques du budget de la guerre. Il eut à défendre

plusieurs fois la Constitution contre les agressions des
bonapartistes :

Et ne dites pas qu'on n'a pas consulté la nation! La nation a
été consultée le 20 février, et la nation a répondu, par toutes
les voix que vous connaissez, qu'il y avait un décret de déchéance;
la nation a répondu comme vous allez répondre vous-mêmes :
qu'on peut bien se rire des décrets de déchéance, mais qu'il y
a une chose qu'on n'effacera pas, une tache indélébile qu'on
n'arrivera jamais à supprimer... (*Bruyantes exclamations.*)
Non! jamais! et cette chose, cette tache, c'est un crime! (*Cris
et interruptions à droite.*) Un crime! un crime! (*Nouveaux
cris à droite. — Applaudissements à gauche.*) Et ce crime, vous
ne l'effacerez pas de la mémoire de la France! Elle dira... (*Les
exclamations partant d'une partie du côté droit deviennent de
plus en plus bruyantes et finissent par couvrir la voix de l'orateur.*) Messieurs, vous direz ce qu'a dit la nation, ce qu'a déjà
dit l'histoire, c'est qu'il y a une honte et un crime que vous
n'effacerez jamais : un crime, le 2 Décembre! et une honte, la
perte de l'Alsace et de la Lorraine!

Gambetta avait proposé à la commission du budget de
rédiger, outre le rapport général sur l'exercice 1877, un
second rapport ayant pour objet spécial l'exposé des
réformes à introduire dans les exercices suivants. Cette
proposition ayant été accueillie, il saisit la commission
d'une étude préparatoire sur la réforme de l'impôt dans
un sens démocratique (16 octobre). Il y préconisait l'impôt
sur le revenu, le plus juste de tous les impôts, à la condition de n'être ni inquisitorial ni vexatoire.

Ce fut dans le même esprit que Gambetta défendit contre
Jules Simon, successeur de Dufaure à la présidence du
conseil, les droits de la Chambre en matière de budget
(27 décembre). La majorité eut la faiblesse, dont elle se
repentit six mois plus tard, de ratifier les empiètements du
Sénat.

Après avoir donné de nouvelles preuves de modération et
de prudence — flétrissant en plein Belleville « les hommes

tarés qui avaient exploité le mouvement de désespoir de
la Commune » ; opposant sans crainte aux mesures pré-
maturées la solidité de la politique des résultats (vote pour
l'amnistie partielle, discours contre la réduction du service militaire à deux ans, discours pour la proposition de
cessation des poursuites), — Gambetta engage résolument
la lutte fameuse qui, renouvelée des temps de la Monarchie
comme de ceux de la Révolution, aboutira, après des péri-
péties de toutes sortes, à la suprématie du pouvoir civil
et de la société laïque.

Le cléricalisme n'a rien à voir avec la liberté de conscience, étant, bien au contraire, l'exploitation de la religion
par la politique et au profit de la politique du passé. Il
faut affranchir les administrations, l'école, l'armée des
influences et des tutelles cléricales. Il faut réprimer par
la loi l'agitation du parti ultramontain qui prend ses mots
d'ordre au Vatican.

Dès le 24 mars, à l'occasion de l'invalidation d'Albert de
Mun [1], il avait dit :

Il ne s'agit pas ici de défendre la religion que personne n'attaque ni menace. Quand nous parlons du parti clérical, nous
ne nous adressons ni à la religion, ni aux catholiques sincères,
ni au clergé national. Ce qui nous préoccupe est de ramener le
clergé dans l'Eglise, et de ne pas permettre qu'on transforme
la chaire en tribune politique ; c'est de faire respecter la liberté
électorale ; c'est d'assurer le libre combat aux opinions politiques qui n'ont rien à voir avec les questions cléricales.

Le discours capital fut celui du 4 mai 1877. Il y montrait le parti clérical aux ordres de Rome, insistait sur
l'influence, grosse de dangers, qu'il avait su prendre dans
les classes bourgeoises, dénonçait le mépris croissant où
était tenue la déclaration de 1682 :

[1] « Gambetta avait le charme de l'accueil et le secret des mots encourageants. J'en ai fait l'expérience ; il ordonna mon invalidation avec des
paroles d'une grâce infinie. » (A. DE MUN, *Combats d'hier et d'aujourd'hui*,
t. IV, p. 188.)

Le plus clair résultat du concile de 1870 a été précisément d'ébranler le Concordat, de mettre en question ce traité, ce contrat synallagmatique qui règle le rapport du sacerdoce et de l'empire, de l'Etat et de l'Eglise, en dehors duquel il n'y a que deux solutions : ou l'exclusion ou la séparation.

Or, comme nous estimons que tout vaut mieux que ces deux solutions, nous voulons ramener au respect du Concordat et des articles qui l'accompagnent, à l'application rigoureuse, permanente, répressive des lois qui figurent sur nos codes pour la défense de nos libertés et pour la protection de notre indépendance ecclésiastique... Il faut choisir, c'est un dilemme que je pose : ou vous cesserez d'être Français, ou vous obéirez à la loi.

En tenant ce langage, sommes-nous trop exigeants? sommes-nous des hommes passionnés?

Sommes-nous, dis-je, des hommes passionnés, quand nous venons demander l'application des lois qui ont été appliquées par M. de Vatimesnil, par Mgr Frayssinous, par le gouvernement de Charles X, par le gouvernement de Louis-Philippe, par l'Empire? Proclamez donc qu'à vos yeux, il n'y a que la République qui ne soit pas en état de légitime défense. Dites-le, ayez ce courage! Et alors, avouez que vous n'êtes qu'une faction politique, montant à l'assaut du pouvoir.

D'ailleurs, j'en ai assez dit; le sentiment de la Chambre est fait, et je dois dire que, quelque précision qu'elle mette dans sa sentence, elle ne satisfera qu'à moitié la conscience nationale indignée, révoltée d'être ainsi périodiquement agitée par des hommes qui ne relèvent que de l'étranger...

Vous sentez donc, vous avouez donc, qu'il y a une chose qui, à l'égal de l'ancien régime, répugne à ce pays, répugne aux paysans de France, c'est la domination du cléricalisme.

Vous avez raison, et c'est pour cela que, du haut de cette tribune, je le dis pour que cela devienne précisément votre condamnation devant le suffrage universel! Je ne fais que traduire les sentiments intimes du peuple de France en disant du cléricalisme ce qu'en disait un jour mon ami Peyrat : « Le cléricalisme? voilà l'ennemi! »

VI

LE SEIZE MAI

Le coup d'État parlementaire du 16 mai a été la réponse de Rome au discours de Gambetta sur le cléricalisme et à l'ordre du jour sur les menées ultramontaines. Jules Simon fut brusquement congédié par le maréchal, et le duc de Broglie rappelé aux affaires avec mission de dissoudre la Chambre. Les chefs de la droite, Fourtou, Brunet, de Meaux, Caillaux, Decazes, s'associèrent au duc de Broglie dans cette aventure.

Le congé signifié par le maréchal à Jules Simon fut accueilli avec colère par le parti républicain, des plus modérés aux plus avancés. Le renvoi d'un ministère qui avait la majorité dans les deux Chambres parut un défi, le défi à la démocratie progressiste et libérale ; c'était, surtout, le cléricalisme aux affaires. Le parti clérical a-t-il seulement pour objet d'arrêter en France la marche de la Révolution ? N'est-il pas aussi une cause d'inquiétudes pour l'Europe ? Déjà sa victoire d'un jour a provoqué en Italie une vive agitation et des armements contre les projets supposés de restauration du pouvoir temporel. Donc, « il faut le combattre et l'abattre » ; en conséquence, reformer contre lui l'union de toutes les fractions de la gauche ; signifier au maréchal que la France, à qui il a fait appel contre le Parlement, sera avec le Parlement contre toute tentative de pouvoir personnel et de gouvernement ultramontain.

Les journaux républicains furent unanimes, en province

comme à Paris, dans l'expression de ces sentiments. Un accord tacite confia à Gambetta la direction du mouvement de résistance. Une heure de péril avait suffi à refaire l'union du parti.

Gambetta fut chargé de développer devant la Chambre l'interpellation des quatre groupes de gauche :

Messieurs, il faut en finir avec cette situation, et il vous appartient d'y mettre un terme par une attitude à la fois virile et modérée. Demandez, la Constitution à la main, le pays derrière vous, demandez qu'on dise enfin si l'on veut gouverner avec le parti républicain dans toutes ses nuances, ou si, au contraire, en rappelant des hommes repoussés trois ou quatre fois par le suffrage populaire, on prétend imposer à ce pays une dissolution qui entraînerait une consultation nouvelle de la France. Je vous le dis, quant à moi, mon choix est fait, et le choix de la France est fait aussi : si l'on se prononçait pour la dissolution, nous retournerions avec certitude et confiance devant le pays qui nous connaît, qui nous apprécie, qui sait que ce n'est pas nous qui troublons la paix au dedans, ni qui inquiétons la paix au dehors. Je le répète, le pays sait que ce n'est pas nous, et, si une dissolution intervient, une dissolution que vous aurez machinée, que vous aurez provoquée, prenez garde qu'il ne s'irrite contre ceux qui le fatiguent et l'obsèdent ! Prenez garde que, derrière des calculs de dissolution, il ne cherche d'autres calculs et ne dise : « La dissolution, c'est la préface de la guerre ! »

Criminels seraient ceux qui la poursuivraient dans cet esprit !

L'ordre du jour des gauches fut voté par 347 voix contre 147 ; les Chambres furent prorogées le surlendemain pour un mois (18 mai) [1].

La dissolution ne pouvait profiter à la coalition cléricale que par l'organisation méthodique, d'un bout à l'autre du pays, de la candidature officielle. Le cabinet du 17 mai s'y employa aussitôt. Huit jours lui suffirent à remettre en place le haut personnel administratif et judiciaire du

1. Le jour même de la prorogation, les bureaux des gauches rédigèrent, sous forme d'appel au pays, une protestation contre l'acte du 16 mai. Ce manifeste fut signé par 363 députés républicains.

24 Mai. Il menaça de révocation les petits fonctionnaires suspects d'attachement à la République. Il invita les tribunaux à poursuivre avec rigueur la presse républicaine, à traquer les colporteurs de tout écrit hostile au gouvernement. Le duc de Broglie, qui n'avait été, au 24 Mai, que le protégé de l'Empire, en devint publiquement le plagiaire et le patron.

Mais le parti républicain était décidé à n'opposer qu'une propagande légale aux violences du nouveau gouvernement de combat. Cette propagande fut admirablement organisée. Dès que la dissolution de la Chambre devint imminente, Gambetta réunit les directeurs politiques des grands journaux de Paris, et créa avec eux un comité général de résistance. Un second comité, composé de jeunes avocats et de fonctionnaires révoqués par le duc de Broglie, ministre de la justice, et par le ministre de l'intérieur Fourtou, eut mission d'expédier en province des milliers de journaux et de brochures. Les 363 signataires du manifeste du 18 mai furent invités à former dans chaque chef-lieu de canton des comités, à grouper les électeurs, à leur apprendre leurs droits contre les abus du pouvoir, à répandre les journaux envoyés de Paris. Thiers se crut revenu à 1830, à la grande lutte des 221 contre le ministère Polignac. Les bureaux de la *République française*, comme jadis ceux du *National*, devinrent le quartier général de l'armée républicaine et libérale. Les plus vieux lutteurs descendirent dans l'arène. Crémieux et Sénard prirent l'initiative d'un comité de consultation juridique. Henri Martin présida le comité de propagande. Montalivet rentra au *Journal des Débats*, Émile de Girardin à la *France*. Thiers, qui venait d'atteindre sa quatre-vingtième année, était le plus ardent de tous et le plus impatient. On l'a entendu accuser Gambetta d'être *trop modéré*.

Gambetta reprit sa campagne oratoire (discours aux étudiants de Paris, discours d'Amiens et d'Abbeville).

Je n'ai aucune inquiétude sur la réponse de la France.

Allons plus avant, messieurs, et voyons comment la question qui nous occupe a été jugée au dehors, car, pour le dire en passant, nous avons eu, à la grande douleur de nos adversaires, cette consolation d'avoir pour nous l'assentiment unanime de l'Europe, qu'elle fût monarchique ou républicaine, vivant sous un pouvoir absolu ou sous un pouvoir pondéré. Sans distinction de partis ni de nuances, nous avons vu tous les organes de l'Europe blâmer ce qui s'est fait le 16 mai, et condamner cette politique dans des termes qui dépassaient en vivacité tous ceux que nous employons nous-mêmes. C'est la première fois qu'on a rencontré, pour un acte semblable, un pareil arrêt rendu avec une telle unanimité par l'Europe tout entière. C'est là un fait grave contre lequel on a essayé de réagir d'abord en raillant, puis en supposant des correspondances qui se sont trouvées fausses, mais, en fin de compte, il a bien fallu s'incliner : le jugement de l'Europe est là, il demeure comme un verdict sans appel.

Aujourd'hui, où en sommes-nous ? Nous en sommes à entendre dire, par les coupe-jarrets de Décembre qui subsistent encore, qu'on ne sortira de là qu'en allant jusqu'au bout, et que le bout, ce serait un coup de violence, c'est-à-dire le crime. Messieurs, je ne fais pas à de pareils polémistes, à de semblables insensés, l'honneur de discuter avec eux

Je ne crois pas que personne, dans ce pays, puisse penser à un coup de force, et, dans tous les cas, je le dis, c'est un coup de force qui serait condamné à une terrible expiation. (Abbéville, 10 juin.)

Le Parlement rentra en session le 16 juin, la Chambre des députés pour discuter l'interpellation des bureaux des gauches sur la constitution du cabinet, le Sénat pour recevoir communication du message présidentiel qui réclamait la dissolution de la Chambre.

Gambetta soutint avec Bethmont, Jules Ferry, Louis Blanc, Antonin Proust, Léon Renault, l'interpellation des gauches. La droite l'interrompait à chaque phrase, l'insultait. Il lui tint tête, rendant coup pour coup.

... Car il faut bien s'expliquer. Nous sommes en face d'hommes

qui ne sont pas ancrés dans la Constitution ; nous n'avons pas
devant nous des hommes qui la défendent avec des tendances particulières, mais conformes à l'esprit de la Constitution. Non !
non ! Si cela était, s'il y avait un parti whig et un parti tory dans
la République, nous pourrions discuter, et faire de la politique
parlementaire ; nous pourrions croire que le Président n'obéit
qu'à des tendances constitutionnelles. Mais tout le monde sait
qu'il n'en est pas ainsi ; tout le monde sait qu'il vous serait
impossible de dire avec sincérité que, parmi vous, il y en a un
seul qui n'ait pas un idéal politique différent de la forme qui
nous régit aujourd'hui...

Il faut que la France sache ce qui est résulté de ce jour mémo-
rable du 4 mai, pendant que M. Jules Simon était à la tribune
et qu'il parlait de cette captivité du Saint-Père, et qu'il osait
dire que c'était là une invention, et qu'il lui donnait sa véritable
épithète, en l'appelant une invention mensongère. Ah ! Messieurs, deux jours après, du fond du Vatican, on relevait le mot
du ministre républicain, et personne n'ignore que c'est de là
qu'est parti le coup qui a renversé le cabinet.

Personne ne s'y est trompé, et, puisqu'il faut tout dire, un
cri a traversé la France, un cri que vous entendrez bientôt,
un cri qui reviendra, qui sera la libération, qui sera le châtiment, le cri : c'est le gouvernement des prêtres ! C'est le ministère des curés, disent les paysans !

Le pays sait toutes ces choses ; le pays nous jugera vous et
nous.

J'ai eu la témérité, il y a quinze mois et davantage, — mais
vous allez voir si c'était une témérité... et si les conservateurs,
s'il en reste encore quelques-uns, égarés sur ces bancs, n'auraient pas mieux fait de m'écouter, — j'ai eu la témérité, à l'ancienne Assemblée nationale, de soutenir contre M. Buffet et
contre M. Dufaure le scrutin de liste. Je disais que ce scrutin
était réellement politique, que j'en désirais l'application, bien
que je fusse assuré d'avance que nous aurions peut-être plus de
triomphes électoraux par le scrutin d'arrondissement que par
le scrutin de liste. J'avais beau accumuler ce que j'avais de
raisons dans mon esprit, je me heurtais contre le parti pris de
la défiance, et c'est en vain que je m'avançais jusqu'à prédire
que l'état-major seul du parti conservateur se sauverait peut-
être aux élections par la candidature officielle dans certains
arrondissements, mais que tout le reste serait à peu près submergé. Ma prédiction s'est accomplie, et au delà. Le chef

même du cabinet d'alors est resté quatre fois sur le carreau.

Eh bien, retenez bien ceci, nous allons aux élections, et j'ose affirmer que, de même que, en 1830, on était parti 221, on est revenu 270, de même en 1877, nous partons 363, nous reviendrons 400.

La prédiction se réalisera [1].

Comme le ministre de l'Intérieur commit dans son discours la maladresse d'attribuer à l'Assemblée nationale le mérite de la libération du territoire, Gambetta s'écria, montrant du doigt M. Thiers : « Le libérateur du territoire, le voilà. » Tous les gauches se levèrent, applaudirent longuement l'illustre vieillard. Scène historique qui fut popularisée par l'image et que n'ont pas oubliée ceux qui en furent les spectateurs.

Le Sénat ayant voté la dissolution, « la mort dans l'âme », la Chambre fut renvoyée le 25 Juin. Le pays fut livré à quatre mois de dictature.

Gambetta organisa la défense républicaine comme il avait organisé la défense nationale. Il avait toutes les qualités du chef, la résolution prompte et forte, la clairvoyance, le sang-froid, la belle humeur, la connaissance des hommes, l'ascendant. Personne n'a mieux connu la carte électorale. Le pacte d'union fut sévèrement tenu. Pas une dissidence, pas une violence. Il prononça deux grands discours, le 15 août à Lille, le 5 octobre à Paris, au Château-d'Eau.

Il dit à Lille :

Messieurs, qu'a fait le pays ? Il a été admirable ; il l'est encore et il le restera devant ce désordre. Car il y a désordre, car déjà la rupture est dans leurs rangs. L'appétit du pouvoir pouvait bien les réunir contre la République, mais après avoir obtenu le pouvoir, ils devaient se diviser sur la question du sort à faire à la France, au moment du partage de ses dépouilles.

1. Après les élections partielles qui suivirent l'invalidation des députés nommés grâce à la pression officielle, la Chambre compta 394 républicains contre 141 réactionnaires.

On s'est donc divisé. La rupture s'est produite et, aujourd'hui, on parle de faire rentrer le Centre gauche, comme une brebis égarée, dans le bercail du gouvernement. Vous savez quelle réponse a été faite à ces avances par ce groupe politique qui a pris une si grande part des sympathies de l'opinion. Il a répondu : Je ne vous connais pas, ou plutôt je ne vous connais plus. Et aussitôt il a eu à essuyer les outrages de la presse à gages.

Le pays est resté calme en face de toutes les provocations. On lui a enlevé toutes les commodités de l'existence politique. On a fermé les cercles, interdit les réunions, empêché la circulation des journaux dans les lieux où on avait l'habitude de les rencontrer. On a épuisé contre l'opinion tous les moyens qui pouvaient faire espérer de la réduire ou de l'étouffer. Je n'énumérerai pas devant vous cette longue liste d'excès de pouvoir, d'abus d'autorité qui ont été déférés aux tribunaux et qui attendent la fortune diverse de la justice ordinaire ou de la justice administrative. Non, ce serait l   un exposé fastidieux ; mais je tiens à prendre acte de ces nombreux procès, de ces résistances judiciaires et légales, opposées sur tous les points de la France à la politique à outrance du 24 mai. Non pas qu'il soit très bon, très encourageant pour l'avenir, de voir l'autorité discutée dans les prétoires du pays ; mais la nécessité est la loi de la politique et, lorsque, dans une grande démocratie où les émotions légitimes peuvent se transformer si aisément en mouvements populaires désordonnés, où l'on est si prompt à ne pas s'en rapporter aux lois et à la raison ; je dis qu'il est notable, qu'il est heureux de voir que, sous le coup des provocations qui se sont produites dans ces derniers temps, la démocratie française ait pris définitivement pour méthode la résistance légale et juridique aux empiétements du pouvoir personnel.

Il terminait par ces mots :

Quand la France aura fait entendre sa voix souveraine, croyez-le bien, messieurs, il faudra se soumettre ou se démettre.

Cette formule devint le cri électoral.

Le duc de Broglie ordonna des poursuites. Les tribunaux rendaient les services qui leur étaient demandés [1].

---

1. Plusieurs centaines de poursuites politiques furent intentées en vertu de la loi sur la presse. Dufaure fit, par la suite, voter une amnistie générale.

Gambetta fut condamné par défaut à 3 mois de prison et 2.000 francs d'amende (10e Chambre du tribunal de la Seine, 11 septembre).

Cependant une grave épreuve était réservée au parti républicain. Le 3 septembre, Thiers mourut subitement à Saint-Germain.

Il était entendu pour tous les républicains que, sitôt les 363 réélus, la victoire remportée, le Maréchal serait sommé de donner sa démission et que Thiers le remplacerait à la présidence de la République. Il appellerait alors Gambetta aux affaires. D'avance, ils avaient composé le ministère, réparti les portefeuilles, les grandes charges de l'État. Thiers disait à Gambetta : « Je vous présenterai à l'Europe. » L'Europe était sa vieille amie.

A la veille des élections, la mort de l'homme qui avait dit : « La République sera conservatrice, ou elle ne sera pas », risquait de détacher du gros des républicains son aile droite, toujours inquiète de « ce radicalisme latent » qui était le grand argument du duc de Broglie. Le gouvernement reprit confiance et ne s'en cacha point.

La situation était critique ; le parti républicain demeura fidèle au pacte d'union qu'il avait consenti. Après avoir fait au premier président de la République de magnifiques funérailles, il reprit la lutte pour « la défense des conséquences de 1789 », et avec la même fermeté, mais aussi avec la même modération, et dans la même discipline de tous.

Les hommes du 16 Mai cherchèrent alors à poser la question électorale entre le Maréchal et Gambetta, comptant effrayer ainsi les conservateurs et les ramener à eux. La manœuvre était habile, bien qu'un peu grosse. Gambetta y répondit par un acte éclatant de désintéressement. Chef reconnu de la résistance républicaine, maître d'une popularité immense que le procès intenté contre lui pour le discours de Lille avait encore accrue, il pouvait aspirer, après la victoire des 363, à la succession du maréchal de

Mac-Mahon : il s'effaça devant Jules Grévy. Il fut le premier à prononcer le nom de l'ancien président de la Chambre des députés, qui ne l'avait pas toujours traité en ami, comme celui du candidat éventuel du parti républicain à la présidence de la République.

« M. Grévy ! s'écriait le *Français*, journal du duc de Broglie. Mais il ne compte pas en Europe ! il n'est pas connu dans nos villages ! » Gambetta releva l'injure, rappela, dans un discours prononcé à Paris (9 octobre), les titres de Grévy à la confiance des républicains : « Nous pouvons le présenter aux uns comme un modèle de modération et de sagesse, aux autres comme un modèle de fidélité et d'honneur. »

Les élections du 14 octobre donnèrent la victoire aux républicains.

Les députés qui avaient signé le manifeste des 363 étaient réélus au nombre de 327. La pression officielle n'avait augmenté la minorité de droite que de 36 voix.

Gambetta avait été nommé dans le XX° arrondissement de Paris, par 13.913 voix sur 15.720 votants et 18.586 électeurs inscrits.

Le Sénat et la Chambre des députés se réunirent le 7 novembre. La majorité républicaine constitua aussitôt un comité de 18 membres[1], « chargé de préparer pour elle et au besoin de prendre en son nom les résolutions que pourraient rendre nécessaires les périls de la situation. » Gambetta fut l'âme de ce comité.

La Chambre se constitua en trois jours. Après avoir validé sans débat les élections des députés républicains et des quelques députés de droite qui avaient refusé l'affiche blanche, elle appela Grévy à la présidence et renomma tout l'ancien bureau, pour bien marquer qu'elle

1. Gambetta, Bethmont, Jules Ferry, Louis Blanc, Léon Renault, Floquet, Madier de Montjau, Clemenceau, Proust, Goblet, Albert Grévy, Lockroy, Tirard, Brisson, de Marcère, Horace de Choiseul, Henri Germain et Lepère.

se considérait comme la continuation de la Chambre
de 1876.

Le 12 novembre, Albert Grévy déposa, au nom du
comité des Dix-huit, un projet de résolution tendant à la
nomination d'une commission de 32 membres pour faire
une enquête parlementaire sur les actes du gouvernement. Gambetta, défendant la proposition dans un éclatant réquisitoire contre la politique du 16 Mai, y dénonça
tant d'abus de pouvoir qu'avaient été commis par les
fonctionnaires « à poigne », le retour éhonté à la candidature officielle, la tentative contre les libertés essentielles d'une démocratie moderne. Les amis du duc de
Broglie annonçaient que le Sénat voterait une seconde
dissolution de la Chambre ; Gambetta répliqua :

Si le Sénat, que je suis bien loin d'accuser de ces excès d'ambition, qui peut-être se trouvera un de ces jours le premier
intéressé à barrer la route à vos entreprises, si le Sénat s'arro-
geait un pareil droit de reviser les élections du suffrage universel, de déchirer les titres de la Chambre des députés, après
que le conflit a été soumis au pays et résolu par lui, alors le
Sénat ne serait plus une chambre haute : ce serait une Convention ; il serait cette Convention dont vous parlez tant, et parce
que ce serait une Convention blanche, ce ne serait ni la moins
redoutable, ni la moins criminelle.

Mais, messieurs, j'ai confiance. Je me rappelle parfaitement
dans quelles circonstances le Sénat a été créé. Je sais par quels
hasards, par quel jeu cruel de la mort, la majorité a pu s'y
déplacer au profit de nos adversaires naturels ; je sais toutes
ces choses ; il en est une autre que je sais également : c'est que
le Sénat, comme la constitution elle même, est sorti d'un éclair
de patriotisme. Je connais les hommes qui ont fait cette constitution, à laquelle vous ne vous êtes ralliés qu'à la dernière
heure pour l'exploiter et la retourner contre la France ; ceux-là
je les adjure, et comme conservateurs, et comme parlementaires,
et comme libéraux, et comme patriotes, de prendre en main
une dernière fois et le soin de leur propre cause et le soin de la
cause de la liberté. Je les adjure, il en est temps encore, de
faire justice de cette politique qui vient dire ici qu'elle avait

donné sa démission, et qui l'a reprise. Arrière ces défaites ! La vérité, c'est que vous vous cramponnez au pouvoir ; la vérité, c'est que vous n'hésitez pas à perdre celui-là même dont vous exploitez le point d'honneur contre son devoir constitutionnel, et vous n'hésitez point pour sauver quelques heures de cette domination dont vous n'avez pas l'ambition, mais dont vous avez la gloutonnerie ! (15 novembre).

Le projet de résolution des Dix-huit fut alors adopté par 312 voix contre 205. Le ministère remit sa démission au Maréchal.

Cependant le Maréchal ne voulut point encore s'incliner et il tenta une dernière résistance. Le cabinet du 23 novembre, présidé par le général de Rochebouët, fut composé exclusivement de personnalités étrangères au Parlement et presque toutes engagées avec les partis de la réaction. C'était la menace, à peine voilée, d'une seconde dissolution.

Le comité des Dix-huit décida, aussitôt, sur la proposition de Gambetta, de signifier au nouveau ministère que la Chambre refusait d'entrer en rapport avec lui. La motion, portée à la tribune par le plus modéré des membres du Comité, Marcère, fut adoptée à la majorité de 315 voix contre 204 (24 novembre).

Ce vote était le rappel de la célèbre alternative du discours de Lille : « Se soumettre ou se démettre. » Mais le Maréchal s'obstina. Il repoussa les avis de tous ceux, sénateurs du centre droit ou députés républicains, qui le suppliaient, au nom de l'intérêt public, de se résigner et de former un cabinet de gauche. La coterie de l'Élysée lui persuada que sa soumission serait la mort du parti conservateur et la ruine du pays. Des bruits de complot militaire furent mis en circulation. Puisque les amis du duc d'Audiffret-Pasquier et de Bocher refusaient de prêter leur concours à une nouvelle dissolution de la Chambre, Fourtou et le général de Rochebouët se firent les avocats d'un coup d'État. On sommerait la Chambre de voter le budget, et, si la Chambre refusait, on passerait outre, les contributions directes seraient promulguées par décret, on proclamerait l'état de siège, on arrêterait Gambetta et ses collègues du comité des Dix-huit, le général Ducrot balaierait la Chambre. Tels étaient les projets que prônait une presse qui se croyait conservatrice et que des conseillers factieux autant que frivoles portaient à l'Élysée. Le Maréchal ferma sa porte aux députations de l'industrie et du commerce qui demandaient à l'entretenir des souffrances croissantes du pays, des affaires arrêtées, de l'inquiétude générale. La crise, d'heure en heure, devint plus aiguë. On put se croire pendant quelques jours à la veille d'une guerre civile.

Le comité des Dix-huit ne se laissa pas intimider. Maintenant d'une main ferme, à travers les agitations et les intrigues, l'accord des républicains, Gambetta ne se lassa pas d'opposer à la résurrection du pouvoir personnel l'arrêt, légalement souverain, du suffrage universel. Toutefois, dans l'éventualité d'un coup d'État, il préparait, avec ses amis les plus directs et des jeunes hommes dont j'étais[1], la résistance par la force. Des généraux loyaux l'assurèrent de leur concours.

Le 4 décembre, la Chambre prit une résolution énergique. Elle décida, après avoir entendu Gambetta et Jules Ferry, de ne se dessaisir de l'arme suprême du budget qu'en faveur d'un cabinet républicain.

Le discours de Gambetta se terminait par ces mots :

Après l'interruption absolument impolitique et illégale que la France a subie dans sa vie parlementaire depuis le 16 mai, nous avons essayé, dans la mesure de nos forces, de ne pas priver le pays des ressources qu'il prodigue et sur lesquelles il

---

1. Je venais d'entrer à la *République française*. Des poursuites m'avaient été intentées pour une brochure de propagande que j'avais écrite à la demande de Gambetta.

est en droit de compter pour le fonctionnement de ses affaires publiques ; ce budget général, nous l'avons préparé ; les rapports sont là ; nous les déposons sur la tribune du corps législatif.

Alors, en règle avec nos devoirs, prêts à la discussion et au vote de tous ces budgets, nous adressant encore au pays, nous ajouterons : nous, nous sommes prêts ; mais nous ne livrerons notre or, nos charges, nos sacrifices, le produit de notre dévouement, que lorsqu'on se sera incliné devant la volonté qui a été exprimée le 14 octobre : à savoir si, en France, c'est la nation qui gouverne ou un homme qui commande.

Le 5 décembre, en présentant la candidature d'Émile de Girardin aux électeurs du IXe arrondissement de Paris, Gambetta fit un nouvel appel à la calme énergie de ses amis. Le Maréchal, prisonnier de son entourage, négocia encore pendant quelques jours avec les chefs de la droite. Mais ces chefs eux-mêmes perdaient confiance, s'inquiétaient du lendemain d'un nouveau coup de force, fût-il strictement constitutionnel. L'armée était fidèle à la loi. L'Europe se montrait de plus en plus antipathique aux projets de résistance. Duclerc, Grévy, le duc Pasquier firent de pressantes démarches à l'Élysée, émurent la conscience du vieux soldat qui était un brave homme. Il eût préféré se démettre ; il se résigna à se soumettre et chargea le vieux Dufaure de former un nouveau gouvernement (13 décembre).

Le 16 mai était définitivement vaincu ; il l'avait été surtout par Gambetta.

VII

LE PROGRAMME RÉPUBLICAIN

Mais alors commença pour lui la période la plus difficile de sa vie politique. En effet, le guide reconnu,
acclamé de la démocratie républicaine, encore peu dis-
cuté, ne pouvait être, quoi qu'il fît, un président de la
commission du budget comme un autre. « Tant vaut
l'homme, tant vaut la fonction. » Les circonstances con-
tribuèrent à grandir l'autorité de Gambetta comme directeur du principal comité parlementaire ; ses qualités personnelles accrurent encore cette légitime influence. On
n'avait pas baptisé encore du nom de *pouvoir occulte*
son crédit, le zèle et l'activité qu'il mettait à s'informer
par lui-même des détails de l'administration, l'énergie
d'impulsion qu'il apporta dans l'œuvre des réformes,
tantôt sa hardiesse, tantôt sa prudence, la fermeté dont
il faisait preuve pour la défense des droits essentiels de
l'État et des prérogatives indispensables du pouvoir.
Chef de l'opposition, Gambetta s'était déjà montré, dans
toute la force du mot, un homme de gouvernement. Maintenant, dans un pays où l'idée de gouvernement avait
subi, depuis plusieurs années, de très rudes atteintes, il
put sembler parfois qu'une partie de l'État s'incarnait en
lui. Comme il était l'ami personnel des ministres et qu'il
avait publiquement approuvé leurs déclarations, comme
ses conseils étaient recherchés et généralement estimés
sages, compétents et judicieux, comme il était reconnu
qu'on se trouvait bien de suivre ses avis parce qu'ils

répondaient d'ordinaire aux nécessités de la situation et
aux aspirations du pays, un courant régulier de communication s'établit entre le gouvernement et lui. Il fut consulté sur presque toutes les grandes affaires. Il fut en tiers
avec Freycinet et Léon Say dans l'établissement du « programme des travaux publics », qui avait été suggéré comme
une dérivation aux luttes de la politique et auquel est justement resté attaché le nom du plus éminent de ses collaborateurs de 1870. Léon Say devait qualifier de « soirée
historique » la conférence qui décida de cette vaste entreprise et qui se tint chez Gambetta (8 janvier 1878).

Tout cela était loin de constituer pour le développement
des institutions républicaines une situation défavorable.
Dans les conditions du moment, entre la mauvaise
humeur de l'Élysée vaincu et l'hostilité sourde de la
majorité du Sénat, c'était même le seul *modus vivendi* qui
permît de mettre au service de l'État les facultés de l'homme
qui, simple citoyen dans la République, en semblait le
maître[1]. La grande majorité du parti républicain le
comprenait ainsi. Mais comme cette situation ne répondait pas à la vérité parlementaire, — et comme la bonne
foi n'est pas sans mélange dans le monde de la politique, — il arriva qu'elle donna vite lieu à des méprises
volontaires, à des soupçons perfides. L'influence de Gambetta souleva des jalousies, quelque tact qu'il apportât à
l'exercer et si parfait que fût son désintéressement personnel. On traita bientôt de cour un « entourage » qui,

1. M. de Freycinet écrit dans ses *Souvenirs*, p. 20 : « Simple citoyen dans la
République, il en était *réellement* le maître. » Il y a là quelque exagération. « Il inspirait les pouvoirs publics, il leur montrait la voie. » Ils n'y
entraient pas toujours. Ce portrait de Gambetta par M. de Freycinet est
une admirable gravure à la taille douce : « En pleine possession de ses
facultés. Il gardait exactement la mesure, il se dominait, il offrait le modèle
de la plus noble ambition et du plus grand désintéressement. Ses moyens
physiques étaient à la hauteur de sa tâche. Il n'est pas jusqu'à sa vie
modeste, que les circonstances allaient changer, qui ne contribuât à son
auréole. Tant de puissance unie à tant de simplicité, quel contraste aux
yeux d'un public impressionnable et sentimental ! »

sans doute, ne comprenait pas seulement des Spuller et
des Ranc. Les ministres, quelquefois trop empressés,
furent accusés de marcher à sa remorque. Les partis de
réaction ouvrirent le feu. Il se trouva des républicains
pour les appuyer, d'abord en cachette, puis avec moins de
pudeur. Ce n'était aucun sentiment mesquin qui gui-
dait ces hommes ! Faire passer des ministres de la
République qui s'appelaient Léon Say, Pothuau, Freycinet, Waddington, pour les complaisants serviles d'un
homme d'État démocrate et faire de ce patriote un ambitieux sans scrupule, désireux des avantages du pouvoir
sans en assumer la responsabilité, c'était sans doute une
œuvre très républicaine !

Ainsi commença la savante campagne du « parti
bâtard » et de l'extrême-gauche contre Gambetta.

Le maréchal de Mac-Mahon était un médiocre politique,
mais le plus galant homme du monde. Il se sentait mal à
l'aise au milieu des intrigues. Son ami Duclerc, ancien
ministre de la République de 48 et l'un des vice-prési-
dents du Sénat, lui parlait souvent de Gambetta. Le
Maréchal avait du goût pour lui. Il lui avait écrit, après
Sedan, pour lui signaler Chanzy, alors en Afrique, et
l'engager à demander au roi de Prusse l'échange de Galliffet. Il lui savait gré de son rôle dans l'organisation de
la Défense nationale. Il avait lu avec intérêt ses discours
sur les questions militaires. Duclerc l'engagea à entrer
en rapports avec Gambetta. Repris par sa timidité et par
la crainte de son entourage, bien que son secrétaire général et intime ami d'Harcourt lui parlât comme Duclerc,
il suggéra qu'il accepterait de se rencontrer, comme par
hasard, avec Gambetta, au cours d'une promenade au
Bois. Ce n'eût été de la dignité ni de l'un ni de l'autre.
Le bruit courut que le Maréchal était décidé, ou résigné,
à faire un grand pas en avant et, à la première crise, à
offrir le pouvoir à Gambetta. Sans-doute l'information

était controuvée ; mais elle ne fut pas sans plaire à Gambetta qui dit à ses amis que, si le Maréchal lui faisait appel, il ne se déroberait point et qu'il irait à lui avec un exemplaire de son discours de Romans pour programme. C'eût été fort heureux [1]. Cela ne fut pas.

Bien qu'en désaccord sur d'assez nombreuses questions avec le ministère, Gambetta le soutint contre les impatiences de ses amis. Il se méfiait de voir la démission du Maréchal suivre la chute de Dufaure. Une crise présidentielle aurait nui au succès de l'Exposition universelle qui devait montrer la France offrant au monde, si peu d'années après ses désastres, le magnifique spectacle de sa vitalité. Les bouderies de la réaction firent de cette grande fête du travail une fête républicaine.

A Versailles, au banquet Hoche, Gambetta célèbre l'armée : « Cette fête a surtout un mérite, c'est qu'elle réunit en un faisceau l'esprit militaire et l'esprit civil. On n'a pas réussi à creuser, entre le parti républicain et l'armée, l'abîme dans lequel on voulait précipiter la République. » Reprenant à chaque occasion sa politique favorite, la réconciliation nationale, il dit au centenaire de Voltaire :

Quant à moi, je me sens l'esprit assez libre pour être à la fois le dévot de Jeanne la Lorraine, et l'admirateur et le disciple de Voltaire.

Vers le terme des vacances parlementaires, Gambetta entreprit une nouvelle campagne oratoire dans le Dauphiné. Il parle à Romans, à Grenoble, à Valence, acclamé par des foules immenses, mais, comme effrayé de sa popularité, il avertit ses amis trop chaleureux : « Il faut se garder du prestige des personnalités ; il n'y a rien de

1. Cela « eût épargné bien des misères », écrit HANOTAUX, *Histoire de la France contemporaine*, t. III, p. 418. Voir mon *Histoire du ministère Gambetta*, p. 18.

plus dangereux que de se faire d'un homme une idole. »
Il semble comme prendre à tâche de décourager les impatiences qui attendent trop de lui. Il exagérerait, si cela
se pouvait, la prudence, la sagesse. « Les temps héroïques sont finis. Il faut remplacer la violence par la raison... Pour fonder quelque chose, il faut être de l'opinion de la France, non de l'opinion d'une école. » Il est
nécessaire d'assurer la vraie stabilité gouvernementale,
« celle qui ne se fait que par la dévolution de la loi ». Il
est résolument ministériel. Il est « un ennemi de la table
rase ». Il faut « prendre les problèmes l'un après l'autre ». Et c'est ainsi qu'il les prend, puisqu'on attend de
lui un programme qu'il va esquisser, ne se voulant pas
dérober à l'attente de la démocratie, mais résolu à ne pas
la leurrer de vaines espérances, à lui faire voir les difficultés de sa constitution définitive dans un vieux pays où
le passé a laissé tant d'empreintes, et, encore, protestant
contre les « appellations vagues » dont les partis affu-
blent sa politique qu'il ne veut pas qu'on appelle « la
politique opportuniste ». Aussi bien, « sériant les questions », comptant avec le temps, c'est le programme spécial des prochaines élections sénatoriales qu'il développe
dans ces discours du Dauphiné et, dès son retour à Paris,
à un banquet de commis voyageurs, « lui, le commis
voyageur de la démocratie ». Ce Sénat, tant suspecté, qui
a soulevé tant de colères pour avoir, l'année précédente,
accordé la dissolution de la Chambre, il veut « qu'il se
transforme, par la seule pénétration de l'esprit démocratique, et qu'il devienne, d'une façon permanente et pour
ainsi dire perpétuelle, la véritable citadelle de la République ». La Constitution du 24 février, quelque impar-
faite qu'elle soit, s'impose au respect de tous. La victoire
décisive, ce sera celle des élections du 5 janvier pour le
renouvellement du tiers du Sénat. La deuxième étape du
parti républicain devra être employée à résoudre quatre

questions principales : l'épuration des administrations, de
façon à ce qu'on cesse de voir un gouvernement voulu et
acclamé par tout le pays, mais contrarié constamment par
ses fonctionnaires ; — l'organisation définitive des forces
nationales, l'armée représentation fidèle de la patrie, ne
servant plus qu'à son honneur et à son indépendance,
tenue à l'écart de toute politique, au-dessus de l'arène
des partis ; — la réforme de la magistrature avec une
investiture nouvelle pour assurer la triple protection de
l'État, du citoyen et du juge ; — les rapports de l'Église
et de l'État, réglés conformément aux véritables principes
du Concordat, car il demeure un concordataire, opposé à
la séparation des Églises et de l'État, mais il se refuse
également, soit à faire du Concordat un instrument d'oppression, soit à tolérer l'oppression des consciences non
catholiques par les puissances cléricales :

Que n'a-t-on pas dit à ce sujet ? On est descendu dans le
domaine inviolable de nos consciences, et on a voulu inter-
préter notre politique à la lueur de notre philosophie. Je n'admets pas plus cette interprétation que je n'admets que, contre
un adversaire politique, je puisse m'emparer des sentiments
intimes de sa conscience religieuse pour combattre sa thèse
politique. Mais j'ai le droit de dénoncer le péril que fait courir
à la société française, telle qu'elle est constituée et qu'elle veut
l'être, l'accroissement de l'esprit non seulement clérical, mais
vaticanesque, monastique, congréganiste et syllabiste, qui ne
craint pas de livrer l'esprit humain aux superstitions les plus
grossières en les masquant sous les combinaisons les plus
subtiles et les plus profondes, les combinaisons de l'esprit d'ignorance cherchant à s'élever sur la servitude générale.

Nous ne pouvons donc nous dispenser de poursuivre la solution ou au moins la préparation de la solution des rapports de
l'Église, — je sais bien que, pour être correct, je devrais dire
des Églises, — avec l'État ; mais si je ne dis pas des Églises,
c'est que vous l'avez senti, je vais toujours au plus pressé. Or,
il faut rendre justice à l'esprit qui anime les autres Églises, et
s'il y a chez nous un problème clérical, ni les protestants, ni

les juifs n'y sont pour rien : le conflit est fomenté uniquement
par les agents de l'ultramontanisme.

J'ai le droit de dire, en montrant ces cléricaux, servis par
400 000 religieux, en dehors du clergé séculier, ces maîtres en
l'art de faire des dupes et qui parlent du péril social : le péril
social, le voilà ! Et savez-vous quelles réflexions m'a depuis
longtemps inspirées cet antagonisme ? C'est que cet État français, dont je vous parlais tout à l'heure, on l'a soumis à un
siège dans les règles et que chaque jour on fait une brèche
dans cet édifice. C'était la main-morte, aujourd'hui c'est l'éducation. En 1849, c'était l'instruction primaire ; en 1850 c'était
l'instruction secondaire ; en 1876, c'était l'instruction supérieure. Tantôt c'est l'armée, tantôt c'est l'instruction publique,
tantôt c'est le recrutement de nos marins.

Partout où peut glisser l'esprit jésuitique, les cléricaux s'in-
filtrent et visent bientôt à la domination, parce que ce ne sont
pas des gens à abandonner la tâche.

Quand l'orage gronde, ils se font petits, et il y a ceci de particulier dans leur histoire, que c'est toujours quand la patrie
baisse que le jésuitisme monte ! Eh bien, messieurs, savez-vous
ce que disent les défenseurs de l'ultramontanisme ? Ils disent
que nous sommes les ennemis de toute religion, de toute indépendance de la conscience, que nous sommes des persécuteurs,
que nous avons soif de faire des martyrs, et si je proteste ici,
ce n'est pas sans un sentiment de honte d'avoir à relever de
pareilles inepties, mais, puisque j'y suis condamné par la bas-
sesse de mes adversaires, je vais m'y résigner.

Non, nous ne sommes pas les ennemis de la religion, d'aucune religion : nous sommes, au contraire, les serviteurs de la
liberté de conscience, respectueux de toutes les opinions religieuses et philosophiques. Je ne reconnais à personne le droit
de choisir, au nom de l'État, entre un culte et un autre culte,
entre deux formules sur l'origine des mondes ou sur la fin des
êtres. Je ne reconnais à personne le droit de me faire ma philosophie ou mon idolâtrie : l'une ou l'autre ne relève que de ma
raison ou de ma conscience ; j'ai le droit de me servir de ma
raison et d'en faire un flambeau pour me guider après des
siècles d'ignorance, ou de me laisser bercer par les mythes des
religions enfantines.

La fin de l'année 1878 fut marquée par deux incidents :

Gambetta se battit en duel avec Fourtou, dont il avait traité des assertions de « mensonges »[1] (18 novembre), et il reparut au Palais, comme avocat de Challemel-Lacour, dans le procès intenté par son ami au journal légitimiste *la France Nouvelle*, qui l'avait bassement calomnié. Il réclama dans son plaidoyer la transformation de la pénalité des délits de presse, par la substitution, suivant la mode anglaise, de fortes amendes à l'emprisonnement. Les calomniateurs, « il les faut frapper au cœur, c'est-à-dire à la bourse ».

Le 5 janvier 1879, le renouvellement triennal du Sénat donna une majorité imposante au parti républicain. Le 30, comme la Chambre avait durement marchandé un vote de confiance au ministère et comme le général Gresley, ministre de la guerre, avait présenté au président de la République un décret relevant cinq généraux de leurs fonctions de commandants de corps d'armée, le maréchal de Mac-Mahon se refusa à frapper ses compagnons d'armes et adressa aux Chambres sa démission.

Gambetta se déroba aux avances de ses amis qui voulaient poser sa candidature à la succession du Maréchal et il fut avec éclat le grand électeur de Jules Grévy. L'opinion s'attendait à le voir appelé aux affaires. Le nouveau président de la République ne sut pas comprendre où étaient la vérité et la logique parlementaires ; il ajourna les offres de service de Gambetta, et appuya l'idée de le porter, à sa place, à la présidence de la Chambre. Dufaure, déclinant de garder le pouvoir, avait dit à Grévy : « A une situation nouvelle, il faut des hommes nouveaux. » *L'homme nouveau* qui fut chargé de former le cabinet, ce fut Waddington, membre du centre gauche, qui avait été plusieurs fois ministre, sous Thiers comme

----

1. Chambre des députés, séance du 17 novembre.

sous le Maréchal, et le plus « modéré » des collègues de Dufaure, dans le dernier cabinet.

Gambetta fut nommé président de la Chambre par 314 voix sur 405 votants.

VIII

LA PRÉSIDENCE DE LA CHAMBRE

Ce qu'il avait été de 1876 à 1879 comme président de la
commission du budget, Gambetta le fut avec une autorité
accrue, mais au milieu de difficultés toujours plus rudes,
de 1879 à 1881, comme président de la Chambre[1]. Il dit
lui-même : « L'ère des difficultés commence. » Ainsi
qu'on l'a précédemment montré, il occupait dans l'opinion
une place trop considérable pour qu'il fût possible aux
ministres en exercice d'ignorer ou de négliger son sentiment sur les questions importantes qui se présentaient.
Son patriotisme, son souci constant des intérêts supérieurs
de la République et tant de titres éclatants à la confiance
faisaient de lui le chef de la démocratie, et le conseil en
même temps que l'appui sûr du gouvernement. Mais les
partis d'extrême-gauche, que menait Clemenceau, et ceux
de droite dénoncèrent cette situation, à la vérité exception-
nelle, comme un intolérable « pouvoir occulte ». « Dictature de la persuasion », répliqua Ranc.

Le plus grand nombre des républicains fut d'avis que
cette autorité s'exerçait pour le bien d'une démocratie
désormais maîtresse incontestée du pouvoir, — soit qu'il

[1]. Ces deux années virent trois ministères : le ministère Waddington
où Marcère, Freycinet, Léon Say et Greslzy restaient du ministère
Dufaure et où entrèrent Le Royer, Jules Ferry, Lepère et l'amiral Jauréguiberry ; — le ministère Freycinet où Cazot, Magnin et le général Farre,
puis Constans, remplacèrent Le Royer, Léon Say, Greslzy et Marcère ; —
le ministère Jules Ferry où Barthélemy-Saint-Hilaire remplaça Freycinet
aux Affaires étrangères, Cornot succéda à Varroy (Travaux publics) et
l'amiral Cloué à l'amiral Jauréguiberry.

s'agit de former des majorités parlementaires ou populaires en faveur des projets de Jules Ferry (lois sur l'enseignement obligatoire, gratuit et laïque ; lois sur l'enseignement secondaire et supérieur), de Léon Say ou de
Freycinet (lois sur les grands travaux publics) ; — soit
qu'il s'agit de soutenir les combinaisons diplomatiques
qui avaient été formées par Waddington à ce congrès
de Berlin où la *République française* avait demandé
d'abord que, délaissée par l'Europe, la France s'abs-
tînt de paraître[1] ; — soit enfin qu'il fallût, après avoir
épargné à la Chambre la lourde faute du procès des
ministres du 16 mai, convertir successivement à la nécessité de l'amnistie plénière pour les derniers condamnés
de la Commune, le cabinet présidé par Freycinet, la
Chambre des députés et le Sénat. Sur le choix des fonctionnaires, sur la préparation des projets de loi, Gambetta,
chaque fois qu'il fut consulté, donna des conseils qui
furent souvent écoutés. Il fut également consulté, ainsi
que le furent par la suite ses successeurs au fauteuil, sur
la constitution des ministères qui se succédaient.

L'avènement immédiat de Gambetta au pouvoir aurait-
il été une solution préférable à la situation d'attente que
lui avait faite la Chambre ? Son maintien pendant trois
années au fauteuil de la présidence a présenté, sans doute,
deux graves inconvénients que Freycinet a très bien mis
en lumière[2] ; il était une cause de trouble dans le mécanisme constitutionnel et il imprimait aux ministères successifs un caractère provisoire. Mais Grévy, n'ayant pas

1. Gambetta dira dans son discours du 21 février 1881 : « Si on était
plus juste on verrait, en remontant dans le passé, qu'au moment où j'étais
libre, je disais qu'il ne fallait pas aller à Berlin. » L'adhésion de Gambetta
fut obtenue par Waddington, au cours d'une soirée passée au ministère
des Affaires étrangères, en présence de Freycinet qui en a fait le récit
(*Souvenirs*, p. 32).

2. *Souvenirs*, p. 62. — Gambetta s'était installé au Palais-Bourbon dès le
lendemain de sa nomination comme président de la Chambre ; il fut le président de la commission chargée par le Congrès de réviser l'article 5 de
la Constitution.

de goût pour Gambetta, se refusait à l'appeler et prétendait le servir en le tenant en réserve.

Si vives que furent contre lui les attaques des anciens partis et d'une importante fraction des gauches, il ne cessa pas de préconiser l'union des républicains et l'ouverture large de la République à la France. Cette politique d'union et de réconciliation, ç'avait été la politique de Henri IV après les guerres de religion et celle du Premier Consul après les convulsions de l'épopée révolutionnaire : c'était, maintenant encore, travailler au relèvement national.

Les Chambres avaient continué à siéger à Versailles, en vertu de l'article 5 de la Constitution. Il conseilla leur rentrée à Paris (22-24 mars 1879). Il fut ensuite (21 juin 1880) le principal auteur de l'amnistie plénière.

La fête nationale de la République avait été fixée au 14 juillet. Elle avait été célébrée, une première fois, en 1879, au milieu d'une grande joie populaire. Le 14 juillet 1880, l'armée devait recevoir ses nouveaux drapeaux. N'était-ce pas l'occasion, après tant de mesures partielles, grâces individuelles et grâces collectives, comportant à la fois l'abolition de la peine et celle de la condamnation, de fermer, pour ne plus le rouvrir, le livre des discordes civiles? « Il faut aboutir », avait dit Gambetta de tant de réformes qui restaient en route. La route était barrée à chaque instant par cette question de l'amnistie qui revenait sans cesse tant qu'il restait des proscrits et des déportés.

Gambetta entreprit de gagner à la cause de l'amnistie, on pourrait dire : homme par homme, tous ceux des ministres, des sénateurs et des députés qui demeuraient hostiles à cette mesure d'oubli, sinon de pardon, et qui ne laissaient pas que d'être nombreux, pour les raisons les plus honorables.

Grévy et Freycinet, qui avait succédé à Waddington comme président du Conseil, se montrèrent longtemps très réfractaires. Freycinet avait commencé par ajourner l'amnistie au xx° siècle ; il déclarait encore le 15 juin que le ministère ne pouvait s'y résigner, et qu'il allait mettre à l'*Officiel* des grâces générales. Cependant, dans une réunion plénière des chefs de la majorité, l'opinion de Gambetta l'emporta ; le 19 juin un projet de loi portant amnistie pour tous les condamnés de l'insurrection de 1871 fut déposé sur le bureau de la Chambre.

La Chambre discuta le projet dans la séance du 21 juin.

La majorité était singulièrement agitée. La sagesse des électeurs de Lyon qui, quatre semaines auparavant, avaient nommé Ballue contre Blanqui, inéligible, avait été une des causes déterminantes des dispositions favorables de l'Assemblée. Or, l'exemple de ce respect de la loi n'avait pas été suivi par Paris. Dans l'intervalle des séances du 19 juin, où Freycinet déposait son projet, et du 21, où la Chambre était appelée à se prononcer, les électeurs municipaux du quartier du Père-Lachaise (XX° arrondissement), nommaient Trinquet, ancien membre de la Commune, déporté à Nouméa, contre Letalle, candidat républicain. Les déclamations de la presse démagogique l'avaient emporté dans ce quartier sur les efforts de Gambetta et de ses amis.

Cette victoire de l'intransigeance semblait annoncer la défaite de l'amnistie.

Mais Gambetta, descendant du fauteuil présidentiel et se jetant dans la mêlée, rétablit la bataille par un de ses plus puissants discours. « La question, dit-il, n'est pas mûre, elle est pourrie, elle n'est plus qu'un brandon de discorde, le pays désire en être délivré, la mesure elle-même n'effraye plus l'Europe. »

Il aurait pu rester, témoin impassible, au fauteuil. Il n'ignore pas que les partis ont cherché à faire « de la grande mesure dont le gouvernement a pris l'initiative » son œuvre personnelle. Son silence eût valu un démenti. Mais c'est « l'impérieux sentiment du devoir » qui l'oblige à parler. « Fidèle représentant de la démocratie parisienne », ce n'est pas à lui « qu'il faut apprendre ni ses défaillances ni ses entraînements ». « Ils savent, là-haut, que je ne les ai jamais ni flattés ni trompés. Hier, ils ont fait une faute » (l'élection de Trinquet). Mais cette propagande même qui a déterminé la faute est un argument de plus.

Après avoir écouté, interrogé le pays, je suis arrivé à cette solution : Non, la France n'est pas passionnée pour l'amnistie, elle n'y apporte ni ardeur ni enthousiasme, elle sait ce que lui a coûté cette série de crimes ; elle sait quelle a été la rançon de cette folie inoubliable ! Non, elle n'est pas passionnée pour l'amnistie, et, si elle n'avait qu'à prononcer un arrêt, il serait bien vite écrit en caractères ineffaçables.

Mais, messieurs, si la France ne subit pas d'entraînement vers l'amnistie, elle éprouve un sentiment que les hommes politiques doivent enregistrer : c'est celui de la lassitude... Elle est fatiguée, exaspérée d'entendre constamment se reproduire ces débats sur l'amnistie, dans toutes les questions, à propos de toutes les élections, de toutes les contentions électorales, et elle dit à ses gouvernants et à vous-mêmes : Quand me débarrasserez-vous de ce haillon de guerre civile ?

On a dit, et on a dit avec raison, — cela saute aux yeux, — que le 14 juillet étant une fête nationale, un rendez-vous où, pour la première fois, l'armée, organe légitime de la nation, se trouvera face à face avec le pouvoir, où elle reprendra ses drapeaux, hélas ! si odieusement abandonnés... Oh ! oui, il faut que ce jour-là, devant la patrie, il faut qu'à la face du pouvoir, en face de la nation représentée par ses mandataires fidèles, en face de cette armée, « suprême pensée », comme disait un poète qui lui aussi, dans une autre enceinte, avant tout le monde, avait plaidé la cause des vaincus, il faut que vous fermiez le livre de ces dix années, que vous mettiez la pierre tumulaire de l'oubli sur les crimes et sur les vestiges de la Commune, et que vous disiez à tous, à ceux-ci dont on déplore l'absence, et à ceux-là dont on regrette quelquefois les contradictions et les désaccords, qu'il n'y a qu'une France et qu'une République.

La Chambre fut entraînée, le Sénat convaincu ; l'amnistie fut promulguée le 11 juillet.

Ce fut l'apogée de la fortune de Gambetta ; il fut également acclamé à Belleville, où l'amnistie tenait au cœur des ouvriers, et à la Revue du 14 juillet, où l'armée regarda vers lui comme vers la plus haute espérance.

Cependant la réaction, l'envie, *invidia democratica*, et la médiocrité veillaient.

Une allocution qu'il prononça aux fêtes navales de Cherbourg où il avait accompagné le président de la République, fut tronquée par une partie de la presse, et exploitée contre lui. Voici ce que Gambetta avait dit, répondant à l'allocution d'un député qui, le recevant au « Cercle du Commerce et de l'Industrie », avait rappelé les jours tragiques de la Défense nationale et la fondation de la République où le président de la Chambre avait bien eu quelque part :

M. Lavielle a bien voulu me dire que j'avais su conquérir votre admiration et votre attention : de ces deux termes, je retiens le second ; je proteste contre le premier.

Il sentait monter les suspicions, les envies, les accusations empoisonnées. Il cherchait à les désarmer :

Je n'ai jamais oublié qui je suis, d'où je sors, où je vais. Je sais que je suis sorti des rangs les plus obscurs de la démocratie des travailleurs et que je lui appartiens tout entier.

Pas plus qu'aux heures sinistres que vous rappelez, je n'ai aspiré à la dictature ; je n'entends être qu'un serviteur de la démocratie et la servir à mon rang, à ma place.

Lorsqu'il y a dix ans, il venait à Cherbourg, c'était pour y accomplir « un devoir sacré » :

La fortune tourna contre nous. Depuis dix ans, il ne nous est pas échappé un mot de jactance ou de témérité. Il est des heures, dans l'histoire des peuples, où le droit subit des éclipses, mais à ces heures sinistres, c'est aux peuples de se faire les maîtres d'eux-mêmes, sans tourner leurs regards exclusivement vers une personnalité ; ils doivent accepter tous les concours dévoués, mais non en dominateurs. Ils doivent attendre dans le calme, dans la sagesse, dans la conciliation de toutes les bonnes volontés, libres de leurs mains et de leurs âmes, au dedans comme au dehors.

Les grandes réparations peuvent sortir du droit : nous ou nos enfants pouvons les espérer, car l'avenir n'est interdit à personne.

Je veux, en deux mots, répondre à une critique qui a été formulée à cet égard. On a dit quelquefois que nous avons un culte passionné pour l'armée, cette armée qui groupe aujourd'hui toutes les forces nationales, qui est recrutée, non plus maintenant parmi ceux dont c'était le métier d'être soldats, mais bien dans le plus pur sang du pays ; on nous reproche de consacrer trop de temps à l'examen de la progression de l'art de la guerre, qui met la patrie à l'abri du danger... Eh bien, ce n'est pas un esprit belliqueux qui anime et dicte ce culte, c'est la nécessité, quand on a vu la France tombée si bas, de la relever, afin qu'elle reprenne sa place dans le monde.

Si nos cœurs battent, c'est pour ce but et non pour la recherche d'un idéal sanglant ; c'est pour que ce qui reste de la France nous reste entier ; c'est pour que nous puissions compter sur l'avenir et savoir s'il y a dans les choses d'ici-bas une justice immanente qui vient à son jour et à son heure.

C'est ainsi, messieurs, qu'on mérite de se relever, qu'on gagne les véritables palmes de l'histoire ; c'est à elle qu'il appartient de porter un jugement définitif sur les hommes et sur les choses ; en attendant nous sommes des vivants, et on ne nous doit qu'une égale part de soleil et d'ombre, le reste vient par surcroît.

Ces paroles n'eussent dû recueillir qu'un vaste applaudissement. Au contraire l'esprit de parti s'en empara, non sans la complicité discrète de Grévy, pour dénoncer l'ambition de Gambetta et ses intentions « belliqueuses ». Le journal de Clemenceau et celui de Rochefort, ayant lié partie avec ceux de droite, s'appliquèrent à inquiéter l'opinion ; j'appelai cette entreprise, d'une expression vive, mais qui n'était pas inexacte, « la campagne de la peur[1] ». Ces singuliers coalisés trouvent désormais des griefs contre Gambetta dans ses moin... es paroles, dans les actes auxquels il a été le plus étranger, comme la mission du général Thomassin à Athènes et la démonstration navale des flottes européennes devant Dulcigno (démonstration qui était l'œuvre de Barthélemy-Saint-Hilaire, successeur de Freycinet aux Affaires étrangères, dans le ministère Jules Ferry). En même temps, les accusations de pouvoir personnel et de visées dictatoriales grandissaient, encouragées par la coterie de l'Élysée. « Ainsi, disait Clemenceau, se reconstitue le pouvoir personnel moins la franchise; ainsi s'établira la dictature oblique. » Des hommes qui n'étaient rentrés à Paris que par l'amnistie, œuvre de Gambetta, se joignirent aux débris du parti bonapartiste pour répandre contre lui d'imbéciles calomnies. Il ne se passa plus de jours qu'il ne fût injurié, dénoncé au pays comme un César avide de tyrannie et de guerre.

Il n'avait pas été étranger à la crise intérieure du ministère qui avait amené la démission de Freycinet, sur l'affaire des congrégations (19 septembre). Il soutenait maintenant contre quelques-uns de ses propres amis le ministère de Jules Ferry Ces deux attitudes lui furent également reprochées. Il ne fut pas attaqué avec moins de violence en raison des critiques qui furent dirigées contre la politique orientale de Barthélemy-Saint-Hilaire par quelques-uns de ses amis, Spuller, Antonin Proust, Francis Charmes et l'auteur de ce livre[1]. Tout de même, parce que Gambetta était accusé d'aspirer à la dictature, nous ne pouvions pas nous taire de notre opinion sur les affaires grecques ou turques[2]! Une interpellation ayant été déposée par Devès sur les affaires de Grèce (21 février 1881),

---

1. *Revue politique et littéraire* du 11 décembre 1880.
2. Voir Hanotaux, t. IV, p. 633 et suiv.

Pascal Duprat le mit directement en cause : « Ce puissant
orateur me semble avoir des ambitions trop fières pour
se contenter d'agir dans l'ombre sans mandat, c'est ma
conviction. — Et je vais me donner la parole pour l'établir », répliqua Gambetta qui se fit aussitôt remplacer au
fauteuil par Floquet. Il n'avait répondu pendant longtemps que par le silence à ces accusations; il en avait
assez :

Je défie aucun ministre, aucun agent de la France, à l'intérieur ou à l'extérieur, de venir dire qu'à un jour, qu'à une
heure quelconque, je lui ai donné des instructions ou un mandat ; je les défie de venir dire qu'il soit vrai qu'il y ait jamais eu
un cabinet occulte et une politique occulte qui serait une politique anti-nationale, à côté de celle du gouvernement de la
République.

Il parle « avec chaleur, parce qu'il y a longtemps qu'il
ressent et qu'il comprime l'émotion de se sentir calomnié
et dans toutes ses intentions, et dans tous ses actes ». La
tribune lui appartient comme à tous : a-t-il cherché à
pousser vers une politique d'*expansion à outrance?* Il a
toujours gardé le silence. « Pour un gouvernement
occulte, je suis un gouvernement bien fainéant. » Il a ses
sentiments sur la politique extérieure, mais « il saura
attendre ». Il s'explique sur le discours de Cherbourg,
« qui n'était pas plus belliqueux que celui qui a été prononcé à la même époque par le chef de l'État, » sur la mission du général Thomassin, qu'il a connue quand elle
avait été contremandée ; sur la démonstration navale de
Dulcigno qu'il n'a pas conseillée, « car ce n'est point devant
des pays comme ceux-là qu'il conseillerait d'envoyer
croiser la flotte française [1] ». Cependant on s'en va disant -

1. Gambetta ne lut que dans la *Revue politique et littéraire* du 12 février 1889 mon article sur *La fausse politique de paix*. Je l'avais prévenu
que je signerais l'article, dont je l'avais sans doute entretenu, pour que
toute la responsabilité m'en incombât. J'y avais raconté qu'un diplomate
anglais, causant avec Bismarck des tractations de Barthélemy-Saint-

que c'est là sa politique ! Mais « ce n'est qu'une manœuvre électorale qu'il dénonce au pays ».

Et je pourrais vous dire, messieurs, puisqu'on m'y provoque, qu'il y a à cet égard un concert formé, des fonds réunis, et que pas plus tard que samedi on a déposé des brochures intitulées : *Gambetta, c'est la guerre*, tirées à cent mille exemplaires, et qui sont la collection de tous les articles ramassés, — car on n'y regarde pas de bien près, qu'importe d'où vient la main qui donne, — on va chercher bien loin, pas si loin qu'autrefois cependant, mais là où on peut les trouver, — des articles ramassés en Allemagne, en Italie, en Espagne et en France dans des collections trop variées pour notre malheur, tous les articles destinés à répandre cette thèse électorale ; on les imprime et on va les distribuer à profusion : il paraît que c'est un moyen infaillible !

Oui, il y a dix ans, on a réussi à surprendre la volonté du pays alors que la France faiblissait sur ses jarrets, sous le poids de l'invasion étrangère ; on lui a arraché un vote en posant la question de paix ou de guerre, et on croit pouvoir recommencer aujourd'hui.

Messieurs, ce calcul sera bafoué par la nation ; la nation saura distinguer entre ceux qui veulent la tromper et l'égarer, et ceux qui l'aiment jusqu'à la mort.

Des acclamations accueillirent ces paroles émues, mais la campagne continua.

Un homme du centre gauche, ancien ministre, et des plus modérés, Bardoux, avait déposé un projet de loi portant rétablissement du scrutin de liste, et Gambetta ap-

Hilaire, s'était entendu dire : « Si la guerre éclate en Orient, c'est Barthélemy-Saint-Hilaire qui l'aura voulu. » Saint-Vallier, ambassadeur à Berlin, télégraphia à Barthélemy-Saint-Hilaire : « Bismarck est indigné du mensonge éhonté que Reinach lui attribue dans son grand article contre vous. C'est faux et stupide. Il met Reinach au défi de nommer le diplomate anglais auquel il aurait tenu ce propos » (14 février). Je n'ai connu que récemment le démenti de Bismarck dont B. Saint-Hilaire ne m'avait point fait part. J'y réponds aujourd'hui en citant mon auteur, à l'ordinaire bien informé : sir Charles Dilke, alors sous-secrétaire d'État au Foreign Office, et que la Cour de Berlin, au dire du prince de Galles, traitait d'espion français. « Mais, ajoutait le prince, ils en disent autant de moi. » (*Vie de Dilke*, par GERTRUDE TUCKWELL, I, 341.) On sait, au surplus, ce que valent les démentis de Bismarck. Celui-ci, en outre, avait été sollicité.

puyait le projet. Cela suffit. Il se forma aussitôt une coalition contre l'abrogation du scrutin d'arrondissement ; le ministère n'osa prendre parti ; le président de la République fit savoir par ses amis qu'il était devenu l'adversaire du scrutin de liste.

La presse *anti-gambettiste* jeta feu et flamme. Le scrutin de liste, c'était à brève échéance la dictature de Gambetta et la guerre. Gambetta avait dans sa poche ses listes toutes prêtes. Il ne *ferait élire* que des hommes à lui. Adieu les nominations de percepteurs et de gardes champêtres! Adieu l'immixtion des députés dans une administration de plus en plus détraquée! Adieu la politique de personnes, de rancunes, de coalitions, d'intérêts locaux ! Gambetta, « après s'être fait plébisciter dans soixante départements, ne ferait des libertés du pays qu'une bouchée. » On connaissait l'insatiable ambition de l'avocat de Delescluze, du mauvais citoyen qui avait organisé la Défense nationale et qui avait vaincu le 16 Mai. Quand on avait épuisé les appels aux intérêts particuliers et les invocations à la peur, alors on parlait de la baignoire d'argent du Palais-Bourbon et des déjeuners[1] corrupteurs où Trompette accommodait aux truffes le scrutin de liste.

Cependant il se produisit un mouvement d'opinion considérable en faveur de la réforme électorale, et le 22 mai,

---

1. Gambetta, comme Grévy, tenait table ouverte pour le déjeuner. Le repas était fort simple : deux plats et un dessert. Il n'y avait jamais plus de douze convives, dont l'officier de service au Palais-Bourbon, régulièrement invité, et le chef du Cabinet, Arnaud de l'Ariége. Les habitués étaient les généraux Campenon et Galliffet, quelques sénateurs et députés : Testelin, Scheurer-Kestner, Challemel-Lacour, Spuller, Raynal, Rouvier, Waldeck-Rousseau, Marcellin Pellet, Paul Bert : des journalistes : Weiss, Ranc, Aurélien Scholl, Francis Charmes, Emmanuel Arène, Camille Barrère, Hanotaux, l'auteur de ce livre. Quelquefois des étrangers de passage à Paris : sir Charles Dilke, le prince Georges Bibesco, Castelar, Cuiliff Owen. Des amis personnels, dont quelques-uns entrèrent par la suite à la Chambre : Déroulède, Eugène Etienne, Félix Faure, Charles Blech (de Sainte-Marie-aux-Mines), Trélat, Ficuzal, Coquelin. En raison de la présence de l'officier de service, la conversation était rarement politique.

à la suite d'un discours de Gambetta qui resta sans
réponse, la Chambre vota la proposition de Bardoux.

Les événements ont fait de ce discours une attristante
vision de l'avenir. Il sait, par expérience, combien il est
difficile d'entretenir une Assemblée « des conditions de sa
naissance et des conditions de sa renaissance ». Il assume
« cette tâche épineuse », car il sait qu' « il parle au nom
des intérêts supérieurs de la démocratie française ». « Dans
un pays où les intérêts locaux ont des organes attitrés qui
fonctionnent admirablement », il pense que, « lorsque dans
ce pays, on représente la France, c'est-à-dire la plus haute
personne morale qui soit au monde, on peut bien se demander
si on fera surgir les représentants des idées, de la tradition
historique qui ont fait cette gloire universelle, ou si on les
fera surgir de cent mille électeurs ou de six mille ». La
France, « dans le miroir brisé du scrutin d'arrondissement », ne peut reconnaître son image. La candidature
officielle ne peut coexister avec le scrutin de liste; il
empêchera la misérable querelle des personnes de se
substituer à la lutte des idées, disputes affreuses « qui
divisent tous les villages », « laissent derrière elles des haines
et des rancunes inoubliables », et cela « pour faire triompher
quoi ? Un détestable régime qui est impuissant à fonder la
République à la fois sur la liberté et sur la réforme ». Et la
corruption ? « Timidement, clandestinement d'abord, on a
acheté des voix, on a versé la corruption et le vin aux masses
électorales. » Maintenant, « il se trouve qu'il va surgir
une industrie de placement électoral politico-financière dans
certains arrondissements ». Ce ne sont que « des mœurs
qui commencent ». Qu'on y prenne garde : « Si vous main-
tenez le régime parcellaire appliqué au suffrage universel,
elles vont se développer ; et vous auriez cette responsabilité devant l'histoire d'avoir inoculé la gangrène de l'argent
à la démocratie française. Alors honte sur mon pays ! » —
Quel réquisitoire ou quelle prophétie ! — Pour lui, « bien

qu'il ne soit pas au courant des sollicitations que les ministres peuvent recevoir », mais, tout de même, « il en a entendu parler », il considère comme une nécessité gouvernementale de soustraire l'administration aux sollicitations trop pressantes du député et l'élu « à l'intimité par trop pressante de l'électeur ». Avec le scrutin d'arrondissement, impossible « de toucher même aux réformes primordiales, c'est-à-dire « aux remaniements administratifs ». « Vous savez bien que vous êtes prisonniers de votre origine ! »

En résumé, — et voilà pourquoi Gambetta joue sa vie politique sur la modalité électorale ; — le scrutin d'arrondissement, c'est fatalement la désunion du parti, l'impuissance intermittente, sinon la stérilité des Assemblées, la désorganisation des administrations, la destruction progressive des idées de gouvernement, les meilleurs esprits pervertis par la pratique essentiellement corruptrice du petit scrutin, et pervertis au point de perdre l'intelligence des plus grands intérêts du pays tant à l'intérieur qu'à l'étranger ; la démocratie sans boussole ; le patriotisme effaré...

Eh bien, messieurs, je vous soumets ces considérations. Si le besoin s'en fait sentir, je vous demanderai de remonter à cette tribune ; mais, avant d'en descendre, permettez-moi de vous dire que c'est dans ce pays-ci surtout qu'il faut que le régime électoral ne laisse prise à aucune revendication, ni de la part des minorités, ni de la part des déshérités ; qu'il faut qu'un gouvernement d'opinion, lorsqu'il est fondé, s'inspire et se retrempe incessamment à la plus grande source de l'esprit public ; et je dis qu'en dehors du suffrage universel consulté par le scrutin de liste, ce ne sont que des ruisseaux qui se perdent dans le sable avant d'arriver au pied de cette tribune. L'avenir est dans vos mains, car il dépend du régime que vous choisirez.

Il dépend de vous que la République soit féconde et progressive, ou bien qu'elle soit vacillante et chancelante entre les partis ; il dépend de vous qu'il surgisse ici un véritable parti de gouvernement, compact et sérieux, pour mener la France jusqu'au bout de ses glorieuses destinées. Vous êtes les maîtres.

Oui, vous prononcerez. A votre tour, vous direz : *Beati pos-*
sidentes, ou vous reviendrez à la tradition vraie, à la tradition
républicaine. Je vous y adjure ! Pensez au pays. Passez en revue
les vices, les abus, l'impuissance du régime auquel nous
sommes condamnés, et considérez, de l'autre côté, ce torrent
de forces, de puissance, d'énergies que vous pouvez recueillir à
même dans le plein courant de la souveraineté nationale ; et
alors vous n'hésiterez pas à porter résolument la main sur un
régime qui ne peut donner aucune vitalité. Vous voudrez
échapper à cet amer reproche par lequel je finis ; vous ne voudrez pas encourir la sentence du poète romain : Pour sauver
leur vie, ils ont perdu les sources de la vie même...

Propter vitam vivendi perdere causas !

Mais s'il se trouva une majorité à la Chambre, faible
majorité, de 8 voix seulement (243 contre 235) et après un
tel effort, pour se laisser persuader, ébranler par le choc de
tant d'idées, par une vue si éclatante sur deux avenirs
possibles, par cette « action mécanique de l'homme sur
l'homme », l'éloquence, qui fut rarement plus puissante,
il n'en fut pas de même au Sénat. La haute assemblée
échappait à la parole de l'homme qui était le vrai chef, et
l'intrigue y avait beau jeu.

Le prétexte, que Gambetta aurait pu prévoir, ce fut son
voyage, tant de fois promis, ajourné, dans sa ville natale
de Cahors, pour inaugurer le monument des mobiles du
Lot tués pendant la guerre. Le voyage fut habilement transformé par la presse ennemie en un insolent triomphe[1].
Discours de Gambetta surtout patriotique ; cependant la
politique s'y mêle. Après un éloge du président de la
République, de sa solidité et de sa sagesse, Gambetta recommande l'ajournement, si le scrutin de liste est voté par
le Sénat, du projet de révision constitutionnelle que pro-

---

1. Voir *Discours de Gambetta*, t. IX, p. 342 et suiv. ; *le Sénat et le scrutin
de liste* dans la *Revue politique* du 18 juin. — « Je ne dirai pas que le voyage
de Cahors fût une faute ; mais il fut un malheur. » (FREYCINET, *Souvenirs*,
p. 162.)

pose Barodet. « Je demande qu'on attende que les pouvoirs
établis par la Constitution — permettez-moi d'emprunter
un mot à la langue astronomique — aient accompli leur
révolution. »

C'est *donnant, donnant*. Le Sénat va refuser le marché.

La manœuvre fut dirigée de l'Élysée. L'ostracisme est
au fond des démocraties.

Dès son retour à Paris, Gambetta y trouve établie
« la légende de Cahors[1] ». Sa visite à « sa mère nourri-
cière » était la réédition des voyages de Louis-Napoléon à
la veille du Coup d'État. Le Lot, c'est le Rubicon. « Wilson
ne quitte plus le Petit Luxembourg. Jules Simon négocie
ouvertement avec le duc de Broglie. Le général Paul
Grévy cause beaucoup. On n'a jamais vu tant de sénateurs
à l'Élysée. » On colporte le mot du président Grévy : « Le
scrutin de liste, c'est la voiture du sacre. » Il avait bien
voulu ajouter : « Pour les princes et pour les généraux. »
Du premier jour, le *Figaro* avait déclaré, avec une louable
franchise, qu'il lui suffisait de savoir que Gambetta était
le partisan du scrutin de liste pour en être l'adversaire.
Par précaution, les meneurs réclamèrent le vote secret.

« Si Gambetta était mort ce matin, j'aurais voté le projet Bardoux, » disait un sénateur du centre gauche dissi-
dent au moment du scrutin secret. Tout était là. Les amis
du duc de Broglie et ceux de Jules Simon ne votèrent pas
contre le scrutin de liste parce qu'ils le trouvaient en soi
mauvais ou dangereux. Ils votèrent contre Gambetta, qui
était l'avocat de la réforme électorale, pour chercher par
cet échec, et ils y réussirent, à l'affaiblir dans le présent et
à l'entraver dans l'avenir. Ce ne fut pas seulement Gambetta qu'ils affaiblirent.

1. De fait, ce voyage n'eut rien d'un triomphe et, plus d'une fois, Gambetta reconnut que nul n'est prophète en son pays. Je me souviens d'avoir
accompagné un soir Gambetta au Cercle de Cahors. Les joueurs de billard
affectèrent de continuer leur partie. Les fêtes publiques furent bruyantes,
méridionales. Le soleil du Midi, on ne le supprime pas.

Victoire de l'Élysée, mais aussi de la réactic   : 140 voix,
dont 105 de droite, contre 114. Le rejet du scrutin de liste
par le Sénat, c'est la campagne de la révision constitutionnelle contre le Sénat.

L'ère des difficultés est terminée. C'est l'ère des fautes
qui commence.

La Chambre eut le tort de ne pas répliquer au vote du
9 juin, comme le lui avait conseillé Bardoux, d'accord
avec Gambetta, en demandant au président de la République de convoquer les collèges électoraux pour la
date la plus prochaine (17 juillet).

Le cabinet était hostile à la motion, pour une de ces raisons médiocres qui semblent habiles.

Au printemps, après avoir « épuisé les moyens diplomatiques », le ministre des Affaires étrangères Barthélemy-
Saint-Hilaire était arrivé lui-même à la conviction qu'une
action en Tunisie était indispensable. L'Élysée était hostile. Ferry hésitait : « Une affaire à Tunis, *dans une
année d'élections*, disait Saint-Hilaire, vous n'y pensez
pas ! »

Le baron de Courcel, directeur politique aux Affaires
étrangères, exposa la situation à Gambetta. Il eut cause
gagnée à la seconde entrevue. « Son patriotisme ardent,
son amour de l'action, sa large intelligence, son désir des
choses élevées et toute la générosité de sa nature se trahis-
saient peu à peu dans ses traits, avec la satisfaction
d'échapper, ne fût-ce que pour quelques instants, au bas
souci des intrigues parlementaires, son amère pitance quotidienne... Désormais la main de Gambetta s'étendit partout ; son activité, son raisonnement et, en même temps,
sa sollicitude, sa prévoyance, son remarquable ton d'autorité. Personne ne songea plus à objecter les élections d'automne. Jules Ferry se décida à son tour. Son
rôle dans l'affaire ne se décida qu'à la fin, mais il fut
essentiel. Il endossa les responsabilités suprêmes avec

une décision dont il a mérité de garder l'honneur[1]. »

La marche sur Tunis fut une promenade. Quand un billet de Ferry annonça à Gambetta la signature du traité du Bardo, j'étais chez lui. Son visage rayonna. Il écrivit à Ferry : « Il faudra bien que les esprits chagrins en prennent leur parti, un peu partout ; la France reprend son rang de grande puissance. »

Maintenant, comme le sud de la Régence s'agitait, la raison électorale réapparut. On se flattait que le temps aurait raison de ces mouvements qui s'useraient sur place.

Comme il n'en fut rien et comme il devenait évident qu'une opération plus étendue s'imposait, les élections, d'abord ajournées pour gagner du temps et faire pièce à Gambetta, furent brusquées tout à coup et fixées au 21 août, « mais pas un homme ne fut déplacé avant les élections[2]. »

La législature finit le 1er juillet et, avec elle, la présidence de Gambetta. Le grand orateur avait été un grand président. Il dirigeait les débats avec une attention soutenue, tantôt spirituel et gai, tantôt énergique et même rude contre les fauteurs de désordre (incidents Godelle, Baudry-d'Asson, Lenglé) ; très impartial et toujours courtois. Il s'était appliqué à favoriser les débuts des jeunes orateurs et assura ainsi à quelques-uns la voie large du succès.

1. Souvenirs inédits du baron de Courcel, cité par HANOTAUX, IV, p. 651.
2. HANOTAUX, p. 709.

IX

LES ÉLECTIONS DE 1881

Les élections de 1881 vont marquer de nouveaux progrès du parti républicain sur la droite, qui va perdre une soixantaine de sièges, et voir s'ébaucher, entre l' « opportunisme » et l' « intransigeance », le parti radical.

Gambetta prononça aux premiers jours et au cours de la période électorale, deux discours-programmes, l'un à Tours, l'autre dans le XX° arrondissement de Paris, où il était candidat dans les deux circonscriptions (Ménilmontant et Charonne), ayant décliné toute autre candidature.

A Tours, Gambetta se déclare pour une révision limitée de la Constitution, révision que le vote sénatorial du 9 juin a rendue inévitable. Il s'était produit, en effet, dans le parti républicain, un courant d'opinion très fort, à vrai dire irrésistible, pour rajeunir l'Assemblée qui avait repoussé successivement l'article 7 de Jules Ferry et la réforme électorale. « Comme un député, écrivait J.-J. Weiss, qui aspire à influer sur la discussion de la chose publique, ne peut apparemment rester en l'air, comme c'est une nécessité qu'il s'appuie sur quelqu'un et quelque chose, que pouvait faire Gambetta, offensé gratuitement d'un côté, si ce n'est se rejeter de l'autre ? »

Il passa donc de cet autre côté, mais en restant fidèle au système des deux chambres, et il y trouva un mouvement plus profond qu'il n'avait supposé.

Élargir les bases du Sénat, en donnant aux communes, dont chacune n'avait nommé jusqu'alors qu'un seul délé-

gué, la plus grande comme la plus petite, une représentation proportionnée à leur importance numérique dans les
collèges électoraux, telle était la réforme le plus généralement réclamée. Gambetta accepta ce changement dans le
mode de recrutement du Sénat, comme Jules Ferry, Léon
Say et Freycinet l'acceptèrent alors ou bientôt. Il lui parut
aussi que ce serait l'occasion d'assurer, d'une manière définitive, l'avenir du scrutin de liste, dont le principe serait
inscrit avec celui de l'élection sénatoriale dans la Constitution elle-même. Il réclama également l'autorité exclusive
pour la Chambre en matière d'ouverture de crédits, opinion
qu'il avait soutenue autrefois contre Jules Simon[1], et
l'élection des sénateurs inamovibles, non plus par cooptation, mais par les deux Chambres.

La question de la révision ainsi traitée à Tours, Gambetta, dans le discours du 12 août, à Ménilmontant, aborde
les autres parties de son programme. Il l'esquisse à
grands traits : réforme judiciaire par la réorganisation
des cours et des tribunaux, par la suppression progressive des tribunaux d'arrondissement et l'extension de
la compétence des juges de paix; décentralisation administrative, mais sans détriment de la centralité politique
et de l'unité nationale; suppression du volontariat d'un
an; réduction du service militaire, mais seulement
lorsque la composition des cadres de sous-officiers aurait
permis de l'effectuer sans porter atteinte à la sécurité
nationale; établissement d'un impôt sur le revenu;
maintien du Concordat, mais en respectant strictement
ses clauses, en supprimant notamment le traitement alloué
aux desservants, pour le remplacer par une indemnité;
suppression des biens de main-morte, et, à l'extérieur,
politique « des mains libres et des mains nettes » :

Chers concitoyens, il me semble, quant à moi, que, lorsque

1. Voir p. 54.

je vois la société française progresser dans le calme, dans la
liberté, dans le travail, il viendra bien un jour où les problèmes
posés se résoudront peut-être par le progrès du droit des gens
et par le triomphe de l'esprit pacifique. Il n'y a pas que l'épée
pour délier les nœuds gordiens ; il n'y a pas que la force pour
résoudre les problèmes extérieurs : l'esprit de droit et de
justice est aussi bien quelque chose. Et qui donc oserait dire
qu'il ne viendra pas un jour de consentement mutuel pour la
justice dans cette vieille Europe dont nous sommes les aînés?
Qui donc oserait dire que c'est là un espoir chimérique? Je ne
crois pas dépasser la mesure de la sagesse et de la prudence
politiques en désirant que mon gouvernement, que ma République, la République démocratique que vous savez, soit attentive, vigilante, prudente, toujours mêlée avec courtoisie aux
affaires qui la touchent dans le monde, mais toujours éloignée
de l'esprit de conflagration, de conspiration et d'agression. Et
alors je pense, j'espère que je verrai ce jour où, par la majesté
du droit, de la vérité et de la justice, nous retrouverons, nous
rassemblerons les frères séparés.

La réunion de Ménilmontant (première circonscription
du XXe arrondissement) s'était déroulée dans un grand
calme, seulement interrompu par des applaudissements
très chaleureux. Il n'en fut pas de même de la réunion de
Charonne (deuxième circonscription), qui eut lieu quelques
jours plus tard ; Gambetta comptait y traiter des questions
sociales (17 août).

C'était, rue Saint-Blaise, un vaste hangar où se pressaient
8.000 hommes, serrés les uns contre les autres, dont beaucoup n'étaient pas électeurs dans la circonscription. Éclairé
par quelques lampes électriques, cet océan humain avait
quelque chose de formidable. « Comme c'est beau ! » me
dit Gambetta en entrant. Mais à peine eut-il pris la parole,
pour demander à l'assemblée d'élire un président, que sa
voix fut couverte par les clameurs, non seulement des intransigeants qui étaient nombreux dans le quartier, mais
de rôdeurs de barrière et d'agents soudoyés. Gambetta,
debout sur l'estrade et frappant la table à coups de canne,

réclame le silence. « Citoyens, est-ce que vous êtes le peuple de Paris? Comment! dans Belleville, dans Paris, la démocratie républicaine est réunie, et voilà le spectacle qu'elle donne! Et vous vous prétendez dignes de la liberté. Je vous rappelle au respect de vous-mêmes... Croyez-vous que ce soit ainsi qu'on fonde les mœurs d'une démocratie républicaine... » Coup de sifflet... « Citoyens, celui qui siffle est un lâche!» Le tumulte s'accroît. Des cris : « Parlez! Parlez! » le dominent par instants. « Je ne demandequ'à parler. Silence aux braillards! Silence aux gueulards¹! Silence à ceux qui n'ont ni pudeur, ni conscience! » Acclamations. Vociférations. Gambetta lutte encore. « Il ne dépendra pas d'une minorité de braillards d'étouffer la vérité; il ne dépendra pas des énergumènes qui les ont poussés ici que la vérité et la justice aient leur tour, surtout dans ce XX° arrondissement que vous pouvez bien troubler, mais que vous serez impuissants à déshonorer et à pervertir. » Le tumulte continue; c'est la tempête :

Ce n'est pas un tumulte encore plus ridicule qu'il n'est odieux qui pourra jamais arrêter ni ma parole ni ma pensée... Vous ne voulez pas me laisser parler? Eh bien j'ai dit assez de choses dans ma vie, mes sentiments et ma politique sont trop connus pour qu'il soit nécessaire de les développer une fois de plus. Mais écoutez bien ces mots par où je me résume : Vous qui criez, vous qui hurlez, jamais je ne vous confondrai avec le vrai peuple. Vous accusez l'homme qui est ici d'être un dictateur ; savez-vous ce que vous êtes? Le savez-vous?... Vous êtes des esclaves ivres et, par conséquent, irresponsables. Le scrutin des vrais et loyaux citoyens me vengera de votre infamie. Quant à vous, le lendemain du scrutin, vous reviendrez, poignée de braillards, à vos vieilles habitudes. Mais, sachez-le bien, je saurai vous trouver jusqu'au fond de vos repaires.

1. Comme je corrigeais les épreuves de ce discours haché, Spuller, revenant d'une réunion dans sa circonscription, voulut les relire; il demanda à Gambetta de supprimer le mot de « gueulards » que j'avais maintenu sur la sténographie. Je donnai mes raisons que Gambetta trouva bonnes. Comme Spuller insistait : « Crois-tu donc, lui dit-il, que je travaille pour le courrier de Vaugelas ? »

Il se retira, suivi, protégé par ses amis contre les hur-
leurs qui envahissaient l'estrade.

L'incident eut un grand retentissement. L'ami du peuple,
une fois de plus, était frappé, hué par la foule.

Le 21 août, Gambetta fut élu dans la première circonscription de Belleville par 4.510 voix contre 3.536 don-
nées au candidat intransigeant. En ballottage dans la
seconde où moins de 60 voix lui manquèrent[1], il se désista.

L'ensemble des élections donnait 467 députés républicains et 90 conservateurs de droite, dont 45 bonapartistes.

Les élections furent ce qu'elles pouvaient être avec
« l'étroitesse du mode de scrutin »[2] qui avait été maintenu. Si le parti intransigeant gagna quelques sièges dans
les grandes villes, la réaction perdit environ le tiers des
siens dans les campagnes. C'était la Chambre de 1876 et
de 1877 qui était réélue, accrue de 100 voix républicaines.
Mais comme esprit, elle avait beaucoup changé. De fait,
l'Assemblée du 14 octobre 1877 n'avait pas été ramenée
par le scrutin d'arrondissement : elle l'avait été « par le
scrutin de liste élevé à sa plus haute pression, l'unité de
liste, » et c'était précisément cette impersonnalité du scrutin
originel qui lui avait permis de mener à bonne fin une
part importante de son mandat. Elle n'hésita, ne marcha
d'un pas incertain, que du jour où les liens de l'arrondissement commencèrent à s'appesantir sur elle. Sa majorité
avait si bien senti le mal que c'était surtout pour en éviter
l'aggravation inévitable qu'elle avait voté le retour au
scrutin de liste. Au contraire, la Chambre du 21 août était,
à n'en pas douter, une Chambre « d'arrondissement ».
Cela fut visible dès les premiers jours de la législature.
Cette Chambre n'était l'image de la démocratie républicaine que dans le miroir brisé. Le même homme, député

---

1. 4.000 voix contre 4.116 à Tony Révillon et 990 à divers, sur 9.906 suffrages
exprimés, dont la majorité absolue était de 4.954.

2. Discours du Neubourg (4 septembre 1887).

du scrutin d'arrondissement ou député du scrutin de liste, n'est pas du tout le même député. C'était le moins bon député qu'on avait.

Cependant la manifestation électorale du 21 août disait, d'une voix que le petit scrutin n'avait qu'affaiblie : « Ce que veut la France républicaine, c'est un gouvernement fort et stable, un gouvernement qui ait de la puissance et de l'esprit de suite. » Et le suffrage universel ajoutait, en dépit de la campagne personnelle qui avait été menée contre Gambetta, en dépit du détachement injuste, mais inévitable, qu'elle avait produit : « Au début de la nouvelle législature, c'est Gambetta qui doit prendre les affaires. » Quelques-uns, hommes d'expérience et de bon sens[1], eurent beau dire : « Mais on a rejeté le scrutin de liste, Gambetta ne peut pas gouverner sans lui. C'est à ceux qui se flattent de pouvoir gouverner avec le scrutin d'arrondissement qu'il faut s'adresser. » On fit semblant de ne pas comprendre. On trouvait légitime que Ferry renonçât au pouvoir dans un état de choses qui n'était compromis, à l'intérieur comme à l'extérieur, que par des fautes qui ne lui étaient pas toutes imputables ; et qu'il éprouvât quelque lassitude de la furieuse polémique des journaux d'extrême-gauche et de droite contre la campagne de Tunisie, polémique qui ressemblait singulièrement aux diatribes contre le discours de Cherbourg. On eût trouvé tout simple que Léon Say, Henri Brisson, Freycinet ou Clemenceau eussent refusé une situation si oblérée, en alléguant qu'elle était incompatible avec leur manière d'entendre le gouvernement. Mais si Gambetta eût répondu à ceux qui lui offraient la direction des affaires dans des conditions défavorables, alors qu'au beau temps on s'était gardé de lui faire appel : « Je ne me charge pas de gouverner quand on m'en a préalablement refusé les moyens. Le pouvoir m'est

1. J.-J. WEISS, *Combat constitutionnel*, p. 168 et suiv.

offert comme un piège. Je refuse le piège et le pouvoir »,
on aurait déclaré, d'une voix presque unanime, que ce refus
était une dérobade et la marque certaine de mauvais desseins.

L'avènement de Gambetta était donc réclamé par les
uns, parce qu'ils avaient placé sur lui leurs espérances,
par les autres parce qu'ils se proposaient de l'user vite au
pouvoir.

Plus la situation empirait, par l'exploitation des
erreurs commises et dans l'atmosphère empoisonnée par
les « meetings d'indignation » que continuaient à tenir
les gens de l'extrême-gauche, malgré la rapide campagne
du général Saussier qui avait pris Kérouan sans coup férir
et avait déjà pacifié presque toute la Régence, plus vivement les uns et les autres réclamaient Gambetta. L'opération savamment menée réussissait à souhait; « le dictateur était bien acculé à la porte du conseil. »

Gambetta vit le jeu. Mais il vit surtout que la grande
majorité du pays comptait sur lui, qu'elle attendait de lui
les garanties de gouvernement qui faisaient défaut, et une
politique d'intérêt général. Ce ne sont pas seulement les
chefs des armées, mais les peuples eux-mêmes qui se pro-
posent des objectifs très élevés, mais que l'on ne peut atteindre, ni du premier coup, ni avec des forces insuffisantes.
Gambetta se refuserait-il, homme de devoir, homme d'État
qui sait qu'une heure de pouvoir vaut des années d'opposition, optimiste comme il l'était? Il prit allègrement son
parti. Il s'imposait. Il se proposa. Il fit entendre dans son
discours du Neubourg, le 4 septembre, et plus tard, vers
la fin d'octobre, au Havre, que, si la Chambre le désignait
au choix du président de la République, il ne déclinerait pas
le pouvoir. « Ni les hommes, assura-t-il, ne manqueront
à la tâche, ni la besogne aux hommes. » Cependant il ne
renonce pas au scrutin de liste. Comme il ne fait que « de
la politique pratique », il tiendrait pour un procédé « sou-

vraiment ridicule » l'intention qu'on lui a prêtée « de
demander à une Chambre issue hier du suffrage universel
de réformer sa législation électorale et de réclamer une
autre consultation ». Mais cette question du scrutin de liste,
sa conviction restant entière, « il la faut ajourner jusqu'à
l'expiration des pouvoirs de l'Assemblée, *ou à une rénovation constitutionnelle*, si elle a lieu ».

Il traita principalement des questions ouvrières et industrielles dans ses discours de Honfleur et de Pont-l'Évêque
(6 et 7 septembre), du Havre et de Quillebœuf (25 et
26 octobre).

La Chambre se réunit le 28 octobre. Le même jour,
une majorité aussi imposante qu'hétérogène[1] nomma Gambetta président provisoire. Gambetta déclara le lendemain,
dans une courte allocution, « qu'il s'efforcerait de se
rendre digne de la manifestation politique que la Chambre
avait voulu faire, qu'il n'en méconnaissait ni le caractère
ni la portée ».

Déclinant toute candidature à la présidence définitive,
il se mettait officiellement à la disposition du président
de la République.

Les séances du 6 au 9 novembre où furent discutées les
interpellations sur les affaires tunisiennes, ne furent pas
pour prouver que la Chambre apportait avec elle, de ses
petites circonscriptions et de ses paroisses, le sens de
l'intérêt national. Appelée à ratifier la belle entreprise qui
nous valait une admirable annexe de l'Algérie et rétablissait,
devant le monde, notre prestige affaibli, la Chambre ne sut
prendre aucun parti. Dans cette grande affaire française,
elle n'avait qu'à parler français. Elle écouta, pendant trois
séances, d'interminables réquisitoires de Clemenceau et de
ses amis qui réclamaient une enquête sur les actes de Jules
Ferry, « ses crimes ». La droite faisait chorus avec l'extrême-

1. 317 voix sur 504 votants.

gauche. Comme le comte Albert de Mun disait que « la
République était impuissante à sauvegarder l'honneur national », Gambetta demanda la parole. Brisson, qui lui avait
succédé à la présidence, réprima l'invective. Les débats
terminés, la Chambre, deux heures durant, chercha un
ordre du jour qui concilierait la ratification d'une précieuse
conquête et les réclamations de quelques comités. Désarroi,
incohérence.

Après le rejet fiévreux de vingt propositions diverses,
il fallut, pour que la lumière se fît, que Gambetta, paraissant à la tribune, rappelât l'assemblée désemparée à la nécessité « d'un vote clair et de nature à fixer l'opinion au
dedans et au dehors ». Il proposa l'ordre du jour suivant :

La Chambre, résolue à l'exécution intégrale du traité sous-
crit par la nation française le 12 mai 1881, passe à l'ordre du
jour.

Gambetta descendit de la tribune au milieu des applaudissements ; aussitôt, comme sauvée d'elle-même, la majorité
adopta par 355 voix l'ordre du jour français. Le lendemain, Jules Ferry remit entre les mains du président de
la République la démission du cabinet. Gambetta, engagé
par son intervention, désigné par la Chambre, fut appelé
sur l'heure à l'Élysée, où il accepta aussitôt la mission de
former le prochain ministère. Grévy lui donna carte
blanche.

Gambetta prévint le président que, s'il y avait révision
constitutionnelle, il demanderait l'autorisation de défendre
le scrutin de liste devant le congrès.

X

LE MINISTÈRE DU 14 NOVEMBRE

La constitution du ministère du 14 novembre fut une déception. Sauf Cazot et Cochery, qu'il garda du cabinet de Jules Ferry, Gambetta prit ses collaborateurs parmi des hommes qui n'avaient pas encore été ministres, mais dont il avait apprécié les services pendant la Défense nationale (Paul Bert, Allain-Targé, Spuller, Gougeard, le général Campenon), ou dont il avait discerné les mérites dans les assemblées (Rouvier, Waldeck-Rousseau, Raynal, Devès, Proust, Martin-Feuillée, Félix Faure). La suite montra, pour la plupart d'entre eux, qu'il ne s'était point trompé dans ses choix. Ce ministère était jeune, actif, homogène. Pourtant il surprit l'opinion, malgré l'éclat du chef et la valeur, déjà connue, de ses auxiliaires, parce qu'elle s'était laissée séduire depuis quatre mois par l'annonce d'un « grand ministère », qui devait comprendre, sous Gambetta, « tous ceux qui avaient été présidents du conseil ou qui pouvaient le devenir ». Ç'avait été le conseil de Freycinet qui les énuméra : lui-même que Gambetta avait appelé en consultation, Ferry qui s'était offert, Léon Say, Challemel-Lacour et Brisson[1].

Cette combinaison artificielle avait suscité tant d'espérances que Gambetta chercha d'abord à la réaliser; il y consacra ses efforts pendant trois jours. Mais Léon Say ne put se mettre d'accord avec lui sur les questions finan-

1. *Souvenirs*, p. 186. (Conversation du 15 septembre avec Gambetta.)

cières ; Freycinet, après une première acceptation, allégua
« qu'il ne se sentait pas en état de remplir convenablement
le rôle » (de ministre de la Guerre ou de ministre des
Affaires étrangères) qui lui était destiné ; il devenait
superflu de faire appel à Ferry. Gambetta eût pu alors se
récuser. Il aima mieux lutter.

Le ministère Gambetta ne dura pas trois mois. Entré
en fonctions, le 14 novembre 188., avec une déclaration
qui annonçait une politique « graduellement, mais résolument réformatrice », et disait fièrement : « Notre politique
sera celle de la France », il tomba, le 26 janvier 1882,
parce qu'il avait été fidèle à cette déclaration.

C'était, chez Gambetta, une opinion ancienne que la
République, une fois fondée, devait cesser d'être une
chapelle ouverte seulement aux hommes du parti, mais
qu'elle devait être accessible à tous ceux des Français
qui se rallieraient à ses institutions et accueillir tous
ceux, militaires ou civils, qui seraient jugés propres à
servir utilement l'État sous des ministres républicains.
« On gouverne, disait-il, avec un parti ; on administre
avec des capacités. » Le général de Miribel fut nommé
chef de l'état-major général, le maréchal Canrobert appelé
avec le général de Galliffet au conseil supérieur de la
guerre, J.-J. Weiss nommé directeur politique aux Affaires
étrangères, le comte de Chaudordy et le baron de Courcel
envoyés comme ambassadeurs à Saint-Pétersbourg et à
Berlin. — Députés et journaux intransigeants et radicaux
dénoncèrent cet Édit de Nantes des partis comme une
trahison envers la République.

La nomination de Floquet à la préfecture de la Seine ne
les pouvait rassurer, puisque leurs inquiétudes étaient
feintes si l'étroitesse de leur esprit était réelle.

« Weiss et Miribel ! » fut le cri de guerre, pendant
quelques semaines, des jalousies et médiocrités coalisées.
Avec ces anciens serviteurs de l'Empire ou de la réaction

à ses côtés, c'était l'évidence que Gambetta préparait un mauvais coup.

« Vous confiez la République, disait l'un (le poète marseillais Clovis Hugues), à ceux qui, de tout temps, ont essayé de l'assassiner. » L'autre (le journaliste Henry Maret) l'appelait « Vitellius ». (Séance du 13 décembre.)

Gambetta pensait que la République avait pour premier devoir de tenir très haut devant l'étranger le drapeau national et de pratiquer une diplomatie fière et forte, tout en restant pacifique. L'organisation de la Tunisie fut préparée sur un plan nouveau (discours prononcés à la Chambre et au Sénat le 1er et le 10 décembre) ; Roustan, ministre à Tunis, salement diffamé par Henri Rochefort, fut renvoyé à son poste malgré le verdict du jury qui acquittait son insulteur ; il noua, par la note du 7 janvier, l'intervention collective de la France et de l'Angleterre en Égypte, pour y rétablir l'ordre contre les insurrections d'une soldatesque qui se disait l'avant-garde d'une révolution, et qui l'était des Turcs. — Les chefs attitrés de la « campagne de la peur » proclamèrent à nouveau que Gambetta méditait de lancer le pays dans des aventures, qui ne se pouvaient comparer qu'à l'affaire du Mexique et qui conduiraient à la guerre.

Le pouvoir n'est pas un vain titre pour un homme de la trempe de Gambetta ; il n'est qu'une manière digne de l'exercer, c'est de gouverner, d'appliquer un programme, de ne pas fuir les responsabilités. L'énergique circulaire du ministre de l'Intérieur, Waldeck-Rousseau, eut pour objet de mettre un frein aux empiètements des députés d'arrondissement sur l'administration. « Un système de gouvernement, disait le jeune ministre, qui reposerait sur cette idée que l'avis d'un préfet n'est rien et que la recommandation d'un député est tout, serait un régime également funeste à l'indépendance de l'électeur, du député et des ministres. » On l'a bien vu par la suite ; c'est la maladie

honteuse de la République. La création des deux ministères de l'Agriculture et des Arts fut défendue à la tribune
comme étant l'exercice d'une prérogative essentielle du
pouvoir exécutif, ce qui fut contesté par Ribot, développant
une boutade de Franck-Chauveau : « Il faut repousser la
théorie d'une école qui, selon le mot de Montesquieu, coupe
l'arbre pour avoir le fruit. » Le président du Conseil fut un
chef. Les droits de l'État cessèrent, pendant quelques jours,
d'être méconnus au profit des clientèles électorales. La
même coalition de droite et d'extrême-gauche cria que la
liberté était confisquée, que les « autoritaires » projetaient
de ramener le pays aux plus mauvais jours de l'Empire.

Le suffrage universel, puis le suffrage restreint, avaient
exprimé leurs préférences, sinon leurs volontés, aux
scrutins du 21 août (élections législatives) et du 8 janvier
(élections pour le renouvellement du tiers du Sénat). Ils
n'avaient pas réclamé d'autre révision constitutionnelle
qu'une rénovation limitée à l'élargissement de la base
électorale du Sénat, au changement du mode d'élection
des inamovibles et à la suppression des prérogatives
financières de la haute assemblée. Gambetta déposa à cet
effet un projet dont l'exposé des motifs fut rédigé par
l'auteur de ce livre, son chef du cabinet à la présidence
du Conseil. — Menée par une coalition où Wilson, devenu
le gendre de Grévy, et Clemenceau donnaient les mots
d'ordre, sous les regards complaisants de Ferry et de
Brisson, et avec la complicité de la droite, la Chambre
nomma une commission de 33 membres, tous hostiles,
sauf un seul (Marcellin Pellet). Les commissaires réclamèrent pour le Congrès le droit de réviser toute la Constitution. C'était le retour à la politique du « tout ou rien ».
La révision sera effectivement enterrée.

Gambetta enfin n'a point cessé de croire que la France
républicaine doit être représentée par des hommes indépendants des basses servitudes électorales, capables, en

conséquence, de regarder à l'intérêt général au delà des
bornes étroites de petites circonscriptions divisées par les
haines locales. Pour que la France dégageât cette assemblée qui la préserverait de l'anarchie comme du despotisme,
il proposait l'inscription du scrutin de liste dans la charte
constitutionnelle. La Chambre nouvelle, elle-même, bien
qu'issue du petit scrutin, mais se sachant destinée à ne
reparaître que devant des circonscriptions étendues, se fût
trouvée singulièrement forte pour l'accomplissement des
réformes qu'elle avait promises. Mais les députés ont
perdu tout sang-froid ; alors que Gambetta les libérait des
liens qui n'étaient point sans leur peser à eux-mêmes, ils
se crurent menacés dans leur existence ; on reprit l'accusation de dictature ; la presse (Rochefort, About, Clemenceau, Camille Pelletan, Cassagnac), donna de la voix ;
Grévy, de l'Élysée, poussa au renversement du ministère.

Gambetta fût renversé par un vote où la droite sans
exception se réunit à l'extrème-gauche et à la gauche
radicale. Il avait dit de son ministère : « Je durerai trois
mois ou trois ans. » S'il éprouvait quelque lassitude et
même du dégoût de tant d'hostilités de parti pris, il n'en
chercha pas moins à gagner la bataille.

Quelle est la raison profonde, politique, de son projet
de revision ? Il n'en est point qui puisse toucher davantage
des républicains. Il s'agit de constituer un gouvernement
qui gouverne et qui fasse aboutir les réformes nécessaires.
Mais ce programme, comment le réaliser si la Chambre et
le Sénat n'ont point commencé par se réformer eux-
mêmes ?

Cependant il se sent entouré de suspicion : pourquoi ?

Je veux m'expliquer devant cette Chambre. Car de toutes
les douleurs qu'on peut ressentir dans la vie politique — et
Dieu sait s'il m'en a été épargné ! — il y en a une que je ne
peux supporter et subir en silence : c'est d'être présenté au
parti républicain tout entier comme un homme qui méditerait

de se séparer et de s'écarter de lui. Et par quoi donc pourrait-on espérer de remplacer la force et l'honneur du parti républicain dans la nation? Est-ce qu'on osera venir à cette tribune et dire que j'agis sous la suggestion de je ne sais quelle passion personnelle, par je ne sais quelle avilissante pensée qu'on décore du nom de dictature, et qui ne serait que la risée du monde si je pouvais descendre jamais à la conception d'une pareille et si misérable idée !

Presque toute la Chambre éclate en applaudissements. La raison haute va-t-elle l'emporter encore une fois?

Il y a des heures dans la vie, poursuit Gambetta, où il faut que tout soit apporté sous le regard vérificateur de la France. Vous me connaissez avec mes défauts et, j'ose dire aussi, avec la passion que j'apporte au service de la démocratie. Qu'ai-je fait ? J'ai fait ce que j'ai pu...

On l'interrompt. Mais, comme il le dira à un autre moment de la dramatique séance, il a formé le dessein de ne répondre à aucune interruption. « C'est peut-être l'embarras que j'en éprouve, mais, enfin, je subirai encore cette humiliation. » Il reprend donc, dominant l'assemblée :

J'ai partagé, vous l'avez tous vu, et je puis bien dire que des adversaires généreux et loyaux sont là pour l'attester, j'ai partagé avec vous la lutte au grand jour contre les adversaires de la République que j'ai combattus, non à cause de leurs personnes, mais à cause de leurs doctrines, mais parce qu'il m'apparaissait, comme il m'apparaît encore, que leur triomphe n'était pas compatible avec la liberté, la prospérité et la paix de la France moderne. Messieurs, nous nous sommes débarrassés de nos adversaires ; il nous reste à nous gouverner nous-mêmes, à lutter contre les incessantes causes de division qui nous assiègent, à dépouiller la préoccupation des personnes pour ne voir que le pays.

On applaudit encore, mais n'est-ce que l'orateur? Des pensées plus hautes n'ont jamais été exposées devant une

assemblée. Mais cette politique nationale, vraiment républicaine, quelles chances a-t-il, le malheureux grand
homme, de la faire admettre par des hommes de parti,
des ambitieux du pouvoir pour ses vulgaires jouissances,
des tripoteurs d'affaires politico-financières, et toute une
collection de médiocrités envieuses et jalouses? Un Wilson
la peut-il comprendre, ou un Clemenceau, ou un Andrieux,
un Achard, un Gatineau, un Jullien, un Labuze, « les
sous-vétérinaires », « toute l'ornithologie de la Chambre »,
comme il avait dit un jour d'une de ces boutades que les
sots ne pardonnent pas.

Épuisé, mais satisfait d'avoir libéré toute sa conscience,
il termina ainsi :

Aujourd'hui, avec le sentiment profond des responsabilités
que vous m'avez imposées, je vous dis à vous-mêmes : Je crois,
j'estime que si vous êtes assurés de sortir dans quatre ans
d'ici par la porte du scrutin de liste, de ne relever, à ce moment,
que du département tout entier, je dis que votre politique
changera, et je dis que c'est là la consécration essentielle de
notre projet.

J'entends bien qu'on me dit : Non ! Eh bien, vous verrez
qu'un avenir prochain démontrera la justesse de mes paroles,
et cela parce que j'ai la conviction intime et profonde, quand
je vous résiste, quand je lutte contre vous, d'avoir le douloureux
et impérieux devoir de vous déclarer que c'est une nécessité
de gouvernement.

Si, quand je vous dis ces choses, si, quand j'invoque le vote
que vous avez rendu il y a six mois à peine, quand je vous
fais voir la nécessité de l'exécution de ces engagements, quand
je vous démontre l'utilité de réviser l'article 1ᵉʳ, paragraphe 2,
afin d'arriver, avec le concours du Sénat, à une révision partielle, quand je dis cela, si vous ne m'écoutez pas, si vous
croyez que je rêve l'amoindrissement et la dissolution préma-
turée de la Chambre, je ne puis vous convaincre.

Je ne puis mettre en face de vos appréhensions que ma
loyauté, que la sincérité de mes paroles, que les projets que
nous avons préparés, enfin que mon passé... et je fais appel à
vos consciences.

Oui, je pense que cette légion républicaine avec laquelle j'ai
débuté, avec laquelle j'ai passé à travers les luttes et les
épreuves, ne nous fera pas plus défaut au jour du succès
qu'elle ne nous a fait défaut au jour de la bataille. Dans tous
les cas, ce sera sans amertune, surtout sans l'ombre d'un sentiment personnel blessé, que je m'inclinerai sous votre verdict.
Car, quoi qu'on en ait dit, il y a quelque chose que je place
au-dessus de toutes les ambitions, fussent-elles légitimes, c'est
la confiance des républicains, sans laquelle je ne pourrais
accomplir ce qui est, — j'ai bien quélque droit de le dire, —
ma tâche dans ce pays : le relèvement de la patrie.

On vota, après un discours fielleux du rapporteur
Andrieux, sur la priorité de la « révision limitée » que
proposait Gambetta ou de la « révision illimitée » que
proposait la Commission. Le texte de la Commission fut
adopté par 268 voix contre 218 (toutes républicaines).

Une heure après le vote de la Chambre, Gambetta
remettait sa démission au président de la République. Il
lui demanda de garder le général de Miribel au ministère
de la Guerre : « J'ai subi tous les inconvénients de la
nomination. Ayez-en, pour l'armée, tous les avantages. »

Grévy appela Freycinet qui eut vite fait de constituer
un cabinet avec Léon Say, Jules Ferry, Humbert, Goblet
et le général Billot (30 janvier).

XI

LA DERNIÈRE ANNÉE DE GAMBETTA

Jules Simon, demeuré l'adversaire de Gambetta, mais qui avait beaucoup réfléchi dans les dernières années de sa vie, a résumé ainsi l'histoire du cabinet du 30 janvier : « A l'intérieur, pas de gouvernement ; à l'extérieur, pas de France. » En effet, à l'intérieur, une seule politique : la politique de *déférence* ; à l'extérieur, la politique d'abdication. Freycinet abandonna gratuitement la note collective du 7 janvier ; l'entente franco-anglaise en Égypte fut dissoute et le drapeau français impunément insulté à Alexandrie.

Cependant Gambetta était l'objet persistant d'une violente campagne de calomnies et d'outrages ; le débordement d'ingratitude fut affreux. Gambetta resta dédaigneux, impassible, confiant dans la justice de l'histoire, et soutenu, s'il en eût eu besoin, par les milliers d'adresses qui lui vinrent de toutes parts, dans l'étonnement irrité de sa chute. Il avait repris la direction de la *République française.* Il acheva et fit achever la rédaction des divers projets préparés pendant son ministère et il les déposa sur le bureau de la Chambre. C'étaient des propositions sur le recrutement de l'armée, la réforme de l'organisation judiciaire, la relégation des récidivistes, la liberté d'association, les syndicats professionnels, les rapports des Compagnies de chemin de fer avec leurs agents commissionnés, l'organisation administrative de l'enseignement primaire, la retraite assurée aux instituteurs et institutrices, la suppression des facultés de théologie catholique, l'exercice public du culte catholique en France, les caisses de retraite pour les vieillards, les caisses d'assurances en cas de décès et d'incapacité de travail et les associations de secours mutuel.

Gambetta, nommé président de la commission chargée de réviser la loi sur le recrutement de l'armée, se consacra tout entier à cette tâche. Ce fut la dernière qui l'occupa passionnément jusqu'à l'accident fatal du mois de novembre.

Mais bientôt la politique étrangère que suivait Freycinet sous la pression, semblait-il, de Clemenceau, le ramena dans la mêlée. La *République française*, d'un ton qui ne lui était pas coutumier et d'une férule lourde, dénonçait le ministre, « imprévoyant, irrésolu, incapable [1] », qui s'effrayait devant la misérable révolte d'Arabi-pacha, envoyait l'amiral Conrad rejoindre l'amiral anglais devant Alexandrie, le rappelait bientôt, et cela à l'heure même de l'action, et déjà risquait, en perdant l'Égypte, de perdre la Méditerranée. Pour n'avoir point voulu persévérer dans la menace collective du 7 janvier, on avait détruit le double contrôle, base du *Condominium*, et transformé en insurrection une émeute de caserne, d'abord exploitée à Londres sous le prétexte de laisser l'Égypte aux Égyptiens, puis devenue la raison précise d'une intervention armée. Politique de la paix à tout prix opposée à « la politique d'aventure [2] ».

Gambetta reparut à la tribune (1er juin) pour protester contre la pensée, qui était celle de Clemenceau et que le gouvernement n'avait point répudiée, de s'abstenir, quoi qu'il advînt, de toute intervention militaire. Il cria à Freycinet la terrible apostrophe de Berryer : « Ne pâr-

---

1. L'article était de Colani; lorsque Gambetta le lut, il le trouva « vif » et me le dit en propres termes.

2. Freycinet, *La Question d'Égypte*, p. 291.

lez pas ainsi! On ne parle pas ainsi de la France![1] »

Freycinet, ému par cette redoutable intervention d'un ancien ami si cher, reprit qu'il y avait équivoque. Il n'avait jamais voulu dire « qu'en aucun cas, dans aucune circonstance, la France ne serait amenée à intervenir militairement »; il a dit et il maintient : « Nous ne trancherons pas isolément la question égyptienne... Nous entrons dans le concert européen pour trancher cette question collectivement. » Réplique irritée de Gambetta : « Le président du Conseil aggrave ses premières déclarations en voulant les atténuer... J'ignore si cette politique (du concert européen) aura la sanction du Parlement. Ce que je sais, c'est qu'elle est déjà inefficace, car vous venez de livrer à l'Europe le secret de vos faiblesses. Il suffira de vous intimider pour vous faire tout consentir. »

Le lendemain (2 juin), les cabinets de Paris et de Londres adressèrent aux ambassadeurs auprès de quatre cours (Berlin, Vienne, Pétersbourg, Rome) et au Sultan, une dépêche collective où ils convenaient que « l'espoir d'une solution pacifique des difficultés égyptiennes, due *uniquement* à la présence des escadres (française et anglaise) à Alexandrie et aux bons offices des agents (français et angla s) au Caire, ne paraissait pas pouvoir être raisonnablement conservée pour longtemps ». C'était

1. Tout cet incident dramatique est passé sous silence dans le livre de Freycinet : *la Question d'Egypte*. Dans cet exposé, d'ailleurs du plus haut intérêt historique, il n'est pas davantage fait mention du discours de Gambetta du 18 juillet, sinon par cette phrase : « La Chambre n'attendait pas que son vote pût être interprété comme une adhésion implicite à quelque intervention armée. Sa susceptibilité à cet égard était telle que, *M. Gambetta ayant paru vouloir étendre le sens de ses déclarations,* je dus renouveler mon assurance expresse. A cette condition seulement, un grand nombre de députés nous accordèrent leurs suffrages. » « Je vote les crédits, précisa M. Clemenceau, parce que M. le président du Conseil nous a déclaré de la façon la plus formelle qu'avant d'engager aucune action, il reviendrait devant nous. » Et, en note : « Quelques instants auparavant, M. Clemenceau avait dit aux applaudissements de la plus grande majorité de la Chambre : « Je loue l'honorable M. de Freycinet d'avoir fait appel « au concert européen ». (*La Question d'Egypte*, p. 294). O faiblesse! ô misères des politiques parlementaires !

l'évidence. En conséquence, les « cabinets de Paris et de Londres pensaient que le mode le plus pratique et *le plus rapide* de réaliser le concert (prévu par le télégramme identique du 23 mai) serait de réunir à Constantinople une conférence formée des ambassadeurs. des grandes puissances et du ministre des Affaires étrangères du Sultan ». Était-ce bien la conséquence du péril précédemment reconnu ?

Le 11 juillet, bombardement d'Alexandrie, à la suite de nouveaux troubles, par l'amiral Seymour. D'avance, le conseil des ministres, à l'unanimité, a refusé d'y associer notre escadre. Cependant, Freycinet avait fait déposer, le 8 juillet, par l'amiral Jauréguiberry, une demande de crédit (8 millions) « pour l'armement pendant six mois d'une escadre de réserve composée de huit cuirassés et trois croiseurs ». « Il ne s'agissait là que de dépenses techniques et de mesures de précaution. Il n'était pas question de passer aux actes. »

Gambetta reprit la parole le 15 juillet pour appuyer la demande de crédits, mais aussi pour expliquer au service de quelle politique il fallait employer cet argent, la politique de l'alliance anglaise et non la politique du soi-disant concert européen qui n'était qu'un leurre :

Ah ! je sais bien qu'on dit : M. de Bismarck, il a à la fois toutes les habiletés et toutes les suggestions ; toutes les fois que la France a un intérêt, ou un dessein, ou un désir, s'il se trouve, par hasard, que la politique allemande n'y est pas directement contraire, il faut se méfier. Le piège consiste à présenter à la France, comme le résultat d'un encouragement et comme une exhortation de la politique allemande, ce qui est la défense traditionnelle, antique, de ses plus grands intérêts.

Messieurs, il y a eu un temps où cette politique existait, et cependant alors il n'y avait pas de Prusse. L'histoire est là pour en déposer : toutes les fois qu'une nation militaire a conquis une certaine hégémonie dans le monde, elle se mêle volontiers de beaucoup de choses ; mais c'est justement un

hommage à rendre à ce politique aussi ferme et aussi maître
de lui-même qu'audacieux à certaines heures, qu'il ne s'occupe
que des choses qui se rapportent directement à l'intérêt allemand.

Or, il a dit et répété bien souvent que toutes ces querelles
« ne valaient pas les os de la carcasse d'un Poméranien ». On
l'oublie trop. Il ne faut pas mettre M. de Bismarck dans toutes
les combinaisons et dans toutes les affaires. N'agissez que d'après
votre intérêt mûrement étudié, mûrement délibéré : quant à
l'étranger, on en parle beaucoup trop et dans des sens trop
divers pour la détermination des calculs de la politique qui
doit le mieux servir les intérêts de la France.

Eh bien, quand vous serez allés là-bas comme les mandataires de la conférence, qu'est-ce que vous y ferez ? Vous me
dites : Oh! nous n'irons pas sans précautions ni sûreté, comme
vous le croyez ; nous avons pris nos garanties, nous en prendrons encore ; nous dirons au concert européen : Vous nous
désirez pour exécuteurs de vos hautes-œuvres, mais vous
ignorez peut-être qu'il y a en Egypte un parti national.

Oui, on a découvert que ce peuple qui, comme le disait
Bonaparte, depuis quarante siècles est esclave, est à la veille
de créer ou de retrouver les principes de 1789 dans les hypo-
gées des Pyramides.

Et précisément, — je livre toute ma pensée, car je n'ai rien
à cacher, — précisément ce qui me sollicite à l'alliance anglaise,
à la coopération anglaise dans la Méditerranée et en Egypte,
c'est que ce que je redoute le plus, entendez-le bien ! — outre
cette rupture néfaste, — c'est que vous ne livriez à l'Angleterre, et pour toujours, des territoires, des fleuves et des passages où notre droit de vivre et de trafiquer est égal au sien.

Ce n'est donc pas pour humilier, pour abaisser, pour atténuer les intérêts français, que je suis partisan de l'alliance
anglaise ; c'est parce que je crois, messieurs, qu'on ne peut
efficacement les défendre que par cette union, par cette coopération. S'il y a rupture, tout sera perdu.

Voilà, messieurs, dans quel esprit je voterai les crédits :
c'est parce que vous avez dit que vous reveniez à l'alliance et à
la coopération anglaise, et que vous avez mis hier la signature
de la France au bas d'une convention nouvelle avec l'Angleterre.

Je vous donne cet argent ; — je crois qu'il sera insuffisant,
— mais je vous le donne avec cette conviction que la Chambre
ratifie aujourd'hui, non pas un vote de crédit, mais un vote de

politique et d'avenir, la Méditerranée restant le théâtre de
l'action française, et l'Egypte étant arrachée au fanatisme
musulman, à ces chimères de révolutions, à ces entreprises
d'une soldatesque de caserne, pour rentrer dans l'orbite de la
politique européenne. Voilà pourquoi je donne l'argent, et
voilà pourquoi mes amis peuvent voter avec moi.

Les crédits furent votés. Mais si cette première demande
de crédits semblait tendre à une reprise de l'entente
anglaise, la seconde demande, déposée quelques jours
plus tard, et bien que prise à la suggestion de Lord
Granville, parut sous-entendre autre chose. A la conférence
de Constantinople, Bismarck et l'Autriche, à sa remorque,
et aussi la Russie, ont interdit à leurs délégués de « voter
un mandat en vertu duquel certaines puissances (l'Angleterre et la France) seraient chargées de pourvoir à la protection du canal de Suez ». Freycinet, en conséquence,
réclame l'autorisation de n'aller qu'au canal de Suez, et
de n'y aller qu'avec les Anglais. Il demeure « très résolu
à séparer la protection du canal de l'intervention proprement dite ». Qu'adviendra-t-il ? La France se contentera-
t-elle de garder les derrières des Anglais opérant seuls
contre Arabi en Égypte ? Sera-t-elle conduite par les événements à les y suivre ou à les y entraver ?

Gambetta, non sans hésitation, refusa d'engager sa responsabilité à la suite de cette incertitude ; la majorité de
la Chambre, qui s'effrayait de tout, proclama qu'il ne fallait pas bouger, et le cabinet fut renversé[1]. La prédiction
de Gambetta se réalise : la politique suivie par opposition à la sienne, contre sa politique qualifiée « d'aventures », la politique qu'il appelait d' « abdication », vient
de livrer à l'Angleterre « des territoires, des fleuves et
des passages où notre droit de vivre et de trafiquer était
égal au sien ».

J'accompagnai Gambetta à l'issue de la séance où il

1. Le 29 juillet, par 417 voix contre 75.

avait contribué à renverser le ministère. Il était sombre, inquiet, incertain sur lui-même. Quelque répugnance que lui inspire la politique des « demi-mesures », et quelque crainte qu'il éprouve d'une politique qui attendait les événements, au lieu de les faire, a-t-il eu raison de laisser repousser même l'intervention au canal et choir le ministère qui la proposait? N'eût-il pas mieux valu, pour sa propre gloire, qu'il se fît battre sur l'intervention totale, qui était sa thèse, ou même, après avoir exposé sa pensée, sur l'intervention partielle qui pouvait amorcer le meilleur comme le pire? Il en demeura tourmenté pendant les quelques mois qui lui restaient à vivre. Ses doutes sont restés ceux de l'histoire.

Le discours du 18 juillet 1882 fut son dernier. Il avait fait un grand effort sur lui-même pour monter à la tribune. Sa mère était mourante. Il quitta le Palais-Bourbon pour assister, à Saint-Mandé, à la fin de la chère éducatrice de son enfance.

Le ministère Freycinet fut remplacé, le 7 août, par un cabinet de comparses, mais qui avait à sa tête un vieux républicain éprouvé, Duclerc, ancien ministre de 48 et ami personnel de Gambetta. Lorsque Gambetta connut les noms de quelques-uns des nouveaux titulaires, il s'indigna : « C'est l'avilissement, dit-il, des fonctions publiques, et rien n'est pire, surtout dans une démocratie. » On n'était qu'au début. Cependant il appuya Duclerc qui, lié par le vote de la Chambre, ne pouvait suivre en Égypte qu'une politique d'effacement, mais qui en souffrait et qui cherchait une revanche. Vers la fin de l'année, en plein accord avec Gambetta et malgré la résistance de Grévy, qu'il put vaincre seulement par la menace de sa démission, Duclerc décida et prit les premières mesures pour l'expédition du Tonkin[1].

1. *L'affaire du Tonkin*, par un diplomate (ALBERT BILLOT), ch. II. — Je fis plusieurs fois la navette entre Gambetta, couché à Ville-d'Avray à la suite de sa blessure, déjà frappé à mort, mais convaincu de la nécessité d'agir au Tonkin, et Duclerc.

Gambetta passa la plus grande partie des vacances parlementaires à Paris, travaillant beaucoup, déjà malade ; à la rentrée des Chambres, il reprit, avec une ardeur un peu fébrile, ses fonctions de président de la commission de l'armée [1]. L'opinion lui revenait alors de toutes parts. Les incidents révolutionnaires de Montceau et de Lyon démontrèrent la nécessité, tant réclamée, d'un gouvernement fort. La facile victoire des Anglais en Égypte prouva combien il avait vu clair, dès la première heure, dans cette malheureuse aventure. On comprit que la défaite de Gambetta au 26 janvier avait été le recul de la République, de la patrie. La politique nationale, c'était la sienne. On se prit à espérer que, sous peu, il reprendrait en main les affaires du pays.

Ce fut à l'heure où il retrouvait ainsi sa popularité que survint l'accident de Ville-d'Avray (27 novembre). Gambetta se blessa à la main droite en maniant un revolver [2]. L'accident, sérieux en lui-même, fut aggravé par l'état général de sa santé. Le 17 décembre, une inflammation de l'intestin se déclara ; le progrès du mal fut très rapide. Gambetta allait mourir de sa vie dépensée sans compter, pour avoir trop présumé de ses forces. Des journalistes, « gentilshommes d'extrême-droite ou citoyens d'extrême-gauche », n'en continuèrent pas moins à le traquer jusque sur son lit d'agonie ; il fallut que la presse prussienne rappelât ces « cannibales de Paris » [3] à la pudeur.

Gambetta ne se vit pas mourir. Il avait un sentiment si profond de sa mission que, seul à ne pas s'apercevoir de sa santé qui s'altérait, il parut n'avoir pas soupçonné que la mort pût l'arrêter à mi-route et, bien qu'à la veille de se marier avec l'amie qui partageait sa vie

1. Voir page 276.

2. *Blessure et maladie de M. Gambetta* (observation clinique rédigée par le Dr Lannelongue, dans la *Gazette hebdomadaire de Médecine et de Chirurgie*, du 19 janvier 1883).

3. ABOUT, dans le *XIX* Siècle* du 31 décembre 1882.

depuis dix années, il n'avait point écrit de testament.
Il continua presque jusqu'au dernier jour à s'informer des affaires publiques. Il lisait les journaux, les
lettres que des amis, connus ou inconnus, lui adres-
saient de toutes parts avec des vœux de guérison. Il nous
dit un jour, à Ranc et à moi, parlant de la prochaine
session : « Je ferai ma rentrée par un discours de bonne
humeur. » Il me demanda d'écrire pour *la République
Française* un article élogieux sur un livre d'histoire du
duc de Broglie[1] : « Les *autres* ne voudraient pas... » Les
forces pourtant s'en allaient graduellement. Le 31 décembre, à minuit moins cinq, il s'éteignit sans souffrance.
Il n'avait pas survécu à cette année 1882, si cruelle pour
lui et pour la France.

Douleur, comme d'un deuil intime, pour le plus grand
nombre des républicains et pour tous les patriotes. Devant
cette mort tragique dans la pauvre bicoque de Ville-
d'Avray, transformée en lieu de pèlerinage, les dernières
calomnies s'évanouirent. Les millions de la Défense nationale, les voilà ! Quelques-uns de ceux qui l'avaient
méconnu s'inclinèrent, non sans un peu de remords,
devant son cercueil. Il entra de plain-pied dans la sereine
immortalité de l'histoire.

Le gouvernement de la République lui décréta des
obsèques nationales. Ses funérailles furent suivies par un
peuple immense, comme par une fédération de toute la
France, civile et militaire. Il n'y eut pas une ville française qui ne fût représentée : Strasbourg, Metz et Colmar
marchaient en tête du cortège.

---

1. L'article sur les volumes intitulés *Frédéric II et Marie-Thérèse* parut
le 31 décembre 1882, le jour même de sa mort. (*Études de Littérature et
d'Histoire*, p. 259.)

XII

CONCLUSION

Au terme de cette rapide esquisse d'une vie si courte
et si glorieuse qu'elle semble comme un météore au ciel
sombre de notre histoire contemporaine, essaierai-je de
résumer l'ensemble de vertus et de talents qui font de
Léon Gambetta le meilleur des patriotes, le plus profond
politique et le plus magnifique orateur de son temps ? Le
régime de décembre traîné à la barre de la police correctionnelle ; l'espoir dans un avenir de justice et de liberté
rendu à quiconque avait refusé de pactiser avec l'Empire ;
l'honneur de la France sauvé après la honte de Sedan ; la
République fondée à force d'adresse, de sagesse et d'éloquence ; l'avènement régulier et définitif de la démocratie ; la démocratie républicaine, qui n'avait été jusqu'alors qu'un parti révolutionnaire, transformée au bout
de quelques années en un grand parti de gouvernement ;
la victoire des libertés nécessaires en même temps que la
démonstration invincible de la nécessité d'une forte autorité ; la création d'une armée nationale, pour la défense
du territoire et la délivrance des provinces perdues ; la
conception d'une politique étrangère qui se peut comparer à celle de celui qu'il appelait « l'incomparable Cardinal » ; la République large ouverte à la France ; la
France régénérée par la République pour reprendre sa
place dans le monde ; voilà l'œuvre de Gambetta, œuvre
qui, dans quelques-unes de ses parties, a été brutalement
interrompue par la mort, mais si grande et si magnifique-

ment commencée que les survivants ne sauraient se proposer de tâche plus haute que de la poursuivre et d'essayer de l'achever. Peu d'hommes ont réuni des qualités
aussi diverses. Patriote, qui ne passa point un jour sans
songer à l'Alsace-Lorraine, il rêvait pour le pays, dont il
ne prononçait le nom qu'avec un tressaillement religieux,
la grandeur extérieure et la grandeur intérieure, le res-
plendissement artistique et littéraire comme la force scientifique et commerciale. Politique, il avait la clairvoyance,
la prudence, l'audace, les adresses supérieures. Orateur,
il possédait toutes les puissances, habile à s'adresser à la
raison comme à la passion, tour à tour familier et véhé-
ment, emporté et railleur, plein d'arguments saisissants
et de traits superbes, pressant et dominateur, le plus ardent
et le plus logique, éclatant de verve et d'enthousiasme;
aucun genre d'éloquence ne lui était étranger, et il était
égal, dans chacun, aux plus illustres. Et l'homme privé,
chez lui, n'excitait pas moins de dévouement et d'amour
que l'homme public n'excitait d'admiration. Ce tribun
redoutable était bon, de cette bonté exquise et simple dont
Michelet disait : « Petit mot, grande chose »; il était
vaillant, équitable dans ses jugements, dédaigneux des
outrages et des vilenies, sans rancunes, sans haine, sans
jalousie; il était généreux et indulgent jusqu'à l'exagération; il donnait sans compter, secrètement, dès qu'il
avait connaissance d'une misère, souvent à d'anciens adversaires; il était affectueux, dévoué, soucieux des moindres
intérêts de ses amis; il avait le culte et la plus délicate
intelligence des œuvres de l'esprit; il était respectueux
des vieillards qui sont le patrimoine de la France et il
s'intéressait passionnément aux jeunes gens qui en sont
l'avenir; — découvrir à la France un Français de plus était
l'une de ses plus grandes joies; — il était gai, aimable,
d'une constante belle humeur, surabondant de foi dans
le pays, dans la démocratie, dans l'avenir qu'il s'obstina

jusqu'à la dernière heure à prévoir juste et réparateur pour la patrie... Comment dire ces choses? comment les peindre?

Ce n'est pas seulement l'âme de la Révolution qui a palpité en Gambetta. C'est l'âme même de la France.

AUTRES ESSAIS

LE PREMIER PLAIDOYER POLITIQUE

DE

LÉON GAMBETTA [1]

1. *Grande Revue* du 1er février 1890.

Le plaidoyer de Gambetta pour Delescluze, dans l'affaire Baudin, est son début historique (14 novembre 1868). Qui n'en connaît l'étonnant succès ? Ce discours éclata, sous le ciel assombri de l'Empire, comme un torrent soudain et irrésistible. En vain, l'avocat impérial avait-il essayé de lutter contre ce flot terrible d'éloquence. « Il a voulu me fermer la bouche, disait Gambetta au sortir de l'audience, *mais je l'ai submergé.* » Et, le lendemain, parmi tous les ennemis de l'Empire, quels cris de joie et de triomphe ! Si j'en crois les lettres de félicitations que Gambetta avait conservées parmi toutes celles qu'il reçut alors, ce ne sont peut-être pas les républicains qui lui envoyèrent les plus chaleureux compliments. Les libéraux, les orléanistes, furent les plus empressés.

« J'apprends à la campagne, lui écrivait, de Guercy, le comte d'Haussonville, que vous avez eu un grand et légitime succès dans cette inique et stupide affaire que le gouvernement a l'air d'avoir suscitée dans le but unique de faire toucher au doigt et à l'œil combien l'accord est indispensable entre tous les honnêtes gens qui ont horreur du régime avilissant que nous a imposé le 2 Décembre. Il y a dix-huit ans que seul, avec M. Alexandre Thomas, je me suis exilé pour aller fonder en Belgique le *Bulletin français.* C'était la *Lanterne* du temps, lanterne sourde dont la lueur n'a guère pénétré en France. Quand j'ai été traduit devant le jury belge, *personne* n'a osé venir me

défendre. J'ai dû revendiquer seul l'honneur de mon forfait, et j'ai *plaidé coupable* en prononçant, au talent près,
les mêmes paroles que vous. Elles furent alors sans retentissement, tandis que les vôtres, grâce à Dieu, en auront
beaucoup. Cependant, je me rappelle que des républicains
réfugiés à Bruxelles m'applaudirent de toutes leurs forces
et voulaient, si je ne m'y étais opposé, me reconduire en
cortège à l'hôtel de Bellevue. Je paye donc une vieille
dette en vous adressant à mon tour mes félicitations.
Croyez-moi, *aveugle* est celui qui ne voit pas que nous
devons tous faire le sacrifice de nos nuances insaisissables
et de nos très sottes rancunes pour nous aider à secouer
en commun, par un vigoureux coup de collier, le joug
abrutissant qui pèse sur nos têtes. Merci de vos généreux
efforts, et croyez que personne ne se réjouit plus que moi
de votre succès; car, sur ce qui est *important* à mes yeux,
je sais que nous pensons de même. Tout le reste est
secondaire et viendra en son temps. »

La lettre de Casimir Perier, le père du futur président de la République, n'était pas moins enthousiaste que
celle du savant et passionné historien de la *Réunion de
la Lorraine à la France.*

Gambetta avait alors trente ans. Est-il besoin de dire
que ce merveilleux discours n'était pas son premier essai
oratoire, et qu'il ne s'était point élevé, du premier coup
d'aile, à cette hauteur? Il y avait six ans déjà que Gambetta avait débuté au barreau, et, depuis lors, il n'avait
cessé de perfectionner, à l'école de Crémieux et de Laurier, les dons admirables, mais bruts, qu'il avait reçus
de la nature. Après avoir passé sa thèse pour la licence,
le jeudi 19 janvier 1860, devant MM. Ortolan, Bravard-
Veyrières, Colmet-Daage, Duranton et Bufnoir (thèse
latine : *Qui potiores in pignore;* thèse française : *De
l'hypothèque*), il s'était, selon l'usage, fait inscrire à la
conférence des avocats que présidait, comme bâtonnier,

Jules Favre. Il ne fut que le troisième au concours. Les secrétaires de l'année judiciaire 1861-1862, — Pouillet, depuis bâtonnier de l'Ordre, Léon Renault, Adolphe Guillot, Louis Dubois, Camescasse, — avaient donné la première place à Albert Decrais, que Gambetta, pour le charme pénétrant de son éloquence, appelait la « Sirène », et la deuxième à Albert Martin. Le bâtonnier, pour l'année judiciaire 1862-1863, était Dufaure. C'est comme stagiaire, à l'époque même du concours pour le secrétariat que Gambetta, après s'être essayé dans quelques affaires correctionnelles, plaida, le 17 juillet 1862, sa première affaire politique.

Le « nommé » Buette était impliqué dans le procès dit *des 51* qui eut, en son temps, son heure de célébrité. C'était une de ces affaires de société secrète que la police impériale avait l'habitude d'organiser chroniquement pour évoquer le spectre rouge et en effrayer le bourgeois. Un vague regret de la liberté perdue revenait, de temps à autre, à ce bourgeois; la tutelle césarienne lui pesait parfois trop lourdement; il demandait alors la liberté comme en Autriche.

Ces velléités alarmaient les ministres de l'Empereur. Comment y couper court? Leur psychologie, qui ne manquait pas de pénétration, avait découvert que la crainte de la révolution sociale était, pour l'immense majorité des Français d'alors, le commencement de la résignation à la servitude. Dès qu'un vent de fronde se levait, ils donnaient l'ordre à qui de droit de machiner, de révéler, et de poursuivre un petit complot. Joseph Prudhomme tremblait et, tout de suite, criait : « Vive l'Empereur! »

Évidemment, ces sociétés secrètes, ces complots n'étaient pas entièrement fictifs. Les instigateurs seuls appartenaient à la police. C'était, le plus souvent, d'anciens révolutionnaires qui avaient peut-être, eux aussi, eu leur heure de foi et de sincérité, mais qui n'avaient pas été assez fortement trempés pour résister aux grandes et aux petites misères de la persécution. D'abord, rien qu'une petite capitulation de conscience, une petite génuflexion devant le maître pour solliciter une petite faveur. Et c'est le doigt dans l'horrible engrenage où passeront bientôt la main, le bras, tout le corps. Du démagogue au mouchard, comme du sublime au ridicule, il n'y a souvent qu'un pas.

Ces idéalistes déchus continuaient à fréquenter leurs anciens amis. Ils commençaient par rapporter, pour quelques écus, leurs propos de café ou d'atelier. Mis en goût, ils provoquaient les paroles séditieuses. Avancés en grade, ils prenaient l'initiative d'une conspiration. Aux époques les plus muettes de l'Empire, on pouvait toujours être sûr de trouver, en peu de jours, parmi les ouvriers et les étudiants républicains, deux ou trois douzaines de jeunes gens pour projeter, entre deux bocks, d'écraser « l'antre et la bête fauve, l'Empire et l'Empereur ». Quelques blanquistes d'un âge plus mûr croyaient naïvement qu'un coup de force, bien préparé, vivement exécuté, pouvait suffire à renverser, en quelques heures, avec un peu de chance, l'énorme bâtisse impériale, consacrée par des millions de suffrages. Les agents provocateurs n'avaient donc qu'à tendre leurs panneaux.

L'affaire des 54 avait été ainsi préparée par un tanneur du nom de Johanne, qui fut convaincu d'avoir dénoncé les personnes qui s'étaient réunies chez lui, par un marchand de fruits, du nom de Bachelet, dont le rôle policier put à peine être contesté, et par une espèce de fou, du nom de Vassel, qui fut accusé, au cours des débats, d'avoir été un agent provocateur et dont les protestations sonnèrent très faux.

« S'adressant de préférence aux anciens transportés, dit l'acte d'accusation, Vassel avait organisé, dès le mois de mars 1860, une société secrète qui avait sa vie propre. » Cette société, vers la fin de 1861, avait fait alliance avec Greppo, ancien tisseur à Lyon, ancien représentant du peuple et proscrit de Décembre, et le pharmacien Miot, lui aussi ancien représentant du peuple, transporté en Afrique après le coup d'État, gracié en 1856, « sous les ordres de qui s'étaient groupés les débris de la Société Blanqui ». « Les dangers de cette fusion s'étant traduits, — je cite, — par des menaces sérieuses contre la personne de l'Empereur et contre l'ordre public », les 54 furent arrêtés le 2 mars 1862 et jetés à Mazas. C'étaient, outre Vassel, Bachelet, Greppo et Miot, douze cordonniers, trois courtiers de commerce, deux marchands de vin, un facteur de pianos, un serrurier, un menuisier, un tanneur, trois forgerons, un limeur de limes, un homme de peine et autres pauvres gens, employés ou ouvriers. Une boule en bois d'orme, qualifiée de bombe, avait été saisie chez Créancy; on avait saisi, en outre, chez Louis Buette, ajusteur-mécanicien, un manifeste de Vassel, et chez Bachelet, qui était censé en fuite, toute la correspondance de Vassel et du groupe blanquiste.

Le procès commença le 7 juillet 1862 devant la 6ᵉ chambre du Tribunal correctionnel, « M. Salmon, président ». L'avocat impérial s'appelait Benoît. Crémieux, Emmanuel Arago, Laurier, Desmarets, Cresson, Cléry, Jules Ferry, Durier, Spuller, Leven et Gambetta défendaient les principaux prévenus.

La prévention était tout à fait misérable. Les cinquantequatre « Catilina de la cordonnerie et de la mécanique » étaient inculpés d'avoir formé une vaste association divisée, à la façon des loges des *carbonari*, en sections; au signal, qui devait être donné par la publication du manifeste de Vassel, ces sections devaient se soulever, prendre les armes et lancer des bombes à travers Paris.

Les débats, qui furent publics et en vue desquels de grandes précautions militaires avaient été prises, ne tardèrent pas à montrer la fragilité, pour ne pas dire l'inanité de l'accusation. Plusieurs des accusés ne se connaissaient même pas de nom, avant d'avoir été arrêtés. Les autres avaient causé « politique », tantôt au café, tantôt chez Miot, Vassel ou Bachelet. La prétendue société secrète n'existait que sur le papier; c'était Vassel qui en avait écrit le plan. Les sections n'avaient jamais existé que dans son imagination. La plupart de ces ouvriers, républicains et même socialistes, s'étaient assurément entretenus entre eux, excités surtout par Vassel, de leurs rêves d'avenir. Mais ces rêves n'avaient eu rien de bien révolutionnaire. Miot, accusé d'avoir revendiqué pour lui la dictature que d'autres auraient médité de réserver à Blanqui, nia formellement, alléguant qu'il ne voulait de dictature, ni pour lui, ni pour personne; son dénonciateur, s'embrouillant dans ses explications, donna l'impression d'un faux témoin. Millet, cordonnier, n'était allé chez Vassel que pour se faire payer une facture de bottes. La boule en bois, trouvée chez Créancy, n'était pas le modèle d'une bombe à exécuter en fonte, mais une vulgaire boule de jeu. Boudet, chimiste, membre de l'Académie de Médecine, déclara que les quatre substances trouvées chez Barouin ne pouvaient, mêlées ensemble, composer de la poudre; deux de ces substances auraient pu en donner, si l'on y avait ajouté du coton qui manquait. En somme la prévention n'était soutenable que contre Vassel, qui avait rédigé le manifeste trouvé chez Buette et multiplié les lettres compromettantes, à mesure qu'on approchait du jour fixé par la police pour l'arrestation des malheureux qu'il avait cherché à compromettre, avec l'aide de Bachelet et de Johanne. Mais les accusés dénonçaient Vassel comme un agent provocateur. Et, visiblement, la main de la police était dans toute l'affaire.

Le journal *le Siècle*, qui rendit compte des débats, analyse assez longuement les plaidoiries de Crémieux, d'Arago, de Laurier, de Jules Ferry et de Desmarets. Il mentionne seulement celle de Gambetta. Elle avait cependant produit à l'audience une vive impression, tant par la verve éloquente du débutant que par la forte dialectique dont il avait fait preuve dans plusieurs parties de son discours. Les stagiaires en parlèrent pendant plusieurs jours, dans les couloirs du Palais, comme d'un événement, et les républicains attentifs se renseignèrent sur le débutant borgne. Ranc alla tout exprès chez Procope pour se le faire montrer. Mais Gambetta, bien qu'il habitât Paris depuis plusieurs années, n'appartenait à aucune coterie et l'art de se pousser lui était étranger. *Le Siècle*, où il n'avait pas ses entrées, ne lui avait accordé, en conséquence, qu'une mention. Et cette mention serait tout ce qui resterait de ce début oratoire, si je n'avais retrouvé, dans les papiers de Gambetta, avec le brouillon du discours écrit tout entier de sa main, un compte rendu, plus analytique que sténographique, d'une écriture inconnue, mais visiblement pris à l'audience même sous la parole du jeune avocat.

J'ai exposé ailleurs, dans mon étude sur *Gambetta orateur*[1], qu'avec tous les dons de l'improvisateur, il préparait toujours ses discours avec beaucoup de soin et, le plus souvent, les portait longtemps en lui avant de les prononcer. A l'époque de la maturité de son génie, Gambetta n'écrivait pas ses discours; il les *faisait* dans sa tête et ne montait à la tribune qu'avec un simple canevas. Je possède ainsi le plan écrit de son fameux discours du 27 novembre 1875, à l'Assemblée nationale, sur le scrutin de liste. Il tient tout entier sur une feuille de papier à lettre. Le voici :

1. *Essais de Littérature et d'Histoire* (1 vol. chez Hachette).

1° Exorde sur la sincérité.

> *Les trois lectures.*
>
> *L'intérêt qui s'attache au mode de suffrage.*
>
> *Les motifs supérieurs aux intérêts des partis.*
>
> *Ce n'est pas une panacée.*
>
> *Le scrutin d'arrondissement favorable au parti.*
>
> *Mais pas aux intérêts supérieurs de la France.*
>
> *Je voudrais résumer rapidement ces intérêts.*

2° Que faut-il demander aux élections ?

> *1° L'indépendance.*
>
> *2° La signification.*
>
> *3° La sûreté.*
>
> *4° Une majorité de gouvernement.*
>
> *Qu'est-ce que l'œuvre du 25 février ?*
>
> *Les misérables chicanes du pouvoir.*
>
> *L'équilibre de l'Europe.*
>
> *Pays sans frontière.*
>
> *Politique particulière que cet état de la France impose.*
>
> *Tous les partis doivent désirer une consultation loyale, mesurer leurs forces et s'incliner.*
>
> *Qui donc résistera à la France ?*
>
> *Union et puissance.*

Que si l'on veut maintenant se reporter au texte de ce discours (t. IV, p. 425 et suiv.), on verra combien Gambetta a suivi scrupuleusement son plan et de quelle façon il a développé les notes où il avait fixé sa pensée. Voici, par exemple, ce que ces mots « *Pays sans frontière. Politique particulière...* » deviennent à la tribune : « On ne fait pas de la politique, dans un pays comme la France, de la même manière à toutes les époques. Quand un pays a sa force matérielle, que le cercle de ses frontières est intact, alors il peut être possible et

« loisible d'agiter des questions de métaphysique politique ;
mais dans un pays qui n'a pas toutes ses frontières, cela
est sacrilège, cela est criminel. Et puisque vous cherchez
la raison de l'œuvre du 25 février et de cette politique de
concorde et de pacification, je vais vous la donner :
Regardez à la trouée des Vosges ! »

C'est ainsi que Gambetta, devenu maître de son instrument oratoire, préparait ses discours. Mais cet instrument,
il l'essayait, en 1862, pour la première fois dans une affaire
importante, et, de quelque présomption que le taxassent
alors ceux qui s'arrêtaient aux impétueuses apparences de
sa jeunesse, il se défiait de lui-même. Appelé à défendre un
homme qui avait eu confiance en lui et qu'il savait inno-
cent, il s'interdit de livrer au hasard de l'improvisation la
liberté et les intérêts de son client. Je me permets de
recommander à plus d'un avocat la péroraison de ce plaidoyer pour Buette. Elle se dégage encore péniblement de
la rhétorique, mais de quelle belle angoisse conscien-
cieuse elle fait preuve ! « Un doute m'assaille, un doute
terrible, et je vous crie : Sauvez-moi du remords, car si
votre justice allait frapper cet homme d'une intelligence
si saine, d'un cœur si vertueux, d'une conduite si pure,
il ne me resterait qu'à me frapper la poitrine, en disant :
Toi, toi seul es coupable ! » J'ose espérer que les Liouville
de l'avenir, dans leurs traités de la profession d'avocat,
retiendront ces lignes.

Gambetta commença donc par écrire son plaidoyer, tout
entier, de la première à la dernière ligne, et très certainement, il l'apprit par cœur. Pourtant, il ne le récita pas
ou, du moins, il n'en récita que quelques phrases. Mais
il suivit pas à pas la progression du discours, telle qu'il
se l'était tracée, abrégeant ici, développant là, improvisant
ailleurs, tantôt retrouvant dans sa sûre et rapide mémoire
des lambeaux entiers de son manuscrit, tantôt supprimant
ce que son instinct lui dénonçait comme contraire au mou-

vement oratoire et y suppléant à la grâce de Dieu. Et je
ne dirai certes pas que ce début d'un jeune homme de
vingt-quatre ans est un chef-d'œuvre. J'en vois les faiblesses, la gaucherie, la rhétorique défectueuse, la poésie
surannée (à la Jean-Jacques), les maladresses et l'em-
phase. Tels quels, le discours écrit et le discours parlé
offrent pourtant un vif intérêt. Ce sont les premières
lueurs de l'aube, les premiers feux du génie montant à
l'horizon.

Les curieux trouveront une comparaison instructive
entre le canevas et le compte rendu de ce discours.

DISCOURS ÉCRIT

Messieurs,

Permettez-moi d'arrêter un moment votre attention sur Louis-
Pierre Buette. Quelques instants vous suffiront pour bien apprécier la prévention, en faire justice, et comprendre l'homme
contre lequel le ministère public n'a relevé d'autre grief que
son intelligence, qui seule ne suffit pas encore pour nous
mener en police correctionnelle.

Messieurs, je crois que je n'ai pas de meilleure méthode à
suivre pour pénétrer vos âmes de l'opinion que j'ai enracinée
là sur mon client, que de vous raconter brièvement les impressions qu'il m'a occasionnées et les preuves qu'elles ont
affermies.

Quand je fus délégué pour la défense de Louis-Pierre Buette,
inculpé de délit de société secrète, mon enthousiasme fut
médiocre et mes craintes furent vives. Je redoutais d'être tombé
sur un de ces ouvriers vaniteux, à demi frottés de la civilisation
des grandes villes, intelligences creuses, ballonnées de mots
sonores qu'ils n'ont jamais compris, péroreurs de cabarets,
politiqueurs de carrefours, toujours en rupture de travail, —
bref, ces ouvriers qu'un homme d'esprit appelait les *Républi-
queurs*.

Jugez de mon ravissement! Dans cette petite cellule de Mazas,
je venais de trouver un diamant que je ne me lassai pas de contempler, de retourner comme pour en saisir toutes les facettes,
toutes les limpidités lumineuses, et là ce jeune homme de vingt-

quatre ans se révélait comme un type d'intelligence, de
fierté, de droiture et de vertu; il avait une parole large et
sobre, des idées nettes et sages, sans amertume, entremêlées
d'une délicatesse de sentiments, d'une délicatesse d'aperçus qui me ravissaient et dont je vous donnerai tout à
l'heure la preuve écrite, éclatante, j'ai presque dit attendris-
sante.

Ouvrier, fils d'ouvrier, Buette a passé sa vie au milieu de
la classe ouvrière. Avec un esprit d'observation bien précoce,
avec une sagacité qui étonne, il eut bientôt aperçu toutes les
misères qui affligent nos populations industrielles et retar-
dent l'amélioration de leur sort. Mais, à côté du mal, il
saisit rapidement que la paresse, la débauche, la dissolution
de la famille et surtout l'ignorance en étaient les principales
causes...

Notez bien ceci. Enfant du peuple, il a de bonne heure
réfléchi à ce qu'il y avait de juste et d'injuste dans la triste
situation des classes ouvrières, ce qui venait de l'individu et ce
qui venait de la société, et démocrate par la tête autant que par
la naissance avant que de l'être par sa position, ennemi de
l'exagération passionnée ou de l'amertume vindicative, il comprit quels remèdes sages, sûrs, on pouvait porter à des maux,
à des souffrances qui ont affligé le regard de tous les penseurs
amis de l'humanité.

Fait remarquable, exceptionnel chez un ouvrier, il n'a pas
accusé le destin, il n'a pas blasphémé, il ne s'est jeté, ni dans
l'utopie, ni dans l'absurde; il a fortement proclamé : « C'est par
l'accomplissement austère, incessant, héroïque du devoir que
l'homme doit arriver à la conquête du droit. » Et le travail lui est
apparu comme l'expression du devoir et le générateur du droit.
Alors il s'est mis à l'œuvre, il a dédaigné l'oisiveté, les joies de
l'œil et du ventre, le travail l'a conduit à l'éducation, c'est-à-dire
à la vertu.

A partir de cette heure, il a trouvé que pour tous ses semblables, abrutis de misère, rongés de vices, fiévreux de convoitises et malheureux sans espoir, la guérison c'était la pratique
du travail, rendu fructueux, fécond, moral par l'éducation.
L'éducation, c'était pour lui la pierre angulaire de la société ; il
allait la demandant, la réclamant de tous, et l'espérant encore
pour tous. Certes, cette idée est juste, grande, sainte, légitime;
sa propagation et son rayonnement sont œuvres généreuses et
profitables pour tous. Or, il s'est attaché à son idée, il l'a cares-

sée, nourrie, développée autour de lui, au foyer domestique,
dans sa famille qu'il a largement aidée et secourue, dans celle
de son beau-frère qu'il a retiré du tourbillon des plaisirs pour
le ramener à l'atelier, à ses compagnons d'ouvrage auxquels il
présentait le travail comme un culte, une religion et le seul
moyen d'émancipation pour l'ouvrier. Quel homme! La
réflexion l'a rendu fort comme un apôtre, il parle de son idée
avec entraînement, avec passion, comme tous les dévots d'une
idée, à chaque occasion, utile passe-temps qui lui permettait de
faire parmi ses frères du peuple de fidèles recrues du travail.
En vérité, je vous le déclare, ce n'est pas autrement qu'a commencé Richard Cobden, cet homme illustre dont l'Angleterre
s'enorgueillit aujourd'hui à si juste titre. Qui sait? toute âme
est un livre. Y a-t-il quelqu'un ici qui puisse lire dans le livre
de Dieu, et dire ce que peut devenir un pareil homme qui, seul,
dans la masse obscure du peuple, se révèle comme une lumière
et une flamme? N'est-il pas vérifié ce mot de l'apôtre : *Fex
urbis, lex orbis?*

Je vous demande grâce pour ces longueurs. Mais si j'ai
esquissé sa vie si honorable, ses pensées si nobles, ce n'est
pas pour le vanter, mais pour le défendre en vous le faisant
connaître.

Eh bien, maintenant que vous connaissez cet homme aux
aspirations larges et saines, dont la morale garantit la pureté
des actions, mais dont l'ardeur d'intelligence et de charité
inspire toutes les paroles pour le perfectionnement moral et
matériel de ses frères d'en bas, mettez à côté de lui un de ces
êtres impurs qui font commerce du malheur d'autrui et savent
prendre tous les tons, tous les accents, ‑ attirer dans quelque piège bien noir des malheureux dont le seul crime est
d'être trop confiants et trop sincères. Faites asseoir l'homme
habile aux côtés de Buette. Il usurpe les apparences de la
misère pour toucher son cœur et obtenir quelques ressources
de Buette qui parle sa langue, reproduit ses idées, confond sa
pensée avec la sienne, s'infiltre goutte à goutte dans son âme
et finit enfin par être son ami, mieux encore, son coreligion-
naire! Pensez-y, toutes ces précautions, toutes ces souplesses
et toutes ces habiletés n'ont qu'un but, tromper un inno-
cent et le jeter en pâture aux prétendues découvertes de la
police.

Oh! n'est-ce pas que cela est infâme et que c'est bien le cas
de répéter les vers du poète Dupaty?

Si la délation est un trait détestable
Quand on vous dénonça pour un fait véritable,
Que sera-t-elle, alors qu'un récit mensonger
Vingt mois dans un cachot vous aura fait plonger,
Ou qu'un traître excitant des Français qu'on opprime
Se feindra criminel pour les pousser au crime?
Bientôt votre complice est votre accusateur,
L'inventeur du forfait en est le délateur.

Mais pourquoi?

Fontaine disait : « La police, qui est et ne peut être que ce qu'il y a de plus corrompu dans le monde, qui n'a de rapports avec l'humanité que par ses côtés hideux, ne croit pas à la vertu, de sorte qu'elle soupçonne toujours, même le bien. Ce qu'elle redoute avant tout, ce sont les gens à influence ; or l'intelligence en donne quelquefois ».

Mais, les faits dont on l'accuse!... J'y arrive.

Il est allé une fois chez *Bachelet*, une fois chez *Vassel*.

Il ne l'a jamais nié, il vous l'a déclaré dès la première heure, avec cette spontanéité et cette franchise que donne seule une conscience sûre et tranquille : égaré, trompé, mais toujours sincère, il va voir ce Bachelet et il le trouve *vénérable*. C'est son expression. Il pourra *apprendre* quelque chose de ce côté-là, car il se figure que la vieillesse doit être honorable et instruite, et s'instruire, voilà ce qui le pousse chez Bachelet.

Chez Vassel, même motif l'amène; il vous a décrit lui-même, avec une parole dont le tribunal doit avoir gardé le souvenir, l'impression que lui avait laissée, à lui Buette, cette visite. Vous vous rappelez avec quelle naïveté, avec ce lyrisme propre aux âmes jeunes et puissantes, il vous disait :

(*Lacune*)

Et voilà ce qu'on lui reproche, ce dont on lui fait un crime! C'est là ce que vous appelez des faits?

A-t-il parlé de société secrète? Non. A-t-il tenu quelque propos séditieux? Non. A-t-il échauffé l'ardeur de prétendus conjurés? Non. A-t-il parlé de munitions de guerre à se procurer, de bouches de fusils? Non. Non. Je vous dis qu'on ne lui reproche rien que d'être arrêté. Et voilà l'accusation!

La preuve du délit, la preuve de la connaissance, dis-je au ministère public, qui se contente de répondre : « *Évidemment*, il y a affiliation à la société... ». Quel mot : *Évidemment!* Le moyen d'aller là contre! Quelle forteresse : *Évidemment !* Et le moyen de faire sortir le substitut de cet adverbe inexpugnable : *Évidemment !*

Mais Bachelet ?

J'ajouterai sincèrement, d'après les gens qui sont là sur ces bancs, croyez-vous à la réalité de l'association? Pauvres gens qui disputent à la misère qui les ronge un peu de vie à force de travail, tous journaliers, cordonniers, coiffeurs, voilà les gens que la police nous présente comme des subverseurs d'empire ! Et vous, organe de l'accusation, vous acceptez ce rêve, ce mélodrame, cette fiction !

C'est devant ces Catilinas de la cordonnerie, de la mécanique ou de la coiffure que le gouvernement tremble si fort qu'il lui faut ces 54 libertés pour le rassurer... Ah! vous calomniez sa faiblesse! et j'en appelle à lui-même de cette accusation d'impuissance.

Mais enfin, et puisque vous y tenez à cette accusation que la conscience publique déclare absurde, discutons, ou plutôt continuons à narrer, car il y a cela de singulier dans ce triste procès que raconter, c'est détruire. Tous les griefs sont ineptes, les ressorts petits, le but insaisissable, et évidente la coulisse dont tout ceci est sorti, pour être sifflé à la plus grande réjouissance du bon sens.

> *Pensée.*
> *Résolution*
> *concertée.* } Il est affilié, dites-vous?
> *arrêtée.*

M'avez-vous dit ce qui constitue l'affiliation ?

Avez-vous établi la ligne de démarcation qui sépare la fréquentation sans plan, sans délit, de la réunion délictueuse, du *carbonarisme*, pour parler la langue des procureurs de la Restauration? Non, n'est-ce pas? Permettez-moi alors de rechercher qu'est-ce que l'affiliation, ce qui la constitue, et si réellement Buette a été « affilié » dans le sens légal.

Vous me contredirez ensuite, si vous en avez le désir ou la puissance.

Le premier devoir d'un affilié, c'est le concert, le renoncement. Or, il nie, il méprise les opinions de Vassel. Le concert, c'est la fusion de plusieurs volontés en une seule pour agir dans un but commun. Or, sans sympathie de volontés, comment s'entendre sur les *moyens* et le *but* de l'exécution?

Fréquentations !

Le mystérieux vieillard Que sa présence pourrait donner de lumières !

(Lacune.)

Il suffira de causer, d'aller chez l'un ou l'autre, d'y parler politique pour se voir frapper dans sa liberté, impliquer dans une société et pris dans un filet dont la logique naturelle ne suffit pas à rompre les mailles. Ah! grand Dieu, quel affreux système d'accusation qui ferait, s'il pouvait, réunir des millions de victimes !

J'oubliais qu'on fait à mon client un grief du manifeste de Vassel trouvé chez lui. Oh! ici, je vais le disculper hautement, facilement, sans réplique. Ce manifeste, puisqu'on veut conserver un nom si pompeux à un fatras si inepte et à cette série de monstruosités, Buette l'a reçu pour y apprendre à juger Vassel. Il le lut et le trouva « bête », c'est son expression. Il le jeta de côté, et si la police ne l'avait saisi, il serait resté à jamais dans la poussière de sa mansarde.

Mais, tenez. Je vais vous donner un signe éclatant du mépris que Buette nourrit pour les (je ne sais comment qualifier cette prose) âneries de Vassel. Je vais vous lire quelques passages d'un écrit où Buette expose ses idées et alors vous apprécierez à la fois : et l'impossibilité que Buette se fasse le commissionnaire du manifeste de Vassel, et la hauteur d'intelligence, la sûreté et la sagesse des vues de mon client. Vous verrez la distance qu'il y a à mettre entre le démagogue vaniteux, fainéant, sans morale et sans style, et l'ouvrier réfléchi, vertueux, éclairé, et comment la même idée peut conduire à des plans différents, selon qu'elle germe et se développe sous la plume d'un agent provocateur, stipendié, ou d'un honnête et scrupuleux citoyen.

Mais à côté de l'ouvrier laborieux, dévoué et méditatif, il y a dans ce jeune homme une autre figure plus pure, plus belle encore, c'est la figure de fils et de frère; je le déclare au tribunal, il n'est pas possible de mieux comprendre la sainteté de la famille, la pureté de ses joies et l'empressement du sacrifice que Buette ; quand je vous aurai lu la lettre qu'il écrit de Mazas à son père, vous serez attendris, et vous nierez énergiquement que ce jeune homme, dont le cœur est si large, si pur, l'âme si filiale, puisse être plus longtemps incriminé dans la compagnie des Bachelet, des Vassel et des...

Dans sa cellule, il écrit, il ne songe que fort peu à ses ennuis

ou à sa captivité ; toute sa pensée s'est reportée sur sa famille,
sur son jeune frère Ernest qu'il élève, sur lequel il fonde les
plus brillantes espérance, qu'il dirige. Voici cette lettre, vous y
verrez à nu ce cœur, plein d'une sensibilité si exquise qu'on
serait surpris de la rencontre dans une organisation éclose
dans le milieu le plus élevé de notre société.

N'est-ce pas le cas de s'écrier comme Cicéron dans le *Pro
Domo*, après avoir démontré sur quelles ignominies reposait
l'accusation : *Hæc cum ita sint in reo, ubi crimen est? ubi
accusator? ubi testis? Quid indignius?*

Ainsi donc voilà tout ce procès ! Un grand cœur entraîné, une
belle nature insultée, des témoins que la huée accueille à la
barre, des preuves nulle part, de la calomnie partout, et nous
pourrions être condamnés? Oh ! non cela n'arrivera pas, dans
un pays où l'on adore comme Dieu un homme que des mouchards ont cloué sur la croix.

(Lecture.)

O magistrats, que pensez-vous de Pilate?

Ah ! n'est-ce pas que la Justice doit toujours ignorer les passions de la foule ou les intérêts du pouvoir, et que le juge pour
être la véritable figure de la loi doit être intègre? N'est-ce pas
l'heure de repenser ces grandes paroles de Bossuet :

« L'intérêt et la passion corrompent les jugements des
hommes. La loi est sans intérêts et sans passions... Elle est sans
tache et sans corruption. Elle parle sans déguisement et sans
flatterie. Elle est droite, on est ravi de voir comme elle est égale
à tout le monde et comme, au milieu de la corruption, elle
conserve son intégrité. » (Bossuet, *Politique*, livre 1, art. 4,
pr. 4ᵉ.)

Soyez les juges de cette loi.

Arrachez donc la Justice au joug de la police et prouvez à ces
malheureux qu'il n'y a dans notre pays que des juges et jamais
des complaisants.

Messieurs,

Un mot encore, et c'est plus pour moi que pour mon client
que je veux l'ajouter, j'ai fait mon possible, mais je sens toutes
mes faiblesses pour faire passer dans vos esprits la conviction
d'innocence qui m'anime. Un doute terrible m'assaille, et je
vous crie : « Sauvez-moi ! Sauvez-moi du remords! » Car si votre
justice allait frapper cet homme dont l'intelligence est si saine,

le cœur si vertueux, la conduite si pure, il ne me resterait qu'à me frapper la poitrine en disant : « Toi seul es coupable! »

COMPTE RENDU

Messieurs,

Je vous demande de vouloir bien vous arrêter quelques instants sur la prévention dirigée contre Buette. Quelques instants suffiront, lorsque je vous aurai fait connaître ce qu'il est. Car, si je me rappelle bien, les griefs principaux dirigés contre mon client se réduisent à ceci. Cet homme est fort intelligent. Je ne crois pas que l'intelligence doive être pour lui un motif de condamnation en police correctionnelle.

Pour vous faire bien pénétrer dans cette moralité si haute, dans cette intelligence, je ne saurais employer de meilleure méthode que de vous faire suivre les diverses impressions qu'il m'a fait éprouver, après quoi il ne me restera qu'à vous exposer les preuves qui les ont confirmées et m'ont donné une conviction décisive que vous partagerez sans doute.

Quand je fus chargé de la défense de Pierre-Louis Buette, inculpé du délit de société secrète, mes craintes furent vives; je craignais d'être tombé sur un de ces ouvriers vaniteux, intelligences creuses, ballonnés de mots sonores. qu'ils n'ont jamais compris, péroreurs de cabaret, politiqueurs de carrefour, toujours en rupture de ban avec le travail. j'avais peur de tomber sur un de ces ouvriers, dont un homme d'esprit a dit que ce sont des *Républicastres*.

Jugez de mon ravissement! Dans une cellule de Mazas, je venais de trouver un vrai diamant que je ne me lassais pas de contempler; je le faisais tourner pour en découvrir toutes les facettes. Ce jeune homme de vingt-quatre ans s'est en effet révélé à moi comme un type d'intelligence, de fierté et de vertu : sa parole était nette et sobre, et par moments il s'y mêlait des aperçus si délicats, des jugements si sains que j'en étais ravi, étonné : je me demandais s'il ne fallait pas l'acquitter, je me demandais s'il fallait garder plus longtemps l'accusé dans cette cellule.

— Vous êtes accusé de société secrète! Où êtes-vous allé? Qu'avez-vous fait?

— Ma meilleure défense, c'est de vous raconter ma vie, car elle a toujours été une vie de travail; je vais vous dire comme j'ai vécu, quelles études j'ai faites et comme je suis arrivé à avoir une certaine instruction... Je ne m'explique nullement le caractère de cette prévention.

Et, alors, il me dit qu'il avait été élevé toute sa vie au sein de la classe ouvrière, qu'il avait beaucoup réfléchi et n'avait pas tardé à s'apercevoir que, dans ce milieu social, il y a des misères, des tristesses, bien des pièges : il avait fait la part, avec une sagacité qui étonne, un bon sens des plus précoces (je vous en donnerai une preuve : quelques lignes seulement que je vous lirai), il avait fait la part de ce qui vient de la société et de ce qui vient de l'individu; de ce qui est juste et de ce qui est injuste ; et à côté du mal qui est réel, avec un esprit de conciliation, de mesure, de sagesse véritables, il donnait le grand remède à appliquer, et il s'en allait disant qu'il n'y a qu'un moyen, le travail qui dissipe les pièges, qui mène à l'étude, et qui, réuni à l'étude, mène à la vertu.

Alors, il s'était mis en dehors de toutes les joies de l'ouvrier, il s'était mis au travail. « C'est le devoir, c'est le devoir, disait-il, qui me mènera à la conquête du Droit. » Il allait le prouvant à chacun, à tous, au sein de sa famille qu'il relevait en même temps qu'il lui donnait largement ce qui lui fallait; à son beau-frère, qu'il avait marié à sa sœur qu'il avait arrachée au tourbillon des plaisirs de Paris ; il prêchait le travail; il le prêchait à ses compagnons d'atelier; il leur disait : « Voilà le seul moyen d'émancipation pour l'ouvrier ». Et quand on lui disait: « Il y a quelqu'un qui pense comme vous », il disait : « Je veux le voir : mon éducation, c'est l'éducation mutuelle ». Et il allait. Voilà pourquoi il est allé chez Bachelet. On lui disait: « Bachelet, c'est un vieillard : il a beaucoup vécu, il est instruit, il est si vieux ! » Et lui, il croyait qu'il était honorable : c'était un vieillard. Je vous dirai ce qu'il va en penser. Il est allé chez Vassel, attiré par la même influence, voulant s'instruire, discuter. Et cette propagande qu'il a entreprise elle est sainte, légitime ! Qui, ici, voudrait s'opposer à sa réalisation ?

Ce qu'il fait, il ne le cache pas. Il l'avoue tout d'abord avec franchise. Il vous a dit: « Oui, je suis allé chez Bachelet et chez Vassel. » Le tribunal se rappelle qu'il a laissé tomber la question lorsqu'on lui a dit : « Avez-vous vu un tel chez Bachelet ? »

Avec cette franchise propre aux natures véritablement jeunes, il vous dit : « Je suis entré dans un salon somptueux, je me suis dit : il paraît que l'avenir se présente plus beau... » (*La citation est inachevée.*)

Voilà cette nature dont on veut faire un conspirateur. Il y a

quelque chose qu'il faut se demander, c'est pourquoi un homme,
par cela seul qu'il possède une idée, est persuadé qu'il n'y a
qu'un moyen de le faire triompher, c'est d'en parler à tous. Alors
un lui dit : « Vous marchez dans un traquenard. — Mais non,
répond-il, je suis vêtu de lumière et non d'ombre. — Mais,
malheureux, si ce s gens sont de ceux qui se réjouissent dans le
malheur d'autrui, qui s'assoient à côté du travailleur, deviennent son ami, se font ses coreligionnaires politiques, dans le
seul but de le tromper et de le perdre ! » Pensez-y, messieurs,
toutes ces souplesses, toutes ces habiletés, toutes ces précautions n'ont qu'un but : tromper, trahir l'innocence, la livrer en
pâture à la police, envoyer cette homme sur la route de Cayenne !
Oh ! qu'il serait bon de rappeler la grande parole du président
Dupaty :

> Si la délation est un trait détestable
> Quand on vous dénonça pour un fait véritable,
> Que sera-t-elle, alors qu'un récit mensonger
> Vingt mois dans un cachot vous aura fait plonger,
> Ou qu'un traître, excitant des Français qu'on opprime
> Se feindra criminel pour les pousser au crime ?
> Bientôt votre complice est votre accusateur;
> L'inventeur du forfait en est le délateur.

Et, ici, comme je n'ai pas l'autorité nécessaire pour dire toutes
ces choses, je placerai une phrase qui donne le vrai sens de ces
poursuites de la police ; elle a été prononcée par un homme qui,
à cette époque, portait la robe d'avocat, mais je peux la mettre
aujourd'hui sous la protection de sa simarre.

Fontaine disait :

« La police, c'est ce qu'il y a de plus odieux dans le monde.
Elle touche à l'humanité par ses côtés hideux. Elle ne croit pas
au bien, elle soupçonne toujours le bien. Ce qu'elle redoute le
plus, c'est l'influence que l'intelligence donne quelquefois. »

Aujourd'hui, il paraît que l'intelligence est devenue litigieuse.
Le ministère public me dit : « Votre client est trop intelligent
pour n'être pas affilié. Cela, c'est évident ! » *Évident*, quel mot !
Cela dispense du reste. *Évident !* Le moyen d'aller là contre ?
Quelle forteresse ! Et le moyen de faire sortir le substitut de
cet adverbe inexpugnable ? *Évident !*

Monsieur le Substitut, rien n'est démontré contre mon client
que son intelligence et sa pensée qu'il a toujours exprimée. Et
s'il a été chez Vassel, ceux qui l'y ont conduit lui ont dit : « Nous

nous intéressons à la cause du peuple ». Ils se sont bien gardés
de lui dire ce qu'ils voulaient faire. Non, ils lui ont dit : « Nous
sommes des amis du peuple, nous voulons être ses avocats,
parce que nous savons que l'ignorance est la mère de tous les
vices. » Buette leur disait : « Songez-y, il ne faut pas être dans
la révolution ; la révolution dans la rue, c'est une chose déplorable. » Il y a une phrase qui est singulière. Il disait : « Il
n'appartient pas aux hommes inte.ligents de faire la Révolution. »
C'est une bizarre idée, chez un ouvrier. C'est-à-dire qu'ils ne
comprenaient pas. Il a le mot juste, lui, il ne disait pas : « la
Révolution », mais « la Réforme ne peut venir des hommes intelligents parce que les masses ne les comprennent pas. Il faut
qu'elle vienne d'en bas ». Il comprenait qu'il y avait une œuvre
préalable à faire, l'éducation de tous. Et comme il y a un très
grand problème qui consiste à dire : « Comment pourra-t-on
faire pour élever chacun ? L'éducation sera-t-elle libre ou obligatoire, gratuite ou salariée ? » — « Il y a un moyen, disait
Buette, c'est de s'instruire mutuellement. » Et voilà tout son
crime ! Quand je pense au manifeste de Vassel, j'y trouve une
réfutation suffisante, non dans ce que j'appellerai son manifeste,
mais dans les idées qu'il avait puisées dans son passé ; je ne
vous lirai pas ces pages : ce serait beaucoup trop long. Mais
vous ne vous figurez pas quelle est, je ne crains pas de le dire,
la hauteur de cette intelligence.

Je disais donc, messieurs, à propos des prétendus faits dont
nous avons à nous disculper, que tous les griefs accumulés si
solennellement par la prévention se réduisent à 35 visites (une
chez Vassel, les autres chez Bachelet), et à la présence entre nos
mains d'un manifeste auquel on ne devrait peut-être pas conserver un nom aussi pompeux. Messieurs, ces mêmes idées, il
faut les apprécier différemment, si vous voulez être justes, selon
qu'elles sont sous la plume d'un de ces hommes qui sont de
braves travailleurs, ou d'un de ces pseudo-démocrates qui sont
peut-être dans la main de ce mystérieux vieillard qui est en fuite.

Car, ce Bachelet, permettez-moi d'en dire un mot, il sera
l'expression d'un regret et d'une attaque, Bachelet est fugitif.
Je le regrette, sa présence pourrait faire une lumière, une lueur
sinistre dans cette affaire ; on y verrait clair du moins. Je suis
allé aux Batignolles. J'ai voulu voir le local où se trouvaient ces
réunions, et je vous déclare que, dans tout Paris, il n'existe
pas un lieu plus convenable pour établir une souricière. Ima-
ginez-vous...

M. LE PRÉSIDENT. — C'est une dénomination qui n'est pas reçue.

M⁰ GAMBETTA. — Monsieur le Président, c'est français.

M. LE PRÉSIDENT. — C'est un mot que la justice ne connaît pas : nous ne savons ce que vous voulez dire.

M⁰ GAMBETTA. — Une souricière, c'est un de ces traquenards obscurs comme les gens qui sont en fuite comme Bachelet ont coutume d'en laisser derrière eux. Du reste, je déclare que cette locution française a été créée, non par moi, mais par les hommes de la police: J'ai voulu savoir ce que c'était que ce Bachelet. Je ne connaissais rien de ce qui constituait ses ressources, son genre de vie, quand la plus simple instruction établit qu'en 1859, il n'avait pas la moindre ressource, il était accablé de dettes et de protêts, et que, rue Saint-Denis, il dépensait, dans ces derniers temps, trois cents francs par mois en dîners. Il payait (*ici une lacune*) par semaine, était mis d'une façon luxueuse ; il entretenait même une petite galanterie qui lui revenait assez cher ; et le jour où il a disparu, il a emporté tous ses bijoux, tout ce qu'il avait d'objets précieux : il n'a laissé qu'une chose, cette correspondance qui se retourne contre nous. Je déclare que ce misérable personnage qui, en 1859, n'a rien, et qui, en 1861 et 1862, est un prodigue à cheveux blancs, méritait bien l'attention de l'instruction, de façon que l'on pût savoir d'où lui venait cet argent et quel usage il en faisait.

Voilà l'homme se présentant sous un caractère très douteux, qui attire Buette chez lui, et je vous demande si à côté de cette intelligence naïve... En vérité, messieurs, je ne sais comment m'exprimer, mais il y a des noms, dans la langue des sciences, pour définir ces animaux malfaisants : on les appelle des stercoraires. Il dit : « Je suis la société secrète. » Voyez-vous cet homme, l'auditeur inconscient ; c'est Buette, qui va, sans s'en douter, se trouver criminel. Mais, lui a-t-on dit : vous allez être affilié. Lui a-t-on entendu parler de société secrète ? Non. A-t-il échauffé l'ardeur des prétendus conjurés ? Non. A-t-il parlé de munitions de guerre ? Non, non ! Je puis dire qu'il n'y a contre lui que son arrestation. Et voilà l'accusation tout entière. Cela ne suffira pas. Ah ! non, cela ne suffira pas, car ce serait vouloir dire que son seul, son véritable crime, c'est d'avoir été arrêté ! Ou bien expliquez-vous comment il se peut faire qu'une visite peut devenir un crime, qu'une poignée de mains et une conversation sortie du cœur doivent se transformer en sape souterraine que le gouvernement pouvait avoir intérêt à édifier ? Moi, je ne le comprends pas. Il ne peut y avoir complot sans qu'il y ait concert, idée arrêtée entre les gens, cette fusion des volontés dans une volonté commune, pour un but suprême. Or, ici il n'y a rien de tout cela. Y avait-il sympathie entre mon client et Bachelet? Mais vous voyez avec quel mépris il repousse ces plans insensés, dont le seul contexte indique d'où ils sortent!

Voilà ce que vous dira mon client, et il vous le dira dans un noble langage. Vous serez étonnés comme moi-même ; et cet étonnement, ce sera le premier cri de la justice.

Mais il faut placer, à côté de cette figure de Buette, la physionomie de tous les autres. Il y a quelque chose qui m'a saisi; c'est de me rendre compte de la nature des occupations de ces hommes parmi lesquels on avait été chercher des conspirateurs. Ce sont tous des cordonniers, des mécaniciens, etc., qui disputent une vie misérable à un travail obstiné. A quoi bon insister? Nous voyons clair dans la cause, cela n'apparaîtra que pour tomber sous le sifflet du bon sens.

(Lacune.)

Mais il y a un autre reproche, dont je veux laver mon client. C'est la présence entre ses mains de ce manifeste de Vassel. A cet égard, il me revient en mémoire un argument du ministère public contre un accusé qui s'appelle... chez lequel on a trouvé un manifeste de Vassel. Seulement, ce manifeste, il l'avait mis en lambeaux. Alors le ministère public de lui dire : « La preuve que vous saviez que ce manifeste, c'est un lien qui vous unissait à la société secrète, c'est que vous avez voulu le détruire. » J'accepte l'argument. Mais mon client, lui, qui l'a conservé ce manifeste, on l'a trouvé chez lui, et si la police ne l'avait pas saisi, il serait resté à jamais dans la poussière de sa mansarde, mon client dit : « Voilà le manifeste, je le méprise. » Si l'argument fait contre... est éclatant, a contrario, on ne peut le nier, il justifie mon client, il ne peut prouver contre tous les deux. Evidemment c'est une méthode de discussion à deux tranchants, comme disait Bacon. En matière juridique, on ne peut être à deux visages. Il faut que vous me disiez : ce manifeste déchiré, voilà ce qui implique la solidarité ; ce manifeste livré, voilà ce qui libère votre client ; mais vous ne pouvez, à tour de rôle, faire tourner le même argument contre deux situations opposées.

Cela dit, je voudrais apprécier comme un papier, neutre en lui-même, peut devenir une preuve contre un homme qui, loin de propager les idées qui y sont contenues, proteste contre ces idées, et cela uniquement parce qu'on a trouvé ce papier dans la possession de cet homme. Vous ne pouvez accuser la protestation de Buette d'être venue à l'audience, ce serait un moyen trop facile de se tirer d'embarras, car ces idées, il les a émises tout d'abord, toujours ; et les rapports de police le savent : on le considère comme un homme plein de modération, de mesure, de dignité personnelle. Et peut-être, il est bon que je vous fasse voir le témoignage le plus éclatant que Buette ne saurait être compromis par cette espèce d'élucubration qu'on aurait trouvée chez lui. Voici ce qu'il veut, une seule chose : une réglementation de l'éducation et du travail. Et vous voyez qu'il y a plus d'un économiste officiel, même parmi les membres de l'Académie des Sciences, qui est plus exagéré. Il est très sobre. Il demande dix heures de travail par jour et qu'on supprime les heures de travail de nuit, et vous verrez dans quel intérêt, pour qu'on puisse cultiver son esprit et son âme !

(Lacune.)

Plus loin, il fait une appréciation où sûrement il prouve que cet ouvrier, ce simple et modeste ouvrier, c'est une espèce de Tacite embryonnaire. Je ne vous lirai pas dans son intégralité cette appréciation sur la Révolution de 1848 ; je ne vous en lirai que quelques lignes, et, tout de suite, je vous déclare qu'il y a un style, des idées qui prouvent l'intelligence la plus élevée.

(Citation. — Lacune.)

Voici un style et des idées, et nous sommes loin de ces moyens purement socialistes. Ceux-là, ils proposaient, à la façon de toutes les décadences, de transformer la France en un immense bazar, de faire des phalanstères avec, sans doute, des fonds que l'on ferait sortir de dessous terre. Car on ne s'explique pas : l'État, voilà tout ! ça ne se raisonne pas. Lui, vous voyez, il sacrifie ses systèmes ; s'il a un idéal, il ne demande qu'à en faire abnégation pourvu que l'éducation arrive à bien. Voilà sa première idée : elle répond au programme de Vassel au point de vue de l'éducation. Et voyez maintenant, comme, dans un autre passage, il devient moraliste, et comme cette lecture prouve que ces idées sauvages sur la famille, prônées par le manifeste de Vassel, répugnent à ce jeune homme.

Voilà ce qu'il dit :

(Citation. — Lacune.)

Philosophe!... En voilà un mot de révolutionnaire ! On croirait que c'est Mably qui parle ; il est presque simple, comme on disait au XVIII° siècle. Si c'est là un manifeste révolutionnaire, je le déclare, il n'y a pas d'honnêtes gens en France qui ne se déclarent révolutionnaires de cette façon.

Maintenant, à côté de cette figure laborieuse, se produit une autre figure plus belle et plus pure encore : c'est le fils, le frère. Et, tenez, il n'y a peut-être pas de sentiment plus ébranlé, et cela par mille et une causes douloureuses, dans les classes populaires, que le sentiment de la 'amille ; et c'est pour cela qu'il est réellement difficile de rêver un édifice stable quelconque avec des assises si instables. Eh bien ! lui, la famille, c'est son Dieu : il en pousse la religion jusqu'à se sacrifier avec bonheur pour son père, son frère ; et si je vous disais quelques passages de la lettre que, de Mazas, il écrivait à son père, oh ! vous diriez : « C'est attendrissant ! » Il est à Mazas, il ne songe pas à ses ennuis, au sort redoutable qui peut sortir, pour lui, des poursuites dont il est l'objet. Non ! il est là comme...

(Lacune.)

Voyez quelle puissance d'illusion il y a dans cette nature contemplative ; il fait des plans d'avenir, il a confiance dans les magistrats ; il croit que toute cette malheureuse histoire sera bientôt terminée, et, aussitôt cette histoire terminée...

(Citation. — Lacune.)

...Ernest, c'est son jeune frère, et, je le déclare, il n'y a rien d'inutile dans les confidences d'une aussi riche et d'une aussi simple nature. Son frère, il l'a toujours présent à la mémoire, et déclare que c'est une intelligence d'élite ; il le fait instruire, il ne veut pas qu'il apprenne son malheur ; il dit :

« Non, il est important que ce pauvre enfant... »

(Lacune.)

Voilà tout ce qui rappelle qu'il est en prison. Et puis la voix du maître, dans cette famille, reparaît :

« Recommandez-lui surtout les mathématiques... »

(Lacune.)

Et puis, souvent, des détails très complets et qui prouvent qu'évidemment ce jeune homme a dû s'instruire tout seul, et que le jour que les autres mettent à profit pour se livrer au plaisir, lui le met à profit pour s'instruire.

(*Lacune.*)

Voilà le plan d'organisation sociale qu'il fait. Il revient, par la raison autant que par le cœur, à la véritable molécule sociale, au foyer domestique ; et vous voulez que cet homme ait jamais pu approuver le manifeste de Yassel !

Mais il aurait regardé cela comme une mauvaise action. Ce n'est pas vous qui auriez fait naître un remords chez lui par la prévention. Sa conscience l'aurait blâmé plus énergiquement ; elle lui aurait dit : « Tu sors du vrai sentier qui convient à la vertu, tu trahis la famille. » Et je suis presque tenté de dire, pour mon client, ce que Cicéron disait, après qu'il eut plaidé pour lui-même, dans le *Pro Domo*. Lorsqu'on voit de telles choses dans l'accusation, que peut devenir l'accusé ?

Quoi ! il se trouverait qu'en France on pourrait être constitué à son insu un homme coupable quand on a le respect des lois et des principes ; il suffirait du caprice d'un de ces agents obscurs de la Préfecture qui vivent comme ces insectes abjects, les pattes de devant dans l'impureté, les pattes de derrière dans le crime, pour être livré à la police, et lancé dans ces routes d'où l'on revient si rarement ! Cela n'est pas possible ! Une belle nature que l'on afflige, une grande intelligence enlevée à son éducation, un procès où je ne vois rien que calomnie partout, protection nulle part, et nous serions condamné ! et cela arriverait dans un pays où les juges siègent sous l'image d'un Dieu que des mouchards ont cloué sur la creix ! Cela n'est pas possible, cela n'arrivera pas !

Oh ! oui, cela s'est un jour passé ainsi. Le procès est vieux, on dirait qu'il est écrit d'hier. Et ici, le tribunal me le permettra, je voudrais lire de grandes et magistrales paroles. Elles sont d'un saint. C'est saint Jean qui parle ! Et voici ce qu'il a dit lorsqu'on a voulu prendre le juste et le livrer...

(*Citation. — Lacune.*)

C'est la parole presque littérale, permettez-moi ce rapprochement puéril, c'est la parole que Bachelet adresse à cet homme. Pouvez-vous faire des...

Et le Christ avait répondu...

Car c'est la traduction de ces paroles naïves qui vous ont fait sourire.

Mais Pilate a vu cet homme, et il a dit : « Cet homme que vous me déférez comme coupable... »

(*Citation. — Lacune.*)

Qu'importe ! On insiste, on lui dit que cet homme a prêché la rébellion ; il a dit qu'il fallait détruire.

L'homme juste se tait ; il croit que sa conduite passée doit protester.

A cette époque-là, il y a un mot qui force la main aux présidents et aux juges. Ce mot, il est rapporté par saint Jean :

(*Citation. — Lacune.*)

Et alors on emmena cet homme au supplice.

Oh ! magistrats, n'est-ce pas que la justice, pour rester la justice, doit demeurer étrangère aux passions de la foule, de la foule qui a des passions mauvaises, étrangère aux intérêts du pouvoir, car il a des intérêts mal compris ; et, pour être la figure de la loi, n'est-ce pas qu'il faut qu'elle reste calme, indépendante, intègre ?

Bossuet a dit cela. Ce sont les paroles qui vont terminer ce que j'ai à dire qu'il vous faut peser, messieurs, avant de prononcer votre arrêt. Bossuet disait :

« L'intérêt et la passion corrompent les jugements des hommes. La loi est sans intérêt et sans passions... Elle est sans tache et sans corruption. Elle parle sans déguisement et sans flatterie. Elle est droite ; on est ravi de voir comme elle est égale à tout le monde, et comme, au milieu de la corruption, elle conserve son intégrité. »

Je laisse cette grande parole de Bossuet aux méditations des magistrats. Moi, je n'ose pas. Mais il faut bien que je vous supplie d'être les magistrats de la loi ; d'arracher la justice au joug de cette police, et de faire que ces malheureux rentrent chez eux convaincus qu'en France les juges rendent toujours la justice et ne sont jamais des complaisants.

J'ai fini. Un mot encore. J'ai fait mon possible, je le sais ; ma tâche cependant est incomplète et je sens toutes les faiblesses de ce plaidoyer. Ai-je réussi à faire passer dans vos esprits la conviction d'innocence qui m'anime ? Que je le voudrais ! Pourtant, un doute m'assaille, un doute terrible, et je vous crie : « Sauvez-moi du remords ! Car si votre justice atteint, frappe cet homme d'une intelligence si saine, d'un cœur si vertueux, d'une conduite si pure, il ne me resterait qu'à me frapper la poitrine en disant : « Toi, toi seul es coupable ».

Une critique de ce plaidoyer serait trop facile. Le charme en est aussi manifeste que les défauts. Le début surtout du discours est fait pour frapper ; la phrase : « Je venais de trouver un diamant que je ne me lassai point de contempler », eut, en son temps, un vif succès. Il y aurait, de cette première rencontre d'un jeune bourgeois lettré avec un véritable ouvrier, toute une philosophie à dégager. Que de malentendus, souvent sanglants, seraient évités si tous les fils de bourgeois savaient aller aux ouvriers, simplement et loyalement, ne laissant parler que leur cœur, comme Gambetta à Buette ! On aura remarqué encore, dans la première partie du discours, dans le parallèle entre le bon ouvrier et le vulgaire démagogue, une rare maturité de pensée. C'est déjà le Gambetta du discours du Havre, le *vrai* socialiste, si injustement attaqué par Louis Blanc, pour avoir dit cette profonde parole qu'il n'y a pas une question sociale, mais des questions sociales. Gambetta, en 1862, élevé par une mère et par une tante d'esprit religieux, est encore tout imbu de pieuses lectures. La comparaison entre le divin fils du charpentier de Nazareth, « cloué sur la croix par des mouchards », et l'ajusteur mécanicien Louis Buette, poursuivi par la police impériale, a dû étonner les juges de la 6° chambre. Que d'éternelle vérité, hélas ! dans l'exclamation : « O magistrats, que pensez-vous de Pilate ? »

Faut-il ajouter que Gambetta, comme ses aînés du barreau, perdit son procès ? Buette fut condamné à trois mois d'emprisonnement.

Gambetta resta l'ami de Buette. Ce mécanicien était l'homme intelligent que le jeune stagiaire avait deviné. Actif, infatigable à la tâche, plein d'initiative, d'esprit ingénieux et hardi, il devint, par la suite, entrepreneur de travaux publics et acquit une belle aisance. Avec le temps et la gloire croissante de son avocat, il s'était, assez naturellement, persuadé que c'était lui, Buette, qui avait

ouvert à Gambetta le chemin de la fortune. Il n'apprécia
peut-être pas, à sa valeur, le plaidoyer pour Delescluze.
Son enthousiasme gênait parfois son illustre ami. Le 7 septembre 1881, au sortir d'un banquet que les ouvriers du
port de Honfleur avaient offert à Gambetta, Buétte, qui y
avait une entreprise, voulut, avec quelques camarades, dé-
teler et traîner sa voiture. Gambetta s'y opposa énergiquement, criant de sa plus grosse voix : « Les chevaux sont
faits pour traîner et non les hommes ! » Se rasseyant, il me
dit : « Les voilà, les causes finales. » Buette, quelques
années plus tard, se ruina. Encore dans la force de l'âge,
il partit pour l'Amérique du Sud et s'y remit à l'œuvre.
Et je ne sais comment il fut mêlé à une insurrection contre
la République brésilienne. Fait prisonnier par l'amiral
Peixoto, il offrit de couper les fils des torpilles qui mena-
çaient la flotte en rade de Rio, en échange de quoi il aurait
la vie sauve. Les propositions de Buette furent acceptées.
Il coupa les fils des torpilles. Sur quoi, malgré la parole
donnée, on le fusilla. Il faillit s'ensuivre un assez grave
incident diplomatique. Le gouvernement brésilien finit par
payer une indemnité de trois cent mille francs à sa famille.
Si l'histoire retient le plaidoyer que j'ai retiré des papiers
de Gambetta, la réparation, due à ce brave homme, sera
moins incomplète.

LES LECTURES

DE

GAMBETTA[1]

---

1. *Grande Revue* du 1er juillet 1910.

Gambetta lisait beaucoup, vite et bien. Comme sa curiosité était générale, il dévorait, avec une même avidité, les livres d'histoire et les romans, les vers et les traités de philosophie, les revues et les journaux. Au temps, déjà lointain, où j'étais son chef de cabinet à la présidence du conseil, je lui apportais tous les matins, comme c'était mon métier, un résumé de la presse. Aucun travail plus inutile. Il avait déjà tout lu. Il aimait à lire à haute voix, et c'était un régal que de l'entendre déclamer, d'une voix chaude et grasse, Rabelais, qui était son auteur favori, ou de sa voix la plus limpide, qu'il étouffait, *la Princesse de Clèves*, qui était son roman de prédilection. Il avait une mémoire admirable et, de son énorme lecture, il retenait presque tout. Il savait, par cœur, de grandes tirades de Racine, des pièces entières des *Châtiments*. On l'entendit réciter, d'un bout à l'autre, l'extraordinaire poème de *la Légende des siècles* : « Le Satyre. »

Pendant longtemps, il avait, en lisant, pris des notes. Plus tard, absorbé par la vie, il avait dû renoncer à cette habitude excellente qui décuple le profit de la lecture. Mais il avait gardé un grand nombre de ses notes dans un portefeuille. C'était les pensées qui l'avaient le plus vivement frappé, des renseignements précis pour telle étude qu'il préparait, des analyses détaillées de telle question importante d'histoire, de philosophie ou de politique.

Napoléon, dans sa laborieuse jeunesse, avait eu la même méthode de travail. La bibliothèque *Laurentiane* possède quatre volumes manuscrits du jeune Bonaparte, élève à Brienne, puis sous-lieutenant d'artillerie. Ces recueils, qui proviennent du fonds Libri, furent achetés, à la vente Ashburnham, par le gouvernement italien [1]. On y trouve de longs résumés d'histoire, d'histoire naturelle et de géographie. Le tableau des possessions coloniales de l'Angleterre se termine par la mention devenue tragique : « Sainte-Hélène, petite île. » En parcourant, à Florence, il y a quelques mois, ces manuscrits de Napoléon, je me reportais, involontairement, aux notes de Gambetta.

Je publie quelques-unes de celles-ci. Les jeunes gens y apprendront une fructueuse méthode de travail. Les curieux de psychologie ne dédaigneront pas de savoir à quelles observations et à quels sujets s'intéressait ce puissant esprit.

I

NOTES SUR L'ÉLOQUENCE

D'une lecture du *De Oratore* de Cicéron, Gambetta retient cette remarque :

Le développement est aussi fécond que l'amplification est stérile ; il ne multiplie pas seulement les mots ; il ouvre une idée et lui fait produire tout ce qu'elle contient en elle, *et qui ne paraissait pas d'abord.* Seulement cette abondance n'apporterait que confusion si elle n'était pas ordonnée ; il faut que les détails se distribuent en groupes distincts, dont chacun ait comme un centre vers lequel l'esprit soit ramené par la marche même de la phrase. Voilà ce que fait la période.

Et celle-ci :

Il n'y a pas de pleine éloquence sans philosophie.

Il consigne, d'après Cicéron, que Zénon comparait « l'éloquence à la main ouverte, la dialectique au poing

---

1. La plupart de ces papiers ont été publiés par Frédéric Masson et Guido Biagi dans leur volume sur Napoléon intime (2 vol. in-8, Paris, 1895, chez Paul Ollendorff).

fermé », et qu'Isocrate avait coutume de répéter : « Je sais tous les chemins par où je dois passer. »

Je transcris cette ligne ingénieuse :

Sur les exordes :
« A quoi sert que le pont soit beaucoup plus large que la rivière ? »

(Shakespeare, *Much ado about nothing.*)

De Villemain, *Essai sur l'Oraison funèbre* :

Notre éloquence française ne s'est pas formée non plus sans un maître de l'art du discours. Balzac a été à Pascal et à Bossuet ce que Socrate a été à Démosthène...

Un homme qui cause supérieurement en parlant tout seul est aujourd'hui un grand orateur.

Il copie, d'après Villemain, tout ce passage d'Hypéride, mais non sans avoir noté que l'*Oraison funèbre de Léosthène et des soldats tués dans la guerre Lamiaque* « a été publiée à Cambridge, par M. Babington, et traduite en français par M. Dehèque » :

Jamais hommes dans les temps passés n'ont combattu pour une cause plus noble ni contre des adversaires plus puissants, ni avec des ressources plus faibles ; ils pensaient que c'est la vertu qui est la force, que c'est le courage qui fait une grande armée plutôt que le nombre des soldats. Ainsi ils nous ont fait présent à tous de la Liberté; et ils ont consacré leur gloire à la Patrie comme une couronne immortelle. Mais il convient de nous demander ce qui serait arrivé s'ils n'avaient pas réussi.

N'est-ce pas que le monde entier appartiendrait à un maître unique, que son caprice serait une loi à laquelle la Grèce devrait forcément obéir, qu'enfin l'insolence macédonienne prévaudrait partout sur la Justice impuissante, de sorte que ni les femmes, ni les filles, ni les jeunes garçons n'échapperaient nulle part aux outrages ?...

Plus donc étaient terribles les maux auxquels nous devions nous attendre, plus nous devons rendre d'honneurs à ceux qui sont morts ; car jamais guerre n'a mis plus en lumière la valeur des hommes que celle qui vient d'avoir lieu, où il fallait tous

les jours se mettre en bataille ; où on a livré plus de combats,
dans l'espace d'une campagne, que tous les combattants des
temps passés n'ont jamais reçu de blessures ; où on a supporté
si courageusement tant d'intempéries, tant de privations
extrêmes que la parole aurait peine à les exprimer. Celui donc
qui a déterminé ses concitoyens à soutenir, sans fléchir, de
telles épreuves (et c'est Léosthène), ceux qui se sont montrés les
dignes compagnons d'un tel général, ne sont-ils pas heureux
d'avoir déployé tant de vertu, plutôt que malheureux d'avoir
laissé échapper la vie, puisque, en sacrifiant un corps mortel,
ils ont acquis une gloire immortelle, et que par leur valeur ils
ont assuré la liberté de tous les Grecs? Oui, le brave fait le
bonheur universel avec le sien propre. Le bonheur, en effet,
c'est de n'obéir pas à la menace d'un homme, mais à la voix
seule de la Loi ; c'est que des hommes libres n'aient pas à
craindre d'être accusés, mais seulement d'être convaincus ;
c'est que la sûreté de chacun ne dépende pas de ceux qui flattent les maîtres et qui calomnient leurs concitoyens, mais
qu'elle soit placée sous la protection des lois. Voilà en vue de
quels avantages ceux dont nous parlons acceptèrent épreuves
sur épreuves, et, par leur péril d'un jour, affranchissant à
jamais des craintes de l'avenir leur patrie et la Grèce, ont donné
leur vie pour que nous vivions avec honneur.

II

HISTOIRE ET POLITIQUE

Le vieil helléniste Hase avait beaucoup de goût pour
Gambetta[1]. Il discourait avec lui sur les grands écrivains
de la Grèce antique ; il l'initia à Démosthène. On peut
supposer que le feuillet suivant résume quelque leçon de
Hase, ou quelque lecture faite sur ses indications :

Les prédécesseurs d'Hérodote :
Sanchoniathon de Béryte, contemporain d'Abraham, deux ou
trois siècles avant Homère, passe pour avoir écrit en phénicien

---

1. Comme Gambetta lui demandait un jour de présenter ses hommages
à Madame Hase : « Il n'y a pas de Madame Hase, lui réplique l'helléniste,
je vis avec une concubine. »

une histoire des premiers hommes. Des fragments de son livre, traduits en grec par Philon de Biblos, ont été cités par Eusèbe et Porphyre.

Un siècle avant Hérodote, un Milésien du nom de Cadmus écrivait l'histoire de sa patrie. Eugeon, Decochus, Eudemus, Démoclès.

Peu après, Arcésilaüs, Phérécyde, Hentée de Milet, Xanthus de Lydie, Hellanicus de Lesbos, quelques autres, composèrent des livres d'histoire, tous aujourd'hui perdus, sauf un très petit nombre d'extraits.

Nous n'avons plus rien, ni du Syracusain Callias, ni de Charon de Lampsaque, de Damastès, etc.

Né en 484 avant Jésus-Christ, Hérodote, dans ses écrits, remonte à plus de trois mille ans avant cette ère. Il y insère même des articles dont l'antiquité serait quatre ou cinq fois plus grande, à s'en tenir à la chronologie qu'il emprunte aux Égyptiens.

La suite du résumé énumère les successeurs d'Hérodote, historiens et « compilateurs historiques », Castor de Rhodes, Nicolas de Damas « dont Photius nous donne des extraits recueillis par Constantin Porphyrogénète », etc. « Les *Erastothenica* ont été publiés à Berlin, par Bernhardy, 1822, in-8°. » Finalement, cette remarque : « S'il n'y avait que des traditions, il n'y aurait pas d'histoire. »

Quatre pages d'une écriture serrée sur l'histoire grecque et sur l'histoire romaine. Définition des Thermopyles : « Passage des monts Callidromes par où, selon l'expression de Napoléon, Léonidas *s'était laissé souricer.* » L'épisode des Gracques semble avoir particulièrement intéressé Gambetta. Il note « le travail de transformation des mœurs et de la politique qui s'est opéré à Rome vers le milieu du v⁰ siècle ». Deux grands partis : « les conservateurs avec Caton ; les novateurs avec les Gracques ». Étymologie du nom de Caton : « De Catus, Sabin, de Tusculanum, Monte-Pozzio, près Frascati. » « Caton, c'est le paysan du Danube sur les bords du Tibre... A quelqu'un qui s'étonnait qu'on ne lui eût pas élevé de statues, Caton répondait : « J'aime mieux qu'on s'étonne de cela que du contraire. » Gambetta suit pas à pas le récit d'Ampère :

La lutte dans laquelle périrent les Gracques pouvait sauver la République, s'ils avaient triomphé, et la perdit, puisqu'ils succombèrent.

Disons d'abord à ceux qui confondent les lois agraires des Gracques avec le partage de la propriété que toute loi concernant l'*ager publicus*, ces taxes de l'État, s'appelait à Rome loi agraire, *lex agraria*.

Tibérius empêchait le paupérisme d'envahir la société romaine et d'y amener le désordre, puis le despotisme ; et, en soulageant le peuple dans le présent des mesures injustes, il conjurait dans l'avenir des dangers autrement redoutables. Jamais politique ne fut plus honnête et plus prévoyante que celle-là. Il y allait tout simplement du salut de Rome.

Ce résumé de l'histoire de Caïus paraîtra saisissant :

Caïus.
Voit en songe son frère qui lui dit :
« Hésite tant que tu voudras, il faudra que tu meures comme moi. »
Il propose une mesure hardie : « Accorder le droit de cité à tous les alliés. »
C'est la deuxième partie de l'œuvre des Gracques.
Par la loi agraire, crée une démocratie plus libre ;
Par le droit de cité, crée une Italie.
A Rome, il y eut toujours une alliance entre la pensée démocratique et la pensée italienne. Elle existe encore.

Fit Romana potens Itala virtute propago

(Virgile.)

On lui oppose Livius Drusus.

Autre résumé d'histoire sur Pitt et la politique anglaise, d'après Charles de Rémusat. Indication des sources : « *Essays on the administration of Great Britain from 1783 to 1830, by sir Georges C. Lewis, 1864; Revue des Deux Mondes,* 1er décembre 1854, 1er janvier 1856, 15 mai et 1er juin 1864. » Je transcris ces notes :

L'aspect de Pitt dans les dernières années de sa vie était effrayant :

« C'est son visage d'Austerlitz », disait Wilberforce.

La Révolution n'avait pas créé l'unité de l'Europe contre la France ; c'est le fruit le plus amer de la politique impériale.

Les flammes de Moscou et de Saragosse ont été l'aurore de la liberté du monde. (*Benjamin Constant.*)

Il est manifeste que Gambetta ne copiait, le plus souvent, que les pensées qui répondaient à la sienne, celles qu'il trouvait judicieuses et vraies.

D'un article de Prévost-Paradol sur l'*Histoire de la diplomatie vénitienne* par Armand Baschet, Gambetta copie cette page :

L'enthousiasme qu'excita la Saint-Barthélémy chez un grand nombre de contemporains est presque aussi horrible que le fait lui-même ; les médailles frappées à cette occasion, les discours en prose et en vers écrits en l'honneur des meurtriers, subsistent encore, comme pour attester qu'il ne peut se commettre sur la terre aucune action si noire qu'elle ne trouve des apologistes, et qu'on ne peut rien tenter contre les hommes qui ne puisse être excusé et même applaudi par d'autres hommes.

Que dire cependant des écrivains qui s'appliquent encore aujourd'hui à pallier ce grand crime ou à le travestir ? Il va sans dire qu'aux yeux de ces clairvoyants historiens, ce sont ceux qu'on a tués qui ont tort ; ils conspiraient, cela est sûr, on en a eu la preuve ; et c'était sans doute pour mieux réussir qu'ils étaient tous venus à Paris en habit de fête ; assez choisis et assez nombreux pour qu'on pût tous les égorger d'un seul coup ; assez dispersés cependant dans cette ville immense et assez peu sur leurs gardes pour être à la merci de la soldatesque et de la multitude. Ce n'est pas d'ailleurs une grande nouveauté que de présenter la Saint-Barthélémy comme une conspiration de Coligny et des protestants, déjouée en temps opportun par la pieuse énergie de Charles IX et de sa mère. Cette théorie de la Saint-Barthélémy est, au contraire, la plus ancienne de toutes, la première, celle du lendemain même. Et il n'est pas un acte du même genre, dans l'histoire du monde, qui, le jour ou le lendemain de son exécution, n'ait été expliqué de la même manière. Oui, Coligny conspirait contre Charles IX, comme Agrippine conspirait contre Néron, comme les victimes du 2 septembre 1792 conspiraient la dévastation de la capitale. Ces explications sont bonnes à donner le jour du crime et même huit jours après, elles ont alors leur sens, leur but, leur raison d'être, mais il faut un rare sang-froid pour les offrir comme une heureuse découverte à la postérité.

Incidemment, sur le même feuillet, cette pensée qui n'a rien de politique :

L'évêque de Belley, Camus, di , dans un de ses romans pieux, que « la Tentation, au commencement, est une fourmi qui démange, et qu'à la fin, elle est un lion qui dévore. C'est là l'histoire de nos passions ».

Il copie ailleurs des vers de La Fontaine, la fin du conte *Le Cadenas*.

Sur le retour de l'île d'Elbe :

Pozzo di Borgo, au congrès de Vienne, avait appelé l'attention « sur le péril de garder Bonaparte à l'île d'Elbe ; il faut au plus tôt le porter le plus loin possible ». Napoléon prévint le coup ; il débarqua à Fréjus. « Ramon disait que la chose qu'il concevait le moins pour une génération d'êtres intelligents, ce serait la récidive d'une pareille soumission et la rechute sous un pareil régime (l'Empire) ». Au-dessous de cette citation, Gambetta note « la philippique de Benjamin dans le *Journal des Débats* du 19 mars 1815 ». Puis, ces deux phrases de Napoléon qui expliquent l'extraordinaire phénomène :

Ils m'ont laissé venir comme ils les ont laissé aller. (Les Bourbons.)

Il n'y a pas eu de conspiration pour moi ; je n'avais pas de correspondances, pas de comités affidés en France. J'ai lu *le Moniteur*, le discours de M. Ferrand sur la ligne droite et sur la ligne courbe, les journaux, les pamphlets, et je suis venu, *les mains dans mes poches*. J'avais vu qu'on rétablissait les gardes-corps, les gardes de la Porte, les Cent-Suisses, et qu'on parlait incessamment du retour de la dîme et de la restitution des droits du clergé. Je me suis dit que je convenais mieux à la

France que tout cela ; et je suis parti. (Paroles de Bonaparte à
son retour de l'île d'Elbe, d'où il était parti *le 26 février*.)

Autres *selectæ* :
De Mirabeau :

Le difficile est de ne promulguer que *des lois nécessaires*, de
rester à jamais fidèle à ce principe *vraiment constitutionnel* de
la société, de se mettre en garde contre la *fureur* de gouverner,
la plus funeste maladie des gouvernements modernes.

Du même, avec deux lignes de commentaire :

Mirabeau est tellement convaincu que la Révolution est irré-
vocable qu'il écrit, dès 1790, ces paroles qui semblent une histoire prophétique de la Restauration de 1814-1815 :
« Je regarde tous les effets de la Révolution, et tout ce qu'il
faut conserver de la Constitution comme des conquêtes tellement irrévocables, qu'aucun bouleversement, à moins que
l'Empire ne fût démembré, ne pourrait les détruire. — Je *n'en
excepte* pas même une *contre-révolution armée*. Le Royaume
serait reconquis qu'il faudrait encore que *le vainqueur com-
posât* avec l'opinion publique, qu'il s'assurât de la bienveillance
du peuple ; qu'il consolidât la destruction des ordres, qu'il
admît le peuple à la confection de la loi, qu'il lui laissât choisir
ses administrateurs, c'est-à-dire que, même *après une guerre
civile*, il faudrait encore en revenir au plan qu'il est possible
d'exécuter sans secousse. »

Encore de Mirabeau :

Les Tuileries et le Luxembourg se vainquent tour à tour en
poltronnerie, en insouciance, et en versatilité. Jamais enfin *des
animalcules plus imperceptibles* n'essayèrent de jouer *un plus
grand drame* sur un plus vaste théâtre ; ce sont des *cirons* qui
imitent *les combats des géants*. (*20 janvier* 1790.)
Je ne suis pas du tout propre ni à être une doublure, ni à
servir qui ne se fie pas. Mettez bien cela dans ces têtes prin-
cières et *sous-princières*...
L'assemblée constituante était venue pour *capituler* et non
pour vaincre, elle ne soupçonnait même pas sa destinée...
Vour ne ferez jamais la constitution française, ou vous aurez
trouvé un moyen de rendre quelque force au pouvoir exécutif...

Mirabeau est l'une des figures de l'histoire que Gambetta admire le plus; elle exerce sur lui une véritable fascination. Il se nourrit de son éloquence, mais aussi, et surtout, de sa politique. Il y a longtemps qu'on a signalé la ressemblance entre le grand homme de la première Révolution et le grand homme de la troisième République. Même tempérament oratoire; même conception générale du gouvernement, à la fois fort et libre; même goût pour la diplomatie; mêmes vues sur ce que doit être le rôle de l'homme d'État dans la démocratie.

De Napoléon :

Punir de la déportation, sans jugement, des députés, des journalistes, c'était renouveler la proscription des triumvirs de Rome; c'était se montrer plus arbitraire que le tribunal de Fouquier-Tinville, puisqu'au moins il entendait les accusés et ne les condamnait *qu'à mort*.

C'est Gambetta qui, pour toute critique, mais elle suffit, souligne les trois derniers mots.

Sans indication de source :

Le problème n'est plus d'imaginer une constitution nouvelle, c'est de tirer des gouvernements, tels qu'ils existent, toutes les libertés qu'un gouvernement PEUT et DOIT donner :

1° C'est de faire la *Part de l'État* et la *Part de l'Individu ;*

2° De respecter et au besoin fortifier les *justes* prérogatives du pouvoir ;

Mais,

3 D'exiger en retour que l'administration reste sur son terrain et n'empiète pas sur le domaine du citoyen.

Les mots soulignés l'ont été par Gambetta; la disposition typographique est de lui.

Il fixe, en copiant cette page de Dupin, une idée dont il fera l'un des principes de sa politique en matière de presse :

Dommages-Intérêts.

Ces dommages-intérêts eux-mêmes, quoiqu'ils ne soient qu'accessoires, seront le plus souvent un mode puissant de répression. — *Il faut que nos mœurs sur ce point imitent celles des Anglais.*

Il faut qu'on sache en demander, il faut aussi que les tribunaux sachent en accorder, car souvent, par un manque de sévérité, les tribunaux encouragent le mal et se rendent, en quelque sorte, responsables de l'emportement avec lequel on demande aux armes une satisfaction qu'on craint de ne pas obtenir d'eux, quand il s'agit de calomnie ou d'injure.

En Angleterre, on n'hésite pas, la loi est mieux entendue, l. vie privée est murée, et les dommages-intérêts accordés contre les libellistes sont considérables.

Rapprochez de cette citation le passage suivant du pl. doyer que Gambetta prononça, le 8 janvier 1879, pour Challemel-Lacour, accusé, par je ne sais plus quel journal immonde, d'avoir triché au jeu :

Que vous reste-t-il à faire, messieurs ? A prononcer une condamnation comme on en prononce en cette matière? Devez-vous accorder de ces dommages-intérêts que j'appelle, permettez-moi le mot, insuffisants, pour ne rien dire de plus, car si je voulais dire le mot, qui est au fond de ma pensée, je dirais des dommages-intérêts dérisoires? Non, messieurs, ce n'est pas là ce que vous avez à faire. Ou il faut dire qu'il n'y a pas de répression, ou il faut frapper d'une façon véritablement virile et efficace. Frappez comme frappent les magistrats anglais. Messieurs, si ce pays est entré véritablement en possession, non seulement de la théorie, mais de la pratique de la liberté de la presse ; si cette liberté est défendue avec une égale passion par les hommes qui sont au pouvoir et par l'opposition, par les ministres et par les journalistes, par ceux qui se plaignent du gouvernement et par ceux qui le défendent, c'est que le domaine de la vie privée, c'est que l'honneur des particuliers a rencontré, non pas dans des peines d'incarcération, non pas dans des peines purement physiques et corporelles, mais par la répression pécuniaire, de sérieuses garanties et une véritable sanction. Messieurs, quand on fait ce métier-là, comme ce n'est pas pour l'honneur, c'est pour l'argent. Si vous voulez frapper

à l'endroit sensible, mettez à la raison ceux qui s'associent et
se cotisent pour calomnier, à beaux deniers comptants, la réputation des honnêtes gens. Si vous voulez que les mœurs ne
dégénèrent pas, que la liberté de la presse ne soit pas flétrie,
que, sans distinction de couleur, les luttes, les discussions et
les controverses soient nobles et fécondes, quand vous aurez
devant vous ces hommes, ce n'est pas à Sainte-Pélagie qu'il
faut les envoyer, c'est à la bourse qu'il faut les frapper, car
c'est là où'ils sont sensibles.

Ces paroles datent de vingt ans, celles de Dupin d'un
demi-siècle, et, comme les magistrats ne se sont pas encore
décidés à frapper les diffamateurs à la bourse, comme les
diffamés redoutent les ennuis de longs et pénibles procès,
le mal n'a fait qu'empirer. Cependant, le remède n'est
que là.

D'Isocrate :

Il n'y a pas moyen de bien gouverner quoi que ce soit, chevaux, chiens, gens ou toute autre chose, *si l'on n'aime ce dont
on est chargé de prendre soin.*

Gambetta dira plus tard de la démocratie qu'il ne suffit
pas de l'accepter comme le gouvernement nécessaire, mais
qu'il faut l'aimer, « l'avoir là », et il se frappait la poitrine
à la place du cœur.

De Nisard :

Il y a eu un homme éminent, M. de Tocqueville, qui a fatigué
sa pensée et désolé la fin de sa vie par une sorte de contradiction douloureuse entre sa clairvoyance qui lui montrait l'inévitable avènement de la démocratie, et son goût personnel pour
une forme de société gouvernée par une aristocratie libérale.

De Stuart Mill, cette pensée :

La seule liberté qui mérite ce nom est celle de chercher notre
propre bien à notre propre façon, aussi longtemps que nous
n'essayons pas de priver les autres du leur, ou d'entraver leurs
efforts pour l'obtenir.

Sur la question du duel, il transcrit, directement ou d'après
un citateur, cette observation du jurisconsulte huguenot
Jean Barbeyrac, dans sa traduction annotée du fameux
traité de Puffendorf, *Des devoirs de l'homme et du citoyen* :

Il n'est pas nécessaire, à mon avis, que les lois défendent
expressément les duels pour qu'on puisse les regarder comme
des combats illicites, où celui qui tue son homme est toujours
un véritable homicide : cela suit de la constitution même des
sociétés civiles.

Et cette phrase de Pascal :

*Les édits du roi, si sévères sur ce sujet, n'ont pas fait que
le duel fût un crime ; ils n'ont fait que punir le crime qui est
inséparable du duel...*

Il copie l'article 15 de l'édit de 1651 sur le duel :

D'autant qu'il se trouve des gens *de naissance ignoble* et qui
n'ont jamais porté les armes, qui sont assez INSOLENTS pour
appeler des gentilshommes, lesquels refusant de leur faire
raison à cause de la différence des conditions, ces mêmes personnes suscitent et opposent contre ceux qu'ils ont appelés
d'autres gentilshommes, d'où s'ensuivent quelquefois des meur-
tres d'autant plus détestables qu'ils proviennent d'une cause
abjecte ; nous voulons et ordonnons qu'en cas d'appels ou de
combats, principalement s'ils sont suivis de quelques blessures
ou de morts, *ces dits ignobles* ou roturiers, qui seront dument
astreints et convaincus d'avoir causé et promu de semblables
désordres, soient sans rémission *pendus* et ÉTRANGLÉS.

En commentaire : « O démocratie ! »
Sur la magistrature, sans indication de source :

L'inamovibilité est un mot vide de sens, dans un système où
les tribunaux sont organisés comme des régiments et où il
existe un avancement graduel, qu'on ne peut obtenir qu'en se
pliant humblement à tous les caprices ministériels.
Arriver au siège de juge, ce devrait être le terme d'une carrière ; ce n'en est que le commencement.
« Le prince ne doit pas juger », dit Montesquieu.

Autre note sur la même question :

Mai 1790. Chabroud disait (à l'Assemblée nationale) que la
perpétuité des juges était contraire au principe *démocratique*,
qui veut que tous *les individus* chargés de fonctions publiques
rentrent *au bout d'un certain temps dans la société.*

Conserver des juges à vie, c'était vouloir pour toujours des
lois obscures, compliquées, et intelligibles seulement pour
quelques-uns, et des jugements rendus en style et par des
hommes qui, une fois élus par le peuple, seraient indépendants
de lui comme s'ils étaient nés pour le juger.

Avec des tribunaux, quelques hommes jugent sans cesse
leurs semblables *et l'injustice est impunie.*

Avec des jurés, chaque citoyen est tour à tour *juge* et *jus-
ticiable,* et l'injustice est plus rare.

Dans toute discussion de justice qui intéresse la propriété, la
manière même de procéder par jurés est la meilleure sauvegarde
des droits du peuple. (Art. de la Const. américaine.)

Il résume, sur une enveloppe, les principaux projets
d'organisation judiciaire qui furent soumis à l'Assemblée
nationale en 1789. Il insiste sur celui-ci : « Le prince seul
devra nommer les juges, afin que le pouvoir exécutif soit
un ; mais son choix devra être circonscrit dans la liste
dressée par les délégués du peuple. »

Le passage suivant, « sur le droit de la Chambre des
députés de connaître de toute question relative aux listes
électorales », est manifestement extrait d'un discours
prononcé, par quelque orateur de l'opposition, au Corps
législatif :

Il faut abandonner ces accusations qui n'ont pas le moindre
fondement, et il faut en venir à la question une, qui est de savoir
si tel est le privilège des préfets, que toute inscription électorale
non attaquée avant la clôture des listes soit réputée désormais
inattaquable.

Mais cette question, messieurs, on ne parvient à l'élever, on
ne la crée, qu'en confondant tout, les idées, les temps, les juri-
dictions. Oui, sans doute, toute inscription non attaquée devant
le préfet, avant la clôture de la liste, est devenue inattaquable

devant ce même préfet, en vue de la réforme de la liste et de la composition du collège. Il n'est plus temps. Mais qu'une inscription non attaquée devant le préfet ne puisse pas l'être devant la Chambre, non plus en vue de la réforme des listes et de la composition des collèges, mais en vue de sa propre composition ; que la souveraineté de la Chambre, sa probité, son honneur soient à ce point humiliés devant l'instabilité des préfets que la fraude et même l'erreur lui soient inviolables et sacrées, qu'il y ait un jour, un instant préfixe, où ce qui était faux soit devenu vrai ; voilà certes ce que la loi ne dit point, ce qu'aucune loi ne dira jamais, ce qu'aucun n'osera jamais proposer à une Chambre, parce que *les doctrines honteuses sont bien plus difficiles à défendre* que les mauvaises actions...

... La Chambre comprend très bien de quoi il s'agit, c'est uniquement de savoir si les élections appartiennent à l'administration ou si elles appartiennent à la France.

III

NOTES SUR LES FINANCES

La question fiscale et celle du crédit ont été étudiées par Gambetta, au temps de ses années d'apprentissage politique, avec beaucoup de soin. On sait avec quelle autorité et quelle compétence il a présidé la commission du budget. Sa science n'était pas improvisée.

Il entrevoit déjà cette idée que les finances de la monarchie absolue ne sauraient être celles de la monarchie constitutionnelle ou de la République, que les finances de la République doivent être républicaines, au même titre que toutes ses institutions. Il copie tout le premier chapitre du livre XII de *l'Esprit des lois :*

Titre du livre : des rapports que la levée des tributs et la grandeur des revenus publics ont avec *la liberté.*

Chapitre Iᵉʳ : *des Revenus de l'Etat.*

Les revenus de l'Etat sont une portion que chaque citoyen donne de son bien, pour avoir la sûreté de l'autre, ou pour en jouir agréablement.

Pour bien fixer ces revenus, il faut avoir égard aux nécessités de l'Etat, et aux nécessités des citoyens. Il ne faut point prendre au peuple sur ses besoins réels pour les besoins imaginaires de l'Etat.

Les besoins imaginaires sont ce que demandent les passions et les faiblesses de ceux qui gouvernent, le charme d'un projet extraordinaire, l'envie malade d'une vaine gloire, et une certaine impuissance d'esprit contre les fantaisies.

Souvent ceux qui, avec un esprit inquiet, étaient sous le prince à la tête des affaires, ont pensé que les besoins de l'Etat étaient les besoins de leurs petites âmes.

Il n'y a rien que la sagesse et la prudence doivent plus régler que cette portion qu'on ôte et cette portion qu'on laisse aux sujets.

Ce n'est point à ce que le peuple peut donner, qu'il faut mesurer les revenus publics, mais à ce qu'il doit donner : et si on les mesure à ce qu'il peut donner, il faut que ce soit du moins à ce qu'il peut toujours donner.

A la suite de cette citation de Montesquieu, il copie cette phrase d'Huskisson, trouvée dans un livre de Rodet sur le *Commerce extérieur :*

Les gouvernements du continent ne savent pas combien est savante et commode la politique qui augmente le revenu public par la réduction des taxes, et combien ils auraient à gagner s'ils laissaient au peuple plus de latitude pour commercer avec leurs voisins. (Huskisson, séance du Parlement du 25 mars 1825.)

Voici maintenant l'esquisse d'une étude raisonnée sur les finances : l'impôt tel qu'il est, l'impôt tel qu'il devrait être. Gambetta s'y prononce pour l'impôt sagement progressif sur le revenu. Plus d'un républicain trouvera grand profit, aujourd'hui encore, à lire ces pages :

Etude sur les Finances.

Finance (de *fine*, Saxon — amende et redevance) au singulier signifie argent comptant, numéraire ; — au pluriel :

1° Revenus de l'Etat.

2° Assiette, perception, maniement et emploi de ces revenus.

Finances publiques.

La science des finances a pour objet la satisfaction des *véritables besoins* de l'Etat, au moyen de ses *véritables ressources;*

De pourvoir aux besoins *normaux* de la communauté par les ressources les plus naturelles.

La Science financière consiste, pour le sujet qui nous occupe, dans la *détermination de la justice* en matière de taxes et dans la connaissance exacte de la nature et de la portée des phénomène économiques produits par le prélèvement et l'emploi des revenus pub ics.

L'Art consiste dans une série de préceptes ou de règles à suivre au sujet des recettes et des dépenses.

« Si le produit des impôts, disait Verri (*Réflexions sur l'Économie politique,* ch. xxix), avait toujours été sagement employé, le public regarderait cette charge comme une dette sacrée ; quiconque chercherait à s'y soustraire partagerait la honte encourue par un associé qui se refuserait à supporter sa part des dépenses de la Société, après en avoir partagé les avantages. »

Pour faire face aux dépenses publiques, les ressources sont :
1° Les contributions ou impôts (ressources *ordinaires*).

Ressources extraordinaires

2° Emprunts proprement dits ;
— sur bons du Trésor ;
3° Emprunts forcés ;
4° Emprunts déguisés (détournement des fonds de la caisse d'amortissement, des fonds de la Caisse d'Épargne, de dotation — papier-monnaie, et monnaie de bas aloi) ;
5° Le produit des aliénations des domaines nationaux ;
6° Vol. Pillage. Prélèvement chez les nations voisines en temps de guerre.

Quand les dépenses publiques excèdent les recettes, l'Etat doit chercher :
Ou à augmenter ses revenus ;
Ou à diminuer ses dépenses ;
Ou à vendre une partie de son domaine ;
Ou à emprunter.

L'impôt, en fait, est le prélèvement opéré sur la fortune privée des particuliers par le gouvernement pour subvenir aux dépenses publiques. (Smith.)

L'impôt est, en théorie, un *échange.*

L'impôt est la *quote-part* à payer par chaque citoyen pour la dépense des *services publics*.

Esprit des Lois, 13, ch. I. Montesquieu disait : « Les revenus de l'Etat sont une *portion* que chaque citoyen donne de son bien pour avoir la sûreté de l'autre ou pour en jouir agréablement. »

L'impôt le plus modéré et le mieux assis *produit plus* que celui dont l'assiette est vicieuse et le taux élevé.

On a beau théoriser sur l'impôt, le gouvernement ne peut pas faire en sorte que l'impôt ne soit pas onéreux ; ce n'est pas à faire bien, c'est à faire le moins mal possible que se réduit à l'égard du contribuable toute la tâche du gouvernement. (Sismondi.)

Les *sources* auxquelles le fisc doit puiser, ce sont les sources productives de la richesse :

Rente des terres ;

Loyer des capitaux ;

Salaires des travailleurs ;

Profits de toute industrie.

En fait, il existe une très grande variété d'impôts s'adressant directement ou indirectement aux diverses branches du revenu social. Mais les effets de chaque impôt *ne s'arrêtent pas au contribuable taxé qui les paye;* celui-ci pouvant, en divers cas, *s'exonérer* et se faire rembourser l'impôt par d'autres membres du corps social.

Incidence de l'impôt ou détermination du véritable contribuable, sur qui retombe l'impôt?

Pas de réponse satisfaisante à cette question générale.

Riccardo (*Principes de l'Économie politique et de l'impôt*) pense que les *taxes*, quelles qu'elles soient, *sont toujours payées par le consommateur*, le propriétaire ou le producteur les faisant toujours *entrer dans les frais de production*, et appliquant ses capitaux et son industrie à d'autres branches, lorsqu'il ne peut les y comprendre.

J. Mill le père adopte cette opinion.

Franklin disait « que le *marchand* met toujours la *taxe* sur *sa facture* ».

Smith : « L'impôt est payé, en fin de compte, par le dernier acheteur ou le consommateur ».

J.-B. Say : « Ce sujet n'admet pas d'opinion absolue. Il n'est probablement aucune espèce de contribution qui ne retombe sur *plusieurs classes de citoyens* ».

Garnier : « Les impôts *en général* et *à la longue* retombent sur le consommateur. »

« L'impôt doit également être réparti sur tout le monde. » Vœu des Etats généraux, 1355. — V. ch. XXII. Edit d'Henri IV, 1598.

Tout impôt doit être établi pour l'utilité commune, chacun y contribue en proportion de ses facultés et de sa fortune. (Constitution de 1848, art. 15...)

Assiette de l'impôt.

L'impôt doit-il tendre à l'unité ou à la diversité ?

Système direct.	*Système indirect.*
—	
Partie de l'avoir ou du revenu.	Tarif par contributions indi-
L'administration française com-	rectes :
prend sous le nom de contribu-	Boissons ;
tions directes :	Sel indigène ;
1° Contribution foncière ;	Sucre indigène ;
2° — personnelle et mo-	Tabac ;
bilière ;	Poudre.
3° Portes et fenêtres ;	
4° Patentes.	

Revenus des Douanes.

Postes.

Octrois réservés aux villes.

La terminologie n'est pas rigoureuse.

Impôts directs :
1° Impôts de répartition — dont la somme totale fixée par la loi *est répartie* administrativement entre tous les contribuables.

2° Impôts de quotité — dont le produit est perçu en vertu *de tarifs*, dont le total est formé par la réunion des cotes individuelles.

L'impôt direct permet au contribuable et au législateur d'apprécier l'intensité de la charge.

L'impôt indirect déguise la charge et frappe sur le pauvre plus que sur le riche.

Des impôts généraux *sur les capitaux* ou *sur les revenus.*

Le législateur prend pour base de la taxation tantôt :

1° Les *capitaux* ou les instruments de travail évalués ;

Ou 2° les *revenus* du contribuable, déduits de certains indices (Ex. : demeure, mobilier).

J. Reinach. — Gambetta.   12

3º Le *revenu général* du contribuable, total de ses divers revenus, et estimé d'après ses déclarations, plus ou moins contrôlées par une enquête.

Tous les impôts sur les propriétés ne sont à proprement parler que des impôts sur le revenu.

La loi doit-elle autoriser le fisc à taxer le contribuable d'après l'estimation du *capital visible* ou *d'après son revenu ?*

Si on arrivait à bien connaître l'incidence des impôts, l'impôt *direct* voudrait dire celui qui est *levé sur ceux qui le supportent;*

Indirect, celui qui est levé sur des *intermédiaires* qui le récupèrent.

Mac-Culloch n'appelle *direct* que l'impôt *immédiatement* prélevé sur la propriété et le *travail; indirect*, tout impôt demandé aux mêmes sources, par voie d'*obligation* imposée aux possesseurs ou aux travailleurs d'acheter la liberté d'*user de certains objets* ou d'*exercer certaines industries.*

L'impôt sur le revenu nous paraît préférable à divers égards, comme le plus juste, c'est-à-dire le plus *universel* et le mieux *proportionné;*

A. Le plus universel parce qu'il atteint positivement et directement tous les revenus, soit :

1º Revenus des *Propriétés* et des *Capitaux* (fermages, rentes, intérêts).

À la fois réel et personnel, plus visible et plus moral.

2º Les *revenus personnels* (profits, salaires, rétributions de toute industrie).

B. *Impôt sur les capitaux* (terres comprises).

Assis sur une base d'une notoriété plus grande que le revenu, mais non susceptible de se proportionner aussi bien que l'impôt sur le revenu aux facultés des contribuables, puisque *ces mêmes bases ne donnent pas une mesure toujours exacte de ces facultés*, c'est-à-dire des ressources des contribuables, *car ils frappent les capitaux productifs* comme les *capitaux* improductifs, car ils frappent *également* des instruments de *productivité différente*, car *ils ne peuvent varier et suivre les fluctuations* de la fortune des contribuables sans de graves inconvénients.

Ces impôts s'adressent au produit brut;

Ils ont pour effet d'excepter de la taxe *tous les gains qui proviennent du travail de l'homme*, sans l'emploi des capitaux.

De l'impôt multiple — et de l'impôt simple ou unique.

Par leur nature, les impôts directs convergent vers l'*unité*;

Les impôts indirects sont au contraire *forcement multiples*.

L'impôt (dit A. Smith) a reçu diverses formes parce que les gouvernements n'ont pu taxer *équitablement toutes les fortunes d'une même manière*.

Depuis Vauban (*Dime royale*), on a souvent démontré les avantages d'une contribution unique ou très simple, qui éviterait beaucoup de discussions et d'injustices. La question a passé à l'état d'axiome en théorie, mais il reste à faire accepter les moyens d'établir pratiquement :

Problème de l'impôt unique.

Une contribution simple ou unique qui serait en *rapport exact avec les facultés* de chaque contribuable, en *évitant* de la part du pouvoir une *inquisition* odieuse ou inefficace, ou en *obtenant du contribuable une déclaration franche et loyale*.

L'établissement de ce système de contribution sera donc *parallèle*, d'une part à *la limitation des dépenses publiques* correspondant à la *limitation* de la centralisation et de l'action gouvernementale;

Et d'autre part,

A là *diminution* dans les armements de terre et de mer que la politique *économique* doit produire tôt ou tard.

(V. Bastiat, *Budget républicain*.)

Avec l'Impôt simple et les Budgets restreints, les *Emplois publics sont moins nombreux*, les mauvais effets du fonctionnarisme sur les affaires et les esprits sont amoindris.

L'impôt peut être établi selon trois systèmes différents. Il peut être : 1° fixe ; 2° proportionnel ; 3° progressif.

1° L'impôt fixe consiste dans une somme égale payée par chaque contribuable, *fixée à tant* par *personne* ou par *chose*. Très inégal. Ex. :

Qualité des terres.	1re	2e	3e	
Produit	8	6	5	Ne semble-t-il pas
Impôt fixe . . .	1	1	1	établi en sens inverse
Proportion . .	1/8	1/6	1/5	de ce qu'il devrait être ?

En outre la variabilité de la valeur en général et de la valeur numéraire entache encore la répartition des impôts fixes d'une assez grande inégalité ! Quand la législature a établi une taxe de 10 francs, elle ne pèse pas de la même façon sur tous les contribuables, 10 francs ayant une valeur différente suivant les localités où on les prélève.

2° L'impôt *proportionnel* : celui qui est exigé, soit *en proportion de la valeur de la chose imposée*, soit *en proportion de la fortune des contribuables*.

Si par ex. : à 10 p. 100   1.000 fr. $=$ 100 fr.   I. Pr.
     —   100.000 fr. $=$ 10.000 fr.

Mais c'est le propre de diverses taxes assises sur une base proportionnelle de prendre peu à peu le caractère d'impôt fixe.

Soit 3 terres   1re   2e   3e
Produit :   4   8   12

Si elles sont taxées proportionnellement à 1/4 elles donneront

I. Pr. $=$ 1   2   3

Mais si le revenu de ces terres vient à varier ainsi :

      8   12   12
l'impôt sera :   1/8   1/6   1/4

résultat tout à fait improportionnel et injuste.

Il constitue une charge plus sensible pour les fortunes petites que pour les grandes.

L'impôt *progressif*, quand il s'accroît avec l'importance de la base imposable *plus rapidement qu'en proportion*, c'est-à-dire en *proportion* PROGRESSIVE.

On peut le concevoir en progression rapide ou illimitée;

En progression lente, limitée à un taux modéré.

3° L'impôt progressif de l'économie politique classique est celui qui ne s'accroît pas d'une manière illimitée, qui s'arrête à une limite modérée, qui se perçoit en vertu de *tarifs* de *droits lentement progressifs*, et sans pouvoir dépasser une petite partie du revenu.

Par exemple, l'impôt qui demanderait :

$$\frac{1}{x} \qquad 600 \text{ fr.}$$

Entre 5 à 10 p. 100 du revenu $\dfrac{1}{x}$ $+$ raison   700 fr.

0 à un revenu de 500 fr.

$$\frac{1}{x} + 2 \text{ raisons} \qquad 800 \text{ fr., etc.}$$

Sans cela l'impôt *progressif* empêcherait l'*épargne* et la *formation* du capital ou *provoquerait son émigration.*

Il est pratiqué dans quelques États allemands.

A Paris et autres villes, l'impôt des loyers est perçu en vertu de tarifs progressifs. -

Income-tax en Angleterre assis sur une échelle légèrement progressive.

La question est de savoir si les citoyens *plus aisés* sont *protégés progressivement*, c'est-à-dire si la protection qu'ils reçoivent est *plus que* proportionnelle à leur avoir physique et moral ; ils doivent dès lors contribuer *plus que* proportionnellement. Et la légitimité de l'impôt progressif ne saurait être combattue, et la difficulté ne serait plus que dans les moyens d'application.

Influence des tarifs sur les recettes :

L'impôt, en élevant les prix, comprime la consommation *en raison directe* de l'élévation de son taux ;

Tout *abaissement de taxes*, en laissant prendre plus d'essor à la consommation, *augmente le revenu* du fisc ;

D'où : *Les droits modérés sont plus productifs que les droits élevés.*

M. E. de Parieu établit 5 catégories d'impôts :

1° impôts sur les personnes ou capitations ;
2° — — possessions des capitaux et revenus ;
3° — — jouissances ;
4° — — consommations ;
5° — — actes, perçus par voie d'Enregistrement et du Timbre.

La contribution personnelle consiste dans la valeur de *trois* journées de travail, laissée à l'appréciation de chaque conseil général, entre le minimum de 0 fr. 50 et le maximum de 1 fr. 50.

Sur 100 prestations, 1/4 ou 1/5 seulement sont acquittées en argent, en France.

La rente est la limite extrême de l'impôt foncier, car s'il dépasse la rente, il fait cesser la culture, soit pour le propriétaire, soit pour le fermier.

La loi du budget répartit l'impôt entre les *divers départements.*

Le conseil général le répartit entre les *arrondissements.*

Le conseil d'arrondissement entre les *communes*, où un comité le répartit entre les propriétaires, d'après les estimations cadastrales des parcelles et selon certaines bases d'évaluation et de calcul.

Autres notes sur l'amortissement. « ensemble des cons-
titutions et des procédés à l'aide desquels on se propose
d'éteindre une dette publique », sur le warrant, « bulletin
de gage annexé au récépissé qui constate le dépôt de mar-
chandises dans un magasin général et dont l'engagement,
séparé du récépissé, confère le droit de nantissement sur
la marchandise déposée ».

Gambetta étudie également le mécanisme du crédit.
des opérations de Bourse ; c'est une étude à la fois financière et juridique, très vive, claire, où apparaît sa large et
facile compréhension des choses :

On est convenu d'appeler Jeu de Bourse

Définition 〔 *toute opération* À TERME sur *valeurs cotées*, en
disproportion avec la fortune de celui qui opère
et devant aboutir au règlement d'une *différence*.

Qu'il es singulier que des *opérations* que la jurisprudence
considère généralement comme *réprouvées* par la loi civile, et
fréquemment par la loi pénale, s'accomplissent au grand jour
par l'*entremise* et la *participation d'officiers publics* !

Pour mettre fin à cette situation véritablement scandaleuse.
deux moyens :

Le premier consistant à renfermer les agents de change dans
le cercle des opérations d'une légalité certaine et non contes-
table, à savoir les *opérations* au *comptant* ou, ce qui revient au
même, accompagnées du dépôt de l'*argent* ou *des titres* (Rendu-
Hérold-Bozérian). Admis par la Cour de Paris (Forbin-Janson.
1824), la Chambre des requêtes (arrêt Sevelinge, 1859), *repoussé*
par la Chambre criminelle (1860), ce moyen a été surtout
repoussé par les *nécessités* du temps et par les *mœurs*.

Le deuxième moyen est celui qui, parmi les marchés à terme
et à découvert (c'est-à-dire non garantis par un dépôt préalable
de titres ou d'argent), distingue entre les marchés devant aboutir à une *livraison ou levée de titres*, et ceux qui ne doivent se
résoudre qu'en une *différence*.

On déclare les 1ers, *sérieux* et *valides* 〕
les 2es, *fictifs* et *nuls*   〕 affaire des coulissiers.
d'où naît la nécessité morale d'une vérification préalable du
client par l'agent de change avant chaque opération. *Impossi-*

bilité. Couverture fournie en vue des différences *possibles* ou probables. Les règlements de la Chambre syndicale ne demandent rien de plus... Avec la couverture, ils font des milliers de ces opérations que les tribunaux refusent de reconnaître.

— Observation sur la multiplicité des ordres donnés par un client qui serait sérieux pour une seule des opérations ordonnées. — Secret professionnel.

3ᵉ moyen. Il consiste à *déclarer légales* et *obligatoires* toutes les négociations *non entachées de fraude* conclues à la Bourse par le ministère des agents de change.

Opinion de *Berryer*. Conforme.

Loi *du Contrat :* Il y a *vinculum juris* à la Bourse comme ailleurs.

<pre>
L'objet du contrat   — Rente.
L'engagement   — Ordre.
La preuve de l'engagement   — Instrumentum, Bordereau
</pre>
de livraison.

— Nous affirmons que toute opération de Bourse conclue par le ministère d'un agent *est* ou *doit être effective* dans tou e la vérité du mot, de quelque façon qu'elle se dénoue, et la preuve de ceci est double :

1° C'est que, même en l'état actuel de la jurisprudence, il *dépend* toujours de l'*une* ou de l'*autre* des parties de faire produire en *réalité* à ces opérations tout l'*effet* que comporte *la nature de vente ou l'achat.*

2° C'est que, dussent-elles aboutir à un règlement de *différence*, elles n'en auraient pas moins amené un résultat *important* et *utile.*

Liquidation centrale qui met aujourd'hui à la disposition de chacun tout l'argent ou tous les titres dont il a besoin et qui repose sur un double principe. L'un, c'est que les agents opérant entre eux, sans pouvoir faire connaître leurs clients, chaque agent répond nécessairement, vis-à-vis de son confrère d'abord, puis de son client, de réalisation de l'opération faite. — L'autre, c'est que la Compagnie tout entière procure effectivement la réalisation de toutes les opérations par des livraisons et des levées de titres, ou par des reports. Le Syndicat, à chaque liquidation de fin de mois, centralise tous les achats et toutes les ventes à terme, met en présence les fonds et les titres, soit *livrés définitivement*, soit *fournis actuellement* avec rachat à la *liquidation suivante.*

Report. Validité reconnue par la jurisprudence, ce qui est

une première concession, car tout report suppose de la part de
l'une des parties un marché qui se règle par une différence

Utilité capitale : c'est d'élever ou de soulever le cours de
toutes les valeurs mobilières en multipliant les transactions sur
ces valeurs, ce qui en facilite la négociation et permet à chaque
instant de *les réaliser*.

Sur le dernier feuillet, cette note gaie :

À propos des marchés à terme.

Ce sont les assises d'un vaste pont jeté sur le torrent des
affaires, qui seul permet aux entreprises issues du crédit d'atteindre, sans se perdre au passage, la rive souvent lointaine de
l'avenir ! *Ouf ! Ouf !*
421. 422. C. P.

Ce sont les articles du Code pénal qui punissent d'emprisonnement et d'amende les paris faits sur la hausse et
la baisse des effets publics.

Dans le même ordre d'idées, Gambetta résume l'histoire
du procès Mirès. La note est signée et datée (27 juin 1861).

Dans les feuillets suivants, Gambetta résume l'histoire
financière du Consulat et de l'Empire :

1800. 1813.	*Assignats :* 45.508.000.000.
18 Brumaire.	Négociés dans le principe à 85 livres p. 100,
Gaudin, ministre	ils tombent en 1792 à 60 livres p. 100,
des finances.	en l'an II à 30 livres,
167.000 fr. en caisse.	en l'an IV à 3 sous 6 deniers,
	détruits et brûlés, 30 pluviôse an IV.

La Révolution avait dévoré près de 9 milliards, soit 1 milliard
par an jusqu'au mois de brumaire an VII.

— Mesures énergiques.

1° 0 fr. 25 au principal des contributions foncière et mobi-
lière. 1/2 payable au numéraire. 1/2 bons de réquisition.

— Rassurés par cette mesure, les banquiers avancent au
Trésor 12.000.000 de francs remboursables sur les premières
rentrées de la subvention de guerre.

2° Sur les délégataires. — Arrangement qui consiste à les
faire renoncer à leurs droits sur les rentrées de l'impôt, et à
avancer au Trésor, partie en numéraire, partie en effets de

commerce à toute échéance, une somme égale à celle qui leur était due. — Sauf *remboursement intégral* des titres de délégation dans un *temps donné*. (Accepté.)

3° Réorganisation de la perception des contributions directes.

Régie spéciale chargée de présider à la confection des rôles ; composée dans chaque département : 1 Directeur chef de service.

1 Inspecteur.

Des Contrôleurs.

Quant à l'impôt, il dut être recouvré.

1° Percepteurs nommés par le ministre.

2° Versé dans la caisse d'un receveur d'arrondissement.

3° Transmis par ce dernier au receveur général du département.

Bons des receveurs généraux. Mois par mois. Avec FACULTÉ (à part l'opportunité de la mesure, la faculté d'escompter ainsi par avance le revenu total de l'année n'était pas une mesure de bon ordre, et bientôt on y renonça pour saisir le Trésor du produit de l'impôt au fur et à mesure des rentrées) de négociation par le Trésor. = *Délai de quatre mois*. Cautionnement égal au 20ᵉ du montant de la contribution *foncière* de chaque département. Ces fonds, versés dans la caisse dite d'amortissement, durent être employés par elle à acquitter à présentation toutes les obligations protestées, et à la tête de ce service fut placé MOLLIEN.

Les fonds du cautionnement ne furent pas seulement affectés à payer les obligations protestées, mais on les employa aussi au rachat des rentes. On fit fonctionner l'amortissement, et, en moins d'un an, pour une somme de 5.200.000 francs.

On racheta 686.000 francs de rentes perpétuelles, et le prix de la rente qui était de 10 francs au 18 brumaire s'éleva bientôt à 50 francs.

Restaient les bons dits 2/3, délivrés sur le pied du denier vingt, à titre de remboursement de 2/3 de la dette publique dont le troisième tiers avait été consolidé.

Cette dette, déduction faite de 20 millions de rentes annulées comme appartenant aux émigrés ou établissements supprimés, s'élevait à 120.000.000 de francs représentant, à 5 p. 100, un capital de 2.400.000.000 de francs.

Par le prétendu remboursement des 2/3, l'Etat s'était donc libéré de 80.000.000 de francs de rentes soit d'un capital = 1.600.000.000 de francs. Ces bons dits des 2/3, reçus en payement des biens nationaux tombés en discrédit, l'Etat lui-même ne les recevait plus qu'à 2 p. 100 de leur valeur nominale.

1.200.000.000 de francs de ces effets avaient été reçus en payement de 30.000.000 de francs de biens nationaux. Il était urgent de faire disparaître le surplus.

Il fut donc créé 1.000.000 de rentes pour être distribuées entre leurs détenteurs, dans la proportion de 1/4 p. 100 de la somme nominale apportée en échange, et ce million représentant, au cours de la place, un capital de 10 millions, la grande iniquité de la banqueroute se trouva ainsi consommée. moyennant 40.000.000 de francs contre 1.600.000 000 francs.

Service des fournitures de l'armée. Arriéré considérable à solder.

Bureau de liquidation. Réclamation contre l'Etat : 90.000.000 de francs.

Ces créances, mêmes liquidées, se négociant à 70 et même à 75 p. 100 de perte et ne représentant qu'une valeur de 23 à 24 millions.

Le gouvernement consulaire créa 2.700.000 livres de rente qui, au cours de la place, valaient environ 30.000.000 de francs,

Cette libération, malgré le soulagement qu'elle apportait aux détenteurs, n'était en réalité qu'une nouvelle banqueroute.

Ce n'est pas tout : dans le courant de cette même année, an IX, la *comptabilité par exercice* fut rétablie, *les régies financières* furent réorganisées, *tous les payements furent repris* en numéraire, *acquittement régulier* des arrérages de la dette publique, 5 *millions* de dégrèvement pour la contribution foncière, études de *répartition* pour la péréquation.

LA BANQUE fut établie au capital de 30 millions, avec une subvention de 5 millions fournie par le Trésor.

Le revenu de l'année fut de 450 millions et les dépenses, vu la guerre, s'élevèrent à 550 millions.

Il fut pourvu au déficit par le produit de la vente des biens nationaux vendus à prix double des précédentes aliénations, puis au moyen de création de rentes.

== An X. — La Paix pleine. —Développement des affaires.

Les recettes s'élèvent à 490 millions (30 millions de plus) ; les dépenses n'excèdent pas 500 millions.

== An XI. — Rupture du traité d'Amiens.

Recettes . . . . 573 millions
Dépenses . . . . 619 millions

Le déficit fut comblé par les subsides de l'Espagne et de l'Italie.

La caisse d'amortissement racheta 2.400.000 livres de rente et soutint par là les cours.

= An XII.

Dépenses . . . . 762 millions
Recettes . . . . 600 millions

Le déficit jusqu'à concurrence de 140 millions fut couvert par le prix de la Louisiane, les cautionnements des *comptables*, subsides d'Espagne et d'Italie.

22 millions manquaient encore.

On fit, en outre, un dégrèvement sur l'impôt foncier de 13 millions, soit un déficit de 35 millions.

Pour le couvrir, il fallut en venir aux taxes de consommation depuis longtemps réclamées par M. Gaudin.

Mais on ne rétablit que les droits d'inventaire et de débit sur les vins, bières et alcools.

Les droits de circulation ne furent repris qu'en 1809, et c'est à cette époque seulement que le régime et la régie des contributions indirectes ont reçu leur organisation définitive.

Empire. — An XIII. 1805. Campagne d'Allemagne. Austerlitz. Presbourg.

En 1801, le premier Consul avait détaché des attributions du ministre des Finances le service du Trésor, dont il avait fait un service spécial avec M. Barbé-Marbois pour ministre spécial.

Cette division était une faute, parce que le recouvrement de l'impôt et la *direction à donner à ses produits* sont deux opérations tellement connexes qu'un seul chef peut y présider utilement.

Désaccord entre Barbé-Marbois et Gaudin.

Négociation des obligations des receveurs généraux.

Service de l'escompte fait par un syndicat des receveurs généraux, entrepris à 3 p. 100 meilleur marché par une compagnie des négociants réunis ; à leur tête, Ouvrard.

Barbé avait autorisé les receveurs généraux à donner à Ouvrard et ses associés *en acompte sur les obligations* à échoir tous les fonds qu'ils auraient en caisse. Les négociants réunis, pressés par le besoin, avaient mésusé de cette facilité et pris chez les comptables le montant d'effets dont la Banque avait déjà fait l'avance par l'escompte, de telle sorte que lorsque cette dernière, à leur échéance, avait présenté ces effets aux receveurs qui les avaient souscrits, au lieu de fonds, elle n'avait trouvé que les Récépissés des agents de la Compagnie des Négociants réunis.

La Banque, privée également à son tour des rentrées essentielles sur lesquelles elle comptait, fut aux abois. Elle n'avait plus en caisse que 1.500.000 francs d'espèces, en présence de 92 millions d'engagements immédiatement exigibles.

Cette situation fut bientôt connue, les porteurs de billets affluèrent. Le Trésor avança 2 millions. On fit venir à grands frais du numéraire de Hollande. Les payements s'effectuèrent avec plus de lenteur, mais avec régularité, et l'on parvint à arrêter ainsi la panique.

L'Empereur, de retour, prit connaissance de l'affaire, ne voulut pas de procès, exigea des négociants réunis l'abandon de tout ce qu'ils possédaient. On fixa à 141 millions leur débet. Barbé fut remplacé par Mollien qui trouva 220 millions de découvert au commencement de 1806, les dépenses des deux précédentes années ayant excédé les recettes de 70 millions.

Les 70 millions des déficits de 1804-1805 ne furent pas demandés à l'emprunt. On eut recours à une vente de biens nationaux, mais le prix ne pouvait pas en être touché avant plusieurs années et l'on avait besoin de ressources immédiates. Mollien chargea la Caisse d'amortissement de procéder aux aliénations et de faire émettre, par cet établissement, des *bons* portant intérêt à 6 ou 7 p. 100, suivant l'éloignement des échéances et remboursables avec le produit des ventes. Il n'y eut pas de perte sur les bons.

Restait le débet de 141 millions de la Compagnie des Négociants réunis. Mais l'actif de la Compagnie était considérable et suffit pour le couvrir.

40 millions dus par l'État.

60 millions par l'Espagne.

Mission de Louis à Amsterdam. Accord avec M. Hope d'Amsterdam et Baring de Londres pour le transport de 36 millions de piastres mexicaines à 3 fr. 75.

Réforme de Mollien. — Il institue une *caisse centrale* dite Caisse de service, à laquelle les receveurs généraux durent transmettre *trois* fois par *mois* une copie littérale de leurs opérations journalières, en entrées et sorties, et ce fut *pour le compte* de cette caisse seulement qu'ils purent désormais détenir et employer les fonds qu'ils percevaient.

Cette caisse de service permit au Trésor de faire l'office de maison de banque, c'est-à-dire de recevoir, *à Paris*, contre mandats payables en province, les fonds que les particuliers voulaient y envoyer, et réciproquement acquitter à Paris les billets que tireraient sur lui les receveurs généraux.

Plusieurs établissements publics, des capitalistes même, trouvèrent profit et commodité à lui confier leurs fonds et au bout de *huit mois*, la Caisse de service avait à sa disposition 80 millions. Telle fut l'origine des *bons du Trésor* et de *la dette flottante*.

La comptabilité en partie double, déjà introduite par M. Mollien à la Caisse d'amortissement, fut par lui appliquée à la Caisse de service : en conséquence, il fut ouvert à chacun de ses correspondants *un compte spécial*, dans lequel figuraient tous les faits de leur gestion. De la sorte, le ministre put chaque jour connaître *leur* situation vis-à-vis de la caisse, avoir un état précis des ressources disponibles, et prendre ses résolutions en sûreté.

Prescription de la partie double à tous les services dépendant du Trésor.

Tous les comptables, ceux des payements, ceux des recettes, durent tenir un journal quotidien de leurs opérations et l'adresser tous les dix jours à un *bureau central de comptabilité* créé au Ministère du Trésor.

La gestion de chaque service put être définitivement réglée dans le courant de l'année suivante.

Enfin, Cour des Comptes. Chargée d'assurer tous les comptes, constater et déclarer par arrêt leur régularité.

Restait à régler le service de la DETTE PUBLIQUE.

Proposition Crétet.

Le gouvernement anglais, en chargeant la banque d'Angleterre du service de la dette, s'est gardé de lui faire l'abandon de la moindre portion de son revenu. Il se borne à verser dans ses caisses, aux époques convenues, la somme due à ses créanciers, et il reste même à savoir si les 3.500.000 francs d'indemnité qu'il lui donne à cet effet, joints à l'abandon qu'il lui fait de la jouissance des arrérages non touchés à l'échéance, ne constituent pas pour lui une dépense plus considérable que ne le serait celle de ce même service exécuté par ses propres agents.

Malgré Crétet, gouverneur de la Banque, et les tendances de

Napoléon Ier, Mollien maintint purement et simplement dans
les attributions du ministre du Trésor le service de la Dette
publique. Une section spéciale, dite du Grand Livre, fut chargée
de tout ce qui concernait l'inscription ou le transfert et ce fut
d'après un état semestriel dressé à cette section que la Caisse
centrale dut acquitter les arrérages.

C'est à peu de chose près l'organisation actuelle.

Les droits réunis reçurent une organisation définitive :
75 millions de revenu.

Revenu total de 1807, déduction faite des frais de recouvrement : 759 millions.

Les dépenses de 1807 : 778 millions, mais elles ne comprenaient que les frais ordinaires de solde et d'entretien de
l'armée, et ceux de la dernière campagne avaient été soldés
par l'Autriche et la Prusse.

Abdication de Charles IV d'Espagne, moyennant une pension
annuelle de dix millions.

Mauvaise foi de Bonaparte.

Odieuse conduite de Napoléon Ier avec Louis, roi de Hollande.
Abdication de Louis. Réunion.

Réduction des 2/3 de la dette publique hollandaise.

1910. — Le budget soldé en équilibre au chiffre de 860 millions.

1811.   Ressources . . . . 1.050 millions.
             Dépenses . . . . . 1.103   —
             Déficit . . . . . .   47 millions.

En trois ans, guerre d'Espagne :

         240 millions.
         240 en réquisitions.
         480 millions.

1812. — Alexandre s'annonce comme le *Libérateur* de
l'Europe.

La 1re campagne de Russie.

       De 60.000 à 70.000 hommes.

1813. — Armée de 200.000 hommes.

1812.   Déficit . . . . . . 37.500.000 fr.
                       47.000.000 fr.
        Arriéré . . . . . 84.500.000 fr.

1813. — 150 millions. Il fallait près de 250 millions.

Ne voulant ni emprunt ni impôt, il fut décidé par la loi du
20 mars 1813 que la régie de l'Enregistrement prendrait possession des biens ruraux, maisons, usines, autres que ceux
affectés à un service public ou dont les habitants avaient jouissance; que les *communes* expropriées recevraient en échange
une inscription de rente 5 p. 100 proportionnelle au revenu *net*
des biens dont elles seraient dépossédées; que ces biens
seraient immédiatement vendus; que le prix serait payable
1/3 en 1813, 1/3 en 1814, 1/3 en 1815, et que, sur le produit de
la vente :

        84 millions solderaient.   1811-1812
        149   —   —   1813

opération déshonnète qui dépouillait les communes de la
moitié de leur propriété.

La Caisse d'amortissement devint cessionnaire des biens
expropriés. Elle remit au Trésor 232.500.000 francs de bons,
remboursables au fur et à mesure de l'acquittement du prix
des immeubles.

L'opération avorta : 10 millions.

1813.   Recettes . . . . . 1 milliard.
            Dépenses . . . . . 1 milliard 270 millions.

Recours au Sénat pour voter la levée de 1815 par anticipa-
tion et celles de toutes les classes libérées depuis 1803.
30 centimes additionnels au principal des 4 contributions.
Taxe du sel augmentée de 1/5.
Droits réunis de 1/10.
Mars 1814. — Invasion. Mollien à Blois. Louis XVIII.
M. Louis, ministre des Finances du gouvernement provisoire.
La Restauration l'y confirme.

IV

NOTES SUR UN CHAPITRE DE TAINE

L'un des plus forts chapitres de son *Histoire de la littérature anglaise* est celui où Taine, abordant l'âge moderne,
trace le tableau des changements que la Révolution française apporta dans l'esprit humain. « Aux approches du
XIXᵉ siècle commence en Europe la grande révolution mo-

derne. Le public pensant et l'esprit humain changent, et
sous ces deux chocs une littérature nouvelle jaillit. »

Ce chapitre avait paru dans la *Revue des Deux Mondes*
du 12 septembre 1862[1]. Gambetta le lut la plume à la main.
y copiant à la fois, dans un pittoresque désordre, les pensées de Taine qui lui plaisaient, et quelques-unes de ses
citations de Cowper, de Robert Burnes et de Shelley. Je
regrette de n'avoir pas connu ces feuillets avant la mort
de Taine. Il ne les aurait pas lus sans plaisir et sans
quelque orgueil :

Avec les grandes applications des sciences, la Démocratie
paraît[2].

Le flot montant de la richesse soulève l'élite des pauvres
jusqu'à l'aisance[3].

Comparez Gil Blas et Ruy Blas, le Paysan parvenu de Mari-
vaux et Julien Sorel de Stendhal[4].

En même temps que l'*état* de la société humaine a changé,
la *forme* de l'esprit humain a changé[5].

L'âge oratoire qui finit, comme il finissait à Athènes et à
Rome, a groupé toutes les idées dans un beau casier commode
dont les compartiments conduisent à l'instant les yeux vers
l'objet qu'ils veulent définir, en sorte que désormais l'intelligence peut entrer dans des conceptions plus hautes et saisir
l'ensemble qu'elle n'avait point encore embrassé[6].

Alors paraît la maladie du xixe siècle, l'inquiétude de Werther
et de Faust, toute semblable à celle qui, dans un moment semblable, agita les hommes il y a dix-huit siècles[7].

— L'au-delà —

« Ma gaîté en compagnie n'était que la folie du criminel ivre
entre les mains du bourreau. »   (R. BURNS).

1. L'article de la *Revue des Deux Mondes* est devenu le chapitre I (Les
Idées et les Œuvres) du Livre IV (L'âge moderne) de l'*Histoire de la littérature anglaise* (t. IV, p. 232 et suiv.).

2. Taine, t. IV, p. 235.

3. *Ibid*.

4. P. 238.

5. P. 238.

6. *Ibid*.

7. P. 241.

Il est dur de voir un monsieur, que sa capacité aurait élevé tout juste à la dignité de tailleur à 8 pences par jour et dont le cœur ne vaut pas trois liards, recevoir les attentions et les égards qu'on refuse à l'homme de génie.

(P. Burns.)

De fondation il était amoureux de toutes les femmes [1].

Le propre de l'âge où nous vivons, *c'est d'effacer les distinctions rigides* de classe, de catéchisme et de style, académiques, morales ou sociales; les conventions tombent et nous réclamons l'empire *dans la société* pour le mérite personnel ;

Dans la *morale* pour la *générosité native;*

Dans la littérature *pour le sentiment vrai* [2].

Pour la première fois, Burns parle comme on *parle* ou plutôt comme on pense, sans parti pris, avec un mélange de tous les styles, FAMILIER et TERRIBLE, cachant une émotion sous une bouffonnerie, tendre et gouailleur au même endroit, prêt à mettre ensemble les trivialités d'auberge et les plus grands mots de la poésie. Tant il est indifférent aux règles et content de montrer son sentiment comme il lui vient et tel qu'il l'a [3].

Ce qui fait les poètes, c'est l'afflux violent des sensations. Ils ont une machine plus nerveuse que la nôtre, les objets qui nous laissent froids les secouent subitement hors d'eux-mêmes [4].

Dans ces sortes *de tête, les idées font boulet,* l'homme lancé en avant rompt tout et se brise lui-même [5]...

Le *renouvellement* dans la manière d'écrire est un renouvellement dans la manière de penser, et celui-ci amènera tous les autres, comme le mouvement du pivot central entraîne le mouvement de tous les rouages engrenés [6].

« Mon esprit, dit Cowper, ressemble à certains étangs que j'ai vus, qui sont remplis d'une eau noire et pourrie et qui pourtant, dans les jours sereins, réfléchissent par leur surface les rayons du soleil. »

Il écrivait pour se *déprendre* de lui-même [7].

1. Taine, t. IV, p. 263.
2. P. 266.
3. *Ibid.*
4. P. 270.
5. *Ibid.*
6. P. 275.
7. P. 280.

C'est là l'étrange distinction du poète les objets non seulement rejaillissent de son esprit plus puissants et plus précis qu'ils n'étaient en eux-mêmes et avant d'y entrer, mais encore une fois conçus par lui, ils s'épurent, ils s'ennoblissent, ils se colorent, *comme les vapeurs grossières qui, transfigurées par la distance et la lumière, se changent en nuages satinés*, frangés de pourpre et d'or[1].

A proprement parler, la nature est comme un musée de tableaux magnifiques et variés qu pour nous, gens ordinaires, sont toujours *recouverts de leur serge;* tout au plus, çà et là, une *déchirure* nous laisse soupçonner les beautés cachées derrière les monotones enveloppes; mais ces enveloppes, le poète les lève toutes et voit un tableau là où nous ne découvrions qu'un surtout[2].

En cela consiste la grande *révolution du style moderne*[3].

L'esprit, dépassant les règles connues de la rhétorique et de l'éloquence, pénètre dans la psychologie profonde et n'emploie *plus les mots que pour chiffrer les émotions*[4].

Nordsworth : « Les rois, ces fils du limon, qui de leur sceptre voulaient arrêter la marée révolutionnaire et que le flot montant de la liberté allait balayer et engloutir. »

> Ils vivent les yeux tournés vers le dedans.
>
> (SHELLEY.)

A la suite de ce vers de Shelley, Gambetta écrit : « Admirable ! »

V

NOTES SUR HERBERT SPENCER

Autres notes sur un autre article de la *Revue des Deux Mondes*. C'est l'article d'Auguste Laugel (15 février 1864) sur les *Premiers principes* d'Herbert Spencer[5]. A travers la

---

1. Taine, t. IV. p. 282.
2. *Ibid.*
3. P. 285.
4. *Ibid.*
5. L'article était intitulé : *les Études philosophiques en Angleterre : Herbert Spencer.*

claire analyse de l'écrivain français, Gambetta pénètre de toute sa forte compréhension dans le système du philosophe anglais. Il en extrait la moelle :

Le mépris de la métaphysique en Angleterre a pris les allures et la hauteur d'une insolente doctrine.

Plus, dit-on, on monte haut dans le ciel plus on le voit s'assombrir; ainsi, quand on s'élève au-dessus de toutes les notions concrètes, on se trouve en face d'abstractions de plus en plus sévères.

Toute religion, comme toute philosophie, a la prétention de donner une explication de l'univers. La philosophie qui s'appelle *positive* se distingue de toutes les philosophies et de toutes les religions *en ce qu'elle a renoncé à cette ambition de l'esprit humain*.

M. Spencer, imbu de cette idée positiviste, divise les objets dont la pensée humaine s'occupe, en deux classes :

Le *cognoscible* ;   L'*incognoscible*, c'est l'objet de toute religion, le dernier terme de toutes les sciences.

Idées religieuses.

Idées scientifiques.

M. Spencer compare la lutte de la science et de la foi à celle de ces deux chevaliers, qui se battaient pour la couleur d'un bouclier que chacun d'eux n'avait jamais vu que d'un côté.

Le déiste fait sortir la création du créateur, mais d'où vient qu'il y a un créateur avant la création? — S'il jouissait de l'existence propre et indépendante (comme les athées le prétendent de la matière), *les deux théories hostiles* nous ramènent à une conception commune, qui est celle de l'*existence sans commencement*.

Le mystère, point central et dernier mot de la religion et de la science.

Corrélation des forces naturelles. (*Revue* du 1er septembre 1858.) Expérience de Grove qui obtenait dès 1843 de la lumière seule la production de toutes les forces naturelles.

Qu'est-ce que la force? Nous ne savons que répondre.

Dire qu'elle est la cause du mouvement, c'est l'enfermer dans un *cercle vicieux*.

On ne peut plus regarder les forces comme des entités extérieures à la substance et indépendantes, elles ne sont pas pareilles à l'ouvrier qui pétrit une argile. *Il n'y a point de force* sans quelque chose de fort.

La substance est *à la fois active et passive*.

Il y a *deux* manières d'envisager e temps, l'espace, le mouvement, la force, la matière :

1° Ainsi que le fait la métaphysique pure, on peut les regarder comme *des modes de l'absolu* ;

2° Ainsi que le fait la science, y voir *des réalités purement relatives et subjectives*.

Toute loi implique une *abstraction* et une *mesure*.

Mais l'idée de mesure est, si on y regarde de près, une idée *toute métaphysique*.

Il n'y a de mesure possible que si *l'objet mesuré* et si *l'unité de mesure* demeurent CONSTANTS. Qu'est-ce donc qui nous *garantit l'identité* de l'objet à lui-même?

Principe de la persistance de la force, transformation mutuelle des forces naturelles.

Suivant M. Spencer, *ni la vie* ni *l'énergie mentale* n'échapperaient à l'empire de cette loi universelle. Il amasse à l'appui de la thèse tous les faits que peut lui fournir la Biologie pour établir une connexion entre les forces que nous classons sous le nom de forces vitales et les forces que nous appelons physiques. Il y a bien longtemps que les physiologistes se demandent si ces forces sont identiques : les uns disent oui, les autres non ; des deux côtés on n'a qu'à moitié raison, si ces forces, *sans être absolument semblables, ne sont que* DES TRANSFORMATIONS *les unes des autres*.

La vie ne serait dans cette théorie qu'une métamorphose des forces qui nous sont déjà connues hors de l'être vivant, *chaleur, électricité, magnétisme, affinité chimique*.

La pensée ou plutôt l'énergie mentale n'est qu'une métamorphose de la force vitale (SPENCER).

Ainsi *la pensée ne serait qu'un mouvement*, plus compliqué sans doute, plus mystérieux que les autres mouvements qui nous sont connus, mais lié pourtant à ces mouvements, comme le satellite est uni à la planète, ou *l'acide à la base*.

Loi d'évolution : Le monde est un remous perpétuel.

VI

NOTES SUR L'HISTOIRE DE LA CIVILISATION EN ANGLETERRE
PAR BUCKLE

Gambetta, comme on voit, lisait assidûment la *Revue des Deux mondes*. Le 15 mai 1868, Louis Étienne y publie une analyse de l'*Histoire de la civilisation en Angleterre*, par Thomas Buckle. Cette analyse d'une œuvre magistrale frappe vivement le jeune avocat qui sera, demain, le défenseur de Delescluze au procès Baudin. Comme pour les articles de Taine et de Laugel, il lit celui d'Étienne la plume à la main, consigne d'abord que Buckle, « mort le 29 mai 1862, était fils d'un négociant de la cité de Londres », que « le livre a été publié en deux parties, de 1858 à 1861 », que Tocqueville l'a appelé « un livre de première taille ». Voici la suite de ces notes préliminaires :

La philosophie positive de l'histoire, c'est l'histoire devenue science exacte.

1° Il y a un Théorème qui a pour but d'établir qu'il y a *des lois* dans l'histoire, que l'objet même que l'on cherche existe réellement.

2° Il y a un Problème qui consiste à trouver une route déterminée pour y parvenir.

La suite de l'histoire est soumise à des lois qu'il est possible de découvrir (St. Mill).

C'est à la statistique que Buckle demande la loi.

C'est la société qui prépare le crime, le coupable n'est que l'instrument qui l'exécute (Quételet, *Sur l'homme*).

Par la statistique, la constance des événements se dessine (St. Mill).

Le point de départ de Buckle, c'est que les actions des hommes, quelque libres et même capricieuses qu'elles puissent paraître, sont produites par des lois nécessaires qui les poussent en un certain sens où elles tendent, spontanément, aveuglément. Deviner quel est ce sens, en apparence mystérieux, connaître cette tendance irrésistible, tel sera le point d'arrivée.

Toutes les lois qui règlent la marche des sociétés sont les lois *physiques*, c'est-à-dire s'exerçant de la nature sur l'homme, ou des lois *mentales*, c'est-à-dire s'exerçant de l'homme sur la nature.

Les lois physiques sont :

1° Climat.

2° Nourriture.

3° Sol.

4° Aspect de la nature.

Les lois mentales ne sont autre chose que l'homme lui-même réagissant contre la nature, triomphant des lois physiques sans les détruire.

Image de l'histoire de l'Europe. Elle n'est que la série des victoires de l'homme sur la nature, tandis que la victoire constante, monotone, de la nature sur l'homme compose le fond de l'histoire des nations asiatiques.

Les lois mentales sont :

Morales, c'est-à-dire relatives à la volonté ;

Ou *intellectuelles*, c'est-à-dire relatives à l'intelligence.

Les premières lui enseignent les *devoirs*.

Les secondes lui montrent les *moyens* de les accomplir.

De l'action simultanée des unes et des autres résulterait le *Progrès*.

Le bien que l'on fait aux hommes, quelque grand qu'il soit, est toujours *passager*. Les vérités qu'on leur laisse sont éternelles (Cuvier).

L'économie politique est une exhortation perpétuelle à la paix.

Le progrès a été obtenu non par la vertu, mais par l'intelligence, *par le vrai*.

Les anciens ont connu *la démocratie politique*, ils n'ont connu à aucun degré *la démocratie intellectuelle*.

La vraie fonction d'un gouvernement, *c'est* DE CÉDER.

Trois sortes d'ingérences qui augmentent la part des aberrations particulières et des éléments flottants de l'histoire.

Celle de l'*Étranger* ;

Celle de la *Religion* ;

Celle du gouvernement (BUCKLE).

Angleterre. Le progrès social de l'Angleterre n'est pas dû à la religion, l'un est au contraire en raison inverse de l'autre, *un maximum* de connaissance répond à un minimum de foi.

Buckle date la civilisation anglaise de l'apparition du *scepticisme* dans son pays.

Le scepticisme a des caractères particuliers en pays protestant. Il est naturellement théologique, et c'est dans les livres des théologiens qu'il faut en étudier les progrès. Il naquit le même jour que le *Sens privé*, première forme du libre examen. Commence sous la reine Elisabeth, pour la Bible contre les Pères.

Sous Charles Ier, la théologie entreprit sur les conciles.

Il faut des preuves. Il n'y a plus que la Bible et la raison aux prises, avec une égale confiance (xviie siècle).

Au xviie siècle. La raison repousse tout, excepté la Bible, et sépare ce qui est divin de ce qui est humain, la foi de la morale, la religion de la politique. Cumberland, évêque de Péterborough, écrit un livre sur la morale qui ne s'appuie pas sur la révélation.

Et les résultats suivent dans la civilisation. A la diminution de foi dans le xvie siècle, répond une tolérance de principe sinon de fait. Les concessions faites au sens privé provoquent dès lors le mouvement des esprits. La littérature et la philosophie avancent à vue d'œil vers la maturité (xviie siècle), Shakespeare et Bacon, Milton, Newton, Locke. Enfin Société royale des Sciences, forteresse de l'Esprit nouveau.

xviiie siècle : Hume, Gibbon. La pensée se répand de toutes parts, journaux, clubs.

A mesure que savoir devenait plus facile, croire devenait plus rare.

Self reliance, habitude de se fier à soi-même, base première du self government.

Le self government joue le même rôle dans la civilisation anglaise que le scepticisme aux yeux de Buckle.

Dans l'état présent des connaissances, la politique, loin d'être une science, est un des arts les plus tardifs, et la seule conduite assurée pour les faiseurs de lois, est de ne voir dans leur métier que le secret d'adapter des conceptions temporaires à des circonstances temporaires. Leur fonction est de suivre leur siècle et nullement d'essayer de le conduire.

Le positivisme anglais est un positivisme différent de celui de Comte et de ses disciples, surtout par son mépris pour l'autorité et l'ingérence gouvernementales.

Athées : *Sécularistes* ou adorateurs exclusifs de la vie actuelle du siècle.

VII

NOTES SUR LA PHILOSOPHIE POSITIVISTE

On sait avec quel éclat Gambetta fit, un jour, acte d'adhésion publique au positivisme. Invité, comme président de la Chambre, à la fête commémorative du cinquantième anniversaire de la fondation de l'Association Polytechnique, il prononça, dans le grand amphithéâtre de la Sorbonne, un discours où il salua Auguste Comte comme « le plus puissant penseur du siècle » (12 décembre 1880). Il l'y définissait : « Ce penseur uniquement préoccupé de débarrasser la cervelle humaine des ténèbres et des chimères, pour ne faire de la pensée qu'un pur lingot d'or ».

Déjà, quelques années auparavant, au dîner qui avait été offert à Littré à l'occasion de l'achèvement de son Dictionnaire, Gambetta avait déclaré que la philosophie positiviste était la sienne (5 janvier 1873). « Il viendra certainement un jour, avait-il dit, où la politique, ramenée à son véritable rôle, ayant cessé d'être la ressource des habiles et des intrigants, renonçant aux manœuvres déloyales et perfides, à l'esprit de corruption, à toute cette stratégie de dissimulations et de subterfuges, deviendra ce qu'elle doit être, une science morale, expression de tous les rapports des intérêts, des faits et des mœurs, où elle s'imposera aussi bien aux consciences qu'aux esprits, et dictera les règles du droit des sociétés humaines. Ce jour-là, votre philosophie, *la nôtre*, aura vaincu, et votre nom[1] sera honoré parmi les hommes. »

Il avait dit, au début de ce discours : « Ce n'est pas d'aujourd'hui que j'ai reçu l'initiation à cette sévère et sûre méthode, dont, tout à l'heure, on rappelait les titres ».

1. Celui de Littré.

J'ai trouvé, en effet, dans les notes de Gambetta, une analyse des plus serrées du système d'Auguste Comte, ainsi que des objections de Stuart Mill, dans son volume sur le positivisme [1]. Gambetta avait-il lu, dès cette époque, — ou parcouru — le cours d'Auguste Comte ? Je serais disposé à le croire. Pourtant, bien que l'indication précise fasse défaut, les pages suivantes ont été manifestement écrites au cours d'une lecture attentive de l'article de Littré sur « Auguste Comte et Stuart Mill » dans la *Revue des Deux Mondes* du 15 août 1866. Il y suit, pas à pas, la réfutation de Littré, la copie ou l'analyse, la condensant [2]. Il aimait à se rendre compte des choses, mais le temps lui manquait pour les prendre à la source même. Son intelligence puissante suppléait à ce que la documentation par intermédiaire a de nécessairement incomplet.

Voici ce résumé :

A. Comte a voulu faire une philosophie, il l'a nommée positive.

Mill nie que l'œuvre soit accomplie pour deux raisons :

1° Que la sociologie y est manquée ;

2° Que la psychologie en est absente.

Littré prétend :

1° Que la sociologie y est constituée, ce qui suffit au but philosophique ;

2° Que la psychologie en est absente sans dommage pour l'œuvre, et que le rapport entre la philosophie positive et la psychologie est autre que ne le suppose la critique de M. Mill.

Première question :

Qu'est la philosophie positive ?

C'est la conception du monde telle qu'elle résulte de l'ensemble *systématisé* des sciences *positives*.

La Philosophie est l'étude générale du *monde* ou, en termes scolastiques de l'*objet*, et dans ce monde, dans cet objet, l'homme

---

1. *Auguste Comte et le Positivisme*, traduit par G. Clemenceau, 1860, in-18.

2. L'article est intitulé : *Auguste Comte et M. Stuart Mill, la philosophie positive*.

se retrouve à sa place soit comme être vivant, soit comme être
social.

Mettre l'homme en tête de la Philosophie, c'est donner un
faux titre, si l'on ne veut que rentrer dans la voie objective,
après un détour ; ou donner une FAUSSE *méthode*, si, en effet. le
point de vue *psychologique* est celui duquel on part.

(Littré.)

La philosophie est *réelle* ; une conception des choses. La
logique est *formelle* ; une manière d'être de l'entendement.

Là est la raison décisive qui empêche qu'on ne puisse arriver
à la philosophie *positive* par la psychologie.

C'est la définition réelle, non formelle, objective, non psychologique, qui seule se concilie avec l'histoire philosophique.
Dans le développement de la pensée humaine, avant le temps
de la philosophie positive, deux grandes philosophies :

La philosophie théologique ;

La philosophie métaphysique.

Là est manifeste l'impuissance de considérer la philosophie,
soit comme l'étude de l'homme en général, soit comme une
sorte de logique générale et, historiquement aussi bien que
philosophiquement, ce dont il s'agit dans la philosophie : *c'est
une conception du monde.*

1ʳᵉ période. — Exemple, toutes les religions.

Le *Dogme* est un vrai traité de philosophie. Les conceptions
théologiques sont la forme la plus ancienne de la pensée com-
mençant à spéculer, à généraliser ; « l'impulsion théologique
de l'intelligence fut de croire que tout était *volonté* ».

2ᵉ période. — La *philosophie* métaphysique est aussi une
conception du monde, mais différente de la précédente dans
son *origine* et dans ses *résultats*. Elle est née d'une *autre*
impulsion de l'intelligence.

L'impulsion métaphysique de l'intelligence fut nécessairement de penser que tout ce qui lui paraissait *logiquement* raison
des choses devait être raison des choses EFFECTIVEMENT.

3ᵉ période. — Philosophie positive, nouvelle conception du
monde où règnent, non des volontés, mais des lois ; d'où sont
bannies les idées nécessaires de l'ancienne métaphysique et où
tout, émanant de l'expérience, retourne à l'expérience.

Ce grand achèvement, qui est l'œuvre de M. Comte, avait
toujours été jugé philosophiquement *impossible* ; mais, pour
cela, il fallut partager l'univers en deux parties :

Celle que nous connaissons et où notre intelligence a pour fanal l'*expérience :*

Celle que nous ne connaissons pas, interdite à toutes nos *spéculations ;*

L'accessible ;

L'inaccessible.

Donc, la philosophie théologique est l'œuvre de la raison, concevant des volontés *dans* les choses.

La philosophie métaphysique est l'œuvre de la raison *mettant dans les choses* les vues de *l'esprit comme nécessaires*.

La philosophie positive est l'œuvre de la raison, prenant *dans* les choses ce qui doit être mis *dans l'esprit*.

Ce qui constitue l'invention propre de M. Comte, c'est d'avoir conçu et construit une philosophie en *choisissant*, dans l'œuvre des sciences *particulières* et des grands esprits scientifiques, des *Groupes* de vérités tels qu'on pût *leur appliquer une méthode*.

Deux opérations :

1° Détermination des *Faits généraux* de *chaque science fondamentale ;*

2° Groupement ou coordination de ces Faits :

Six sciences fondamentales.

Comme la philosophie d'une science est la coordination des faits généraux de cette science, il s'en suit que la philosophie totale est la *coordination* des groupes particuliers obtenus dans la première opération.

La coordination fut réglée par le degré de *complication* des phénomènes, suivant la hiérarchie qu'offre la nature elle-même dans les faits physiques, chimiques et biologiques.

Cette coordination s'appuie concurremment sur l'ordre historique qui est conforme au degré de complication.

Et sur l'*ordre didactique* qui oblige l'esprit à passer par un degré pour atteindre l'autre.

Philosophie positive, mathématiques, astronomie, physique, chimie, biologie, sociologie.

Ainsi : déterminer les faits supérieurs de tout le savoir humain ;

Les coordonner suivant une méthode naturelle ;

En tirer une conception réelle du monde ;

Constituer une notion *assez positive* pour être en plein accord avec les éléments scientifiques, et *assez générale* pour en assigner la *place* et la *valeur* dans l'ensemble.

Telle est la *philosophie positive*, œuvre de Comte.

Les points d'attaque de Mill sont : la sociologie et la psychologie.

M. Comte a-t-il constitué ou non la sociologie ?

Mill nie qu'il y ait réussi.

C'est là une question vitale pour le système d'A. Comte.

Littré soutient que Comte a suffisamment fait la philosophie de cette science particulière (fondamentale) nommée sociologie, pour s'en servir au même titre que de la biologie, de la chimie et des autres sciences *dans l'édification* de la philosophie *positive*.

Etat statique.

Etat dynamique.

L'état dynamique successif a pour caractère essentiel de ne prendre naissance que dans l'association, instinctivement et primordialement formée, et de n'être pas le *propre* d'un individu. Aussi est-ce par lui qu'on sépare positivement la sociologie de la biologie. Notons ceci, car c'est l'essentiel : séparation de la sociologie et de la biologie. L'état dynamique *seul* est ce qui constitue un nouveau domaine scientifique ; l'état statique n'y suffirait pas : rudimentaire, il retomberait dans la biologie ; compliqué, et part importante de la sociologie, il est subordonné au développement historique.

Le développement historique appartient à ce que j'ai nommé des résidus, résidus dont la science inférieure (ici la biologie) ne peut rendre compte, et qui forment la *base* de la science supérieure, quand vient le génie qui sait les utiliser. — Ce génie fut, pour la sociologie, Auguste Comte.

L'histoire est la partie première de la sociologie.

La statistique n'en est que la partie seconde.

Et l'économie politique est une portion de la statistique.

Théorie historique du doute — trois degrés du développement social :

Degré théologique ;

Degré métaphysique ;

Degré positif.

Sociologie. — Comte a montré inhérente aux sociétés la faculté de croître suivant un certain mode, attribuée jusqu'alors à d'autres agents que la société elle-même. Il a rendu positive *l'étude* de cette faculté et du *milieu où elle s'exerce*.

Sociologiquement, et dans la hiérarchie des parties de la science, l'état dynamique a la prépondérance sur l'état statique, *puisqu'il le détermine dès qu'il y a changement*, et puisqu'il n'y a sociologie que parce que *le changement* se produit, ce qui fait que, nécessairement, la constitution de la science y est attachée. Puis, philosophiquement, il importe, non que les parties secondes soient élaborées, mais que les *parties premières* soient constituées, afin qu'il soit possible d'établir la philosophie positive qui est l'*œuvre poursuivie*.

Donc Mill a tort dans le reproche adressé à Comte d'avoir, en négligeant l'économie politique, *manqué la* constitution de la sociologie. Le seul reproche à adresser à Comte, c'est qu'il a eu tort de condamner l'économie politique ; mais il a eu raison de n'en pas user pour la constitution de la science sociologique.

En résumé, dans la critique de M. Mill, Littré signale trois vices :

1° N'avoir pas reconnu l'inégalité entre l'état dynamique et l'état statique, ce qui induit à ne pas voir la constitution de la sociologie là où elle est.

2° Avoir cherché dans Comte une physiologie sociologique plutôt que le premier moteur auquel la physiologie sociologique est subordonnée.

3° Avoir perdu de vue le *but* de M. Comte, pour qui la constitution de la sociologie est un moyen *d'arriver* à la constitution de la *philosophie positive* qui est le but à atteindre.

VIII

NOTES SUR L'ANGLETERRE

Comme tous les libéraux, et comme tous les hommes pratiques, Gambetta a étudié la constitution politique de l'Angleterre, son organisation administrative et financière, son système judiciaire, les garanties dont elle a cuirassé le droit des citoyens. On verra, dans les pages que voici, avec quelle minutieuse attention il a cherché à s'en rendre compte :

L'Angleterre et le pays de Galles se divisent en comtés (52), paroisses et bourgs incorporés.

1° *Le comté*, par son étendue, répond à peu près à nos *cantons*.

2° *Le bourg* est une espèce de commune qui tient, d'un acte du parlement ou d'une charte royale, *le droit* de s'administrer *et même de se gouverner.*

3° *La paroisse* n'est à proprement parler qu'*une personne politique.*

Sa fonction est de *répartir* entre les habitants les impôts votés par un pouvoir supérieur et *d'entretenir* les routes.

Les principales autorités du comté sont :

1. — Juge de paix.
2. — Sheriff.
3. — Lord-Lieutenant.
4. — Le gardien des rôles.
5. — Le greffier de paix.
6. — Les coroners.

Aucun n'est électif.

Comment *la liberté* s'introduisit-elle donc dans *la vie locale* de l'Angleterre ?

1° Les *juges de paix* en Angleterre sont limités par deux grands faits :

Ils ne peuvent agir isolément dans bien des cas. Session du jury ; *discussion* à la base ; système parlementaire, donc *Liberté* ;

Ils jugent en présence de leurs administrés. *Unus ex civitate.*

2° Le *sheriff* est le *représentant de la Reine* dans le comté.

Mais différence essentielle avec l'administration française :

Ce sheriff, organe du pouvoir central, qui a quelque analogie avec le préfet, au lieu d'être le premier magistrat du comté, a un rang essentiellement subordonné ; et le mode même de la nomination le prouve.

Le sheriff est choisi par la Reine sur une liste de trois candidats que lui présentent les juges de paix.

3° Le *gardien des rôles* qui est presque toujours en même temps.

4° *Lord-Lieutenant ;* il conserve les archives et commande les milices.

N. B. — Les milices de tous les comtés, armée locale = 18.000 hommes.

5° Le *greffier du comté*, choisi par le lord-lieutenant ; il est chargé de tenir le registre des décisions du juge de paix et de veiller à leur observation.

Rétribution considérable.

Le juge de paix n'est pas payé.

6° Le *coroner*. Principal officier de police judiciaire au

criminel, choisi par les propriétaires qui composent le jury.
. Les bourgs sont gouvernés d'après des règles tout à fait spéciales. La centralisation du pouvoir y est plus absolue; les attributions de la police plus vastes.

2.000.000 d'Anglais seulement vivent sous ce régime,

LE GRAND JURY

Le sheriff désigne de 20 à 23 FREE HOLDERS.

C'est à ce grand jury qu'on défère les bills d'indictement ou
d'accusation.

Il examine les mémoires, et, à moins qu'il ne trouve matière
à poursuites, l'accusation est mise de côté.

PETTY JURY.

Le second jury est celui qui doit juger les accusés.

Le jury choisit, parmi les free holders ou autres que la loi
reconnaît capables de siéger, un nombre de personnes qui doit
être de 48 au moins, de 72 au plus.

On met les noms dans une urne de verre, et les 12 qui sortent
les premiers sont membres du jury.

Le prisonnier a le droit de récuser ceux d'entre ces douze
membres qu'il peut raisonnablement soupçonner de partialité,
ou dont la réputation a souffert d'une sentence rendue pas
quelque cour de justice.

Dans le cas de trahison, il a le droit péremptoire d'en récuser 35.

Quand les débats sont terminés, les 12 jurés sont enfermés
ensemble, sans pouvoir se séparer ni communiquer avec le
dehors avant qu'ils soient tous *tombés d'accord* pour rendre
un *verdict unanime*.

WRIT D'HABEAS CORPUS

Loi sous Charles II. Cet acte, bien connu sous le nom d'H. C.
Act., commande que :

Sur requête *écrite* directement ou faite en faveur d'une *personne* qui a été mise *en prison*, excepté pour le cas de haute
trahison ou de félonie, le lord chancelier et les juges *devront*,
sous peine de 500 livres d'amende, délivrer *un mandat* pour
ordonner de la faire comparaître devant la Cour.

Le mandat doit être lancé et le prisonnier doit comparaître dans les 20 jours.

Et, si l'accusation qui pèse sur ce dernier est de celles qui permettent caution :

Le prisonnier doit être mis en liberté dès qu'il *a fourni cette caution*, et qu'il s'est engagé à se présenter pour être jugé.

S'il est accusé de trahison ou ce félonie, et si les poursuites n'ont pas été continuées à l'expiration *du second terme judiciaire* qui vient après l'emprisonnement, le prisonnier doit être mis en liberté.

Si l'objet de l'accusation n'est pas *spécifié* dans le mandat d'arrêt, l'incarcération est illégale et le prisonnier doit être relâché.

Deux fois par an, les juges parcourent le pays, munis d'une commission dite de *goal delivery* pour visiter les prisonniers.

DOCKS

En Angleterre, la création des Docks n'est soumise à aucune autorisation.

Ceux qui exploitent ces établissements sont des espèces de courtiers-banquiers faisant des avances d'argent jusqu'à concurrence des 3/4 de la valeur de la marchandise déposée.

CLEARING-HOUSE

Situé dans le Lombart-Street, partie de l'ancien Hôtel de la Poste.

Vers 1775, ceux des banquiers de Londres qui faisaient leurs affaires dans la Cité eurent la pensée d'établir en commun une sorte de *bureau central*, où ils pourraient faire entre eux *l'échange des billets* dont ils étaient respectivement porteurs.

N. B. — Etablissement particulier sans intervention de l'Etat.

C'est à ce bureau qu'on a donné le nom de *Clearing-house*, qui peut se traduire par celui de Bureau de *liquidation*, de *compensation* ou mieux de VIREMENT.

L'objet était de permettre à chacun de s'acquitter des billets dont était *débiteur*, à l'aide de ceux dont il était *porteur*, et d'éviter ainsi autant qu'il était possible l'emploi de numéraire

(V. J. W. GILBART. *A practical Treatise of Banking*, 1849, London).

Chaque banquier admis au bénéfice de ces échanges y est représenté par un commis à demeure, lequel a devant lui un *pupitre spécial surmonté d'une boîte*.

Chaque jour, à onze heures et à trois heures, des commis, non à demeure, arrivent avec les billets appartenant à leurs maisons respectives et les déposent dans les boîtes *des maisons sur lesquelles ils sont tirés*.

A la fin du jour, après quatre heures, *les commis à demeure* dressent les comptes qui sont vérifiés aussitôt après par leurs maisons respectives et les *balances*, faites des dettes et des *créances réciproques*. Les *soldes* sont acquittés *avant* cinq heures en billets de banque et en monnaie.

Au début, il entra dans l'esprit des fondateurs d'appeler indistinctement quinze de leurs confrères au bénéfice de l'association. Peu à peu, l'esprit d'exclusion s'est emparé de la confrérie et elle a refusé de laisser entrer dans l'association les maisons nouvellement établies.

Or, les anciennes s'éteignant, le nombre s'est bien réduit.

En 1810 : 46 banques.

En 1836 : 30 —

Il n'y a jamais qu'à payer des *appoints*. Les administrations de la banque de Londres et de Westminster, à qui on avait refusé le bénéfice de régler leurs comptes au *Clearing-house*, estimaient que ce refus les obligeait à tenir constamment en caisse une somme de 150.000 livres sterling, 2.750.000 francs, en plus de ce qui leur eût été nécessaire, s'ils avaient pu y opérer librement l'échange de leurs billets.

Economie de numéraire.

Une dernière note est consacrée aux bénéficiaires et titulaires des paroisses, « qui sont nommés par des patrons, et soumis à l'appréciation des évêques ».

Des 11.728 bénéfices de l'Angleterre :

    1.144 dépendent de la couronne ;

    1.853 des chefs de diocèse ;

    6.092 appartiennent à des particuliers.

Entre parenthèses : « Quelle féodalité ! »

IX

NOTES SUR « LA FRANCE NOUVELLE » DE PARADOL

Gambetta, surtout dans sa jeunesse, était pauvre ; ne pouvant acheter que peu de livres, il empruntait à des amis plus fortunés ceux qu'il ne pouvait se procurer ; mais il les leur rendait, ce qui est déjà chose rare, avec des notes marginales.

C'est ainsi qu'il annota la *France nouvelle*, de Prévost-Paradol, qui lui avait été prêtée (1868) par Georges Pallain.

Paradol écrit : « Sous la monarchie de Juillet, la société française était tout aussi démocratique qu'elle peut l'être de nos jours[1]. » Gambetta, en marge : « Non. »

Paradol : « Une société peut être démocratique sans être pour cela en possession du gouvernement démocratique et constituée en *démocratie*[2]. » Gambetta : « Pure logomachie ! »

Paradol : « Une société démocratique tend inévitablement à prendre cette forme de gouvernement ; et si elle ne la possède pas, de deux choses l'une : ou bien elle ne l'a pas encore atteinte et s'efforce d'y arriver ; ou bien, l'ayant atteinte, elle l'a dépassée et perdue et s'efforce de la reconquérir[3]. » Gambetta : « Pure antithèse sans valeur ! »

Paradol : « Il existe entre les hommes une inégalité naturelle que la civilisation tend à atténuer, loin de l'accroître, selon le préjugé *des philosophes* du dernier siècle[4] ... » Gambetta corrige : « *D'un* » philosophe. Il n'aimait pas qu'on rendît Voltaire et les Encyclopédistes responsables des rêveries de Rousseau.

Paradol : « Ces philosophes faisaient volontiers de l'iné-

---

1. Prévost-Paradol, *la France nouvelle*, p. 6. — J'ai transcrit ces notes d'après l'édition originale qui appartient à M. Pallain.

2. *Ibid.*

3. P. 6 et 7.

4. P. 9.

galité un crime de la civilisation et refusaient d'en voir
le fondement dans la nature[1]. » Gambetta : « Rousseau
confondait en effet l'homme considéré comme individu et
l'homme considéré en état social. »

Paradol : « L'état aristocratique est le début naturel des
sociétés, et, si l'on était tenté de voir dans les États-Unis
une exception à cette règle parce que la société y a été
dès le début complètement démocratique, il suffirait d'observer que cette société n'était nullement une société
commençante, mais au contraire, un rameau vigoureux
détaché d'une société plus ancienne, et qui s'en était précisément détaché parce qu'il tendait vers l'état démocratique, impossible alors à conquérir dans la mère patrie[2]. »
Gambetta : « C'est une face exacte, mais une face du grand
mouvement américain. Il y a mieux : l'aristocratie a duré
un siècle aux colonies de la Nouvelle-Angleterre. Le premier essai de constitution, œuvre de l'aristocratie Virgi-
lienne, en est la meilleure preuve. »

Paradol : « La société fut donc dès son début aux États-
Unis ce qu'elle eût été en Angleterre, si l'aristocratie
anglaise eût été dès lors vaincue et détruite, ce qu'elle y
sera sans doute un jour après que cette grande transformation de la société anglaise se sera lentement accomplie[3]. »
Gambetta : « F 1868, *lentement* est incorrect et myope. »

Paradol : « Une société aristocratique est menacée dans
son repos, le jour où les plus capables et les plus entre-
prenants, parmi ceux qui sont exclus des avantages, s'ap-
puient sur les intérêts et les passions populaires pour faire
brèche dans l'aristocratie et pour introduire l'égalité dans
les institutions[4]. » Gambetta : « Bien dit ! »

Paradol énumère les avantages qu'une société aristo-

1. *Ibid.*
2. P. 40 et 41.
3. P. 11.
4. P. 12.

cratique résume pour une seule classe de citoyens, à l'exclusion de toutes les autres : « Il s'agit tantôt de l'inter-
diction du mariage entre la classe supérieure et les autres
classes, tantôt de l'impossibilité d'atteindre à certaines
magistratures civiles ou militaires, tantôt de l'inégale
répartition des charges publiques[1]. » Gambetta : « *Lex Ca-
nuleia. Lex Voconia. Leges agrariæ.* »

Paradol : « Le courant qui emporte la société anglaise
vers la démocratie est si régulier et si doux qu'il est presque
insensible[2]. » Gambetta souligne : *si doux*, et s'écrie :
« Quelle page on pourrait écrire sur les horreurs de la société britannique ! »

Paradol : « Tous les hommes ne sont pas sensibles au
charme élevé de la liberté, et vivre libres n'est pas un
besoin pour un grand nombre d'âmes[3]. » Gambetta : « Si
nous comptions ! »

Paradol : « Le sentiment aristocratique consiste en ce
point.... » Gambetta : « M. Prévost s'y entend encore ?... »
Paradol : « que l'homme qui a une origine aristocratique
se considère lui-même davantage à cause de cette origine
et que ses concitoyens, ressentant la même impression que
lui, le considèrent aussi davantage et lui accordent
quelque chose de plus qu'au commun des mortels. »
Gambetta : « Quel ton et quelle manière ! » Paradol :
« C'est parce que ce sentiment disparaît qu'une société aristocratique succombe, et, une fois que ce sentiment a disparu, aucun effort humain ne peut le reproduire; qu'est-ce
donc lorsqu'il a fait place au sentiment contraire, lorsqu'une origine illustre est une cause d'embarras pour
celui qu'elle distingue et une cause de défiance ou d'hostilité de la part de la multitude ?[4] » Gambetta : « Le familier

1. P. 13.
2. P. 17.
3. *Ibid.*
4. P. 19.

plébéien des ducs est devenu bien amer à la multitude ! »

Paradol : « Lorsqu'une société touche enfin à ce gouvernement démocratique, qui semble le seul port dans lequel il lui soit possible de trouver le repos, elle découvre une mer nouvelle, plus agitée et plus périlleuse que tous les parages qu'elle a traversés[1]. » Gambetta : « Absurde ! Quel cruel besoin que celui de la rhétorique ! »

Paradol : « Le gouvernement démocratique repose sur cette idée que le plus grand nombre de citoyens fait un usage raisonnable du droit de vote, et voit toujours avec discernement ce qui est conforme à la justice et avantageux à l'intérêt commun, et cela n'est pas vrai[2].... » Gambetta : « C'est la seule responsabilité qui convienne aux nations, car c'est de leur libre arbitre et non d'un ou de plusieurs maîtres que dépendent leurs destinées. »

Paradol : « Le plus grand nombre des citoyens, préoccupés, dès le début de la vie, de la nécessité de subvenir aux besoins du corps, est très imparfaitement éclairé, et, si la multitude ne manque pas certainement de vertu, elle manque certainement de lumières[3]. » Gambetta : « Cette réflexion me paraît bien blessante, car elle est trop fréquente pour n'être pas intentionnelle, surtout si je considère qu'en ce passage multitude est pris pour synonyme de démocratie. »

Paradol : « C'est dans cette résignation des gens éclairés et dans le découragement d'un grand nombre de bons citoyens que le despotisme démocratique trouve tout d'abord sa principale sécurité[4]. » Gambetta : « Dites : dans l'égoïsme et la peur ! »

Paradol : « La démocratie n'est point avide de libertés

1. P. 22.
2. P. 25.
3. P. 26.
4. P. 34.

politiques, mais de bien-être [1]. » Gambetta : « Lisez : justice ! »

Paradol : « Le despotisme démocratique se déclare toujours particulièrement et exclusivement chargé du bien-être de la multitude [2]. » Gambetta : « Ce qui est la nécessité même de la forme politique. »

Le chapitre v : « Ce que deviennent la liberté et l'égalité sous le despotisme démocratique » a plu à Gambetta. En marge du tableau où Paradol montre le despotisme démocratique des Césars de Rome qui ne respecte rien, Gambetta écrit : « C'est du Montesquieu ! » A la fin du chapitre [3] : « Ces deux pages sont le type achevé de la manière à la fois peuple et frondeur de l'auteur. Allusions fines et blessantes, fondues dans un style large et presque hautain d'allures. Il faut ajouter que l'observation, pour être mordante, ne perd rien de son exactitude, de sa justesse. On pourrait citer les noms. »

Paradol se prononce pour la représentation des minorités ; sans cette représentation « le Parlement n'est pas le miroir de la nation, ce qui est l'idéal du système représen-

---

1. P. 35.

2. *Ibid.*

3. « Enfin une dernière contradiction, non moins funeste à l'égalité, paraît inséparable du despotisme démocratique. Nul homme éclairé n'ignore que ce genre de gouvernement est viager de sa nature, qu'il ne se transmet que d'une façon irrégulière au milieu des orages, et qu'il n'est point d'exemple qu'on l'ait vu devenir héréditaire ; néanmoins, c'est une illusion constante chez ceux qui s'en trouvent investis, que de croire cette hérédité possible, et c'est leur habitude que de faire tous leurs efforts pour l'établir. Ils s'appliquent donc à entourer d'appuis fidèles ces trônes éphémères, et à y rattacher par toutes sortes d'avantages les hommes qui paraissent le plus capables de les soutenir. Or, il n'y a que des moyens connus et peu nombreux d'agir sur le cœur de l'homme, que l'égoïsme conduit, et lorsqu'on a comblé les vœux de l'avarice, il ne reste plus guère qu'à chatouiller la vanité. L'anoblissement et les titres héréditaires ont de tout temps rempli cet office, et le despotisme démocratique se trouve ainsi insensiblement poussé à faire à l'égalité cette dernière, mais impuissante injure. Il en vient donc un jour à s'entourer d'un fantôme de noblesse, soit qu'il crée des noms nouveaux, soit que, parfois, il ne craigne pas d'orner de quelque grand nom, dérobé à l'histoire, les moins considérés de ses serviteurs.

« Voilà ce que deviennent nécessairement la liberté et l'égalité sous le despotisme démocratique. » (P. 42 et 43.)

tatif[1]. » Gambetta : « L'argument du miroir est un argument de mots. » Tout de même Gambetta reprendra plus tard l'image, dans son discours sur le rétablissement du scrutin de liste : « On eût considéré le scrutin par arrondissement comme une sorte de miroir brisé où la France n'aurait pas reconnu sa propre image. » (19 mai 1884).

A la fin du chapitre intitulé : « Du droit de suffrage », Gambetta : « La question n'est même pas touchée. »

Paradol émet l'idée d'un conseil régional, composé d'un certain nombre de conseils généraux ou de délégués des conseils généraux, « chargé de délibérer sur les voies et moyens nécessaires pour assurer l'accomplissement de l'œuvre commune[2] » (voies de communication, établissements d'utilité publique). Gambetta : « Très bien ! »

Paradol, au sujet de la Chambre des députés : « On peut fixer à environ 600 membres le chiffre de la représentation qui convient à la France[3] ». Gambetta : « C'est beaucoup trop ! A mon sens 400. »

Paradol : « C'est le président de l'Assemblée nationale qui doit, en cas de vacance d'un siège, adresser un ordre de convocation aux électeurs, et il n'est ni prudent ni convenable de laisser ce soin au ministre de l'Intérieur[4]. » Gambetta : « Bien ! »

Paradol : « L'expérience est d'accord avec la raison pour recommander aux nations qui veulent se gouverner avec ordre et en liberté, l'établissement de deux Chambres[5]. » Gambetta : « C'est tout juste le contraire qui est expérimenté. » Il changera d'avis.

Paradol veut faire entrer *de droit* dans la Chambre haute « certains généraux ayant rempli des conditions qui

1. P. 71.
2. P. 83.
3. P. 86.
4. P. 91.
5. P. 105.

seraient déterminées par la loi [1].... » Gambetta : « Jamais ! »
Paradol : « .... et deux membres de chacune des sections
de l'Institut élus par leurs collègues [2].... » Gambetta :
« Adorable petit bout d'oreille ! »

A la fin du chapitre sur la Chambre haute, Gambetta
écrit : « Monarchie bâtarde et fausse République. »

Paradol : « Une bonne loi sur la responsabilité présidentielle est donc la plus urgente et la plus indispensable
des institutions d'une république naissante; mais cette loi
est difficile et délicate à faire [3].... » Gambetta : « Et l'amendement Grévy ? »

Paradol dénonce « la tyrannie d'une majorité législative
qui aurait cessé pendant le cours d'une législation
d'être en communauté d'opinion avec la majorité des
citoyens [4]. » Gambetta : « Toute cette fantasmagorie s'éva-
nouit devant une Chambre élue chaque année. »

Je rappelle que ces notes sont de 1868. De 1868 à 1875,
où Gambetta fut l'un des auteurs de la Constitution
actuelle et l'un des principaux fondateurs du Sénat,
« grand conseil des communes de France », que de
profondes modifications dans son cerveau, si vite, si
cruellement mûri par l'expérience !

Paradol revendique pour le souverain le droit de dissolution [5]. Gambetta : « C'est le coup d'État ! »

Paradol : « J'appelle expressément *bon citoyen* le Français qui ne repousse aucune des formes du gouvernement
libre, qui ne souffre point l'idée de troubler le repos de la
patrie pour ses ambitions ou ses préférences particulières,
qui n'est ni enivré ni révolté par les mots de monarchie ou
de république, et qui borne à un seul point ses exigences:

1. P. 110.
2. P. 111.
3. P. 122.
4. P. 147.
5. P. 149.

que la nature se gouverne elle-même, sous le nom de république ou de monarchie, par le moyen d'assemblées librement élues et de ministères responsables[1]. » Gambetta : « Bonne conclusion ! »

Paradol : « Si, parcourant la cité, j'appelle les citoyens aux armes, niera-t-on que j'ai commis un crime évident contre l'existence de l'État ? Si, poursuivant un de mes concitoyens de mes clameurs, je l'accuse de toute sorte de crimes, niera-t-on que j'ai troublé la paix publique et attaqué mon prochain aussi violemment que si je le frappais de l'épée ? Si pourtant ces actes sont criminels et dangereux aux yeux de tous, comment prétendre qu'ils deviennent innocents parce que ma voix, au lieu de s'élever sur un point isolé de la cité, aura été portée par la presse d'une frontière à l'autre de la France ? » Gambetta : « Différence entre l'acte et l'opinion ? »

Le débat, repris vingt fois, n'est pas épuisé. En 1894, je disais à Jaurès : « Qu'est-ce qu'un acte, sinon une idée qui se concrète ? »

Les notes cessent vers la seconde moitié du volume; il n'y a plus à droite et à gauche du texte, que de longs coups de crayon. Ce dialogue de Paradol et de Gambetta tourne court; on pense, non sans tristesse, à ce qu'aurait pu être la rivalité féconde ou la collaboration de ces deux hommes qui n'avaient pas la même conception de la démocratie, mais qui aimaient également la liberté et la justice.

1. P. 133.

UN APPEL DE GAMBETTA

A LA

JEUNESSE D'ITALIE[1]

<hr>

1. *Temps* du 4 décembre 1915.

Mon vieil ami Péphau, qui fut l'un des plus anciens et des plus fidèles compagnons de Gambetta, a trouvé, « en essayant de mettre un peu d'ordre dans de vieux dossiers », un document d'une belle éloquence, qu'il me communique.

C'est un appel « de la jeunesse de France à la jeunesse d'Italie » qu'il écrivit, à la nouvelle de la mort de Cavour, sous la dictée de Gambetta.

Cavour mourut le 6 juin 1861. « Qui n'a pas vu Turin ce jour-là, raconte Massari, ne sait pas ce que c'est que la douleur d'un peuple. » La douleur s'étendit à toute l'Italie, retentit dans toute l'Europe. « Son nom, s'écria Palmerston à la Chambre des Communes restera toujours vivant, et, pour ainsi dire, embaumé dans la mémoire, dans la gratitude et l'admiration du genre humain. »

Gambetta, jeune homme de vingt-trois ans, qui venait d'être reçu avocat, engagé déjà dans l'ardente politique du Quartier latin, annonçant par tout son extérieur un tribun et cultivant en lui un homme d'État, n'aurait pas été le fils d'un Génois qu'il n'en eût pas moins partagé tout l'enthousiasme de sa génération pour l'Italie, libérée enfin de l'Autriche à la fois par le génie de Cavour et par le concours de nos armes.

J'ai connu le père de Gambetta, qui survécut à son fils. Il ne m'a point paru que Gambetta tînt beaucoup de ce dur vieillard, sans culture, intelligent, qui avait été épicier à l'enseigne du *Bazar Génois* et qui avait certainement du sang de corsaire dans les veines. Sa mère était une robuste paysanne du Quercy. On disait de

lui, dans la famille : « Il est Massabie. » C'était un
latin.

Gambetta m'a raconté maintes fois qu'il avait assisté
au départ de Napoléon III pour la campagne d'Italie. Les
ouvriers du faubourg Saint-Antoine, ardemment acquis à
la cause italienne, dételèrent les chevaux de la voiture
impériale, acclamèrent le futur vainqueur de Solférino.
Gambetta était déjà républicain, détestait l'Empire. Il
rentra dans sa mansarde d'étudiant, se disant qu'on ne ren-
verserait jamais le gouvernement du 2 Décembre. Il
fallut, en effet, qu'il se renversât lui-même.

Des quatre héros de l'indépendance italienne, le roi
Victor-Emmanuel, Cavour, Mazzini, Garibaldi, toutes les
préférences du jeune Gambetta allaient à l'homme d'État.
Il reconnaît l'extraordinaire génie politique et prophétique
de Mazzini ; mais il manque d'indulgence pour le conspirateur de profession. Il admire en Garibaldi le héros,
mais il a un goût inné pour le soldat régulier. Lorsque
Garibaldi lui demanda, en 1870, de commander à l'une
des armées de la Défense nationale, il opposa un refus
péremptoire au chef des *Mille* ; la loi ne veut pas
qu'un étranger commande à des soldats français. « J'ai
été dictateur, moi aussi, lui dit Garibaldi ; je faisais
ce qu'il me plaisait. — Et moi aussi », répliqua Gambetta.

Pour Cavour, il ne cessa point, par la suite, de le mettre,
comme diplomate et comme homme d'État, fort au-dessus
de Bismarck ; et je crois bien qu'une postérité, qui a
déjà commencé, ratifiera ce jugement. Cavour trouvait
qu'il était trop facile de gouverner avec l'état de siège ;
Bismarck avait la liberté pour ennemie personnelle.
Cavour était l'honneur même et la loyauté ; Bismarck fut
dépouillé de tout scrupule. Cavour avait, au plus haut
degré, le sens de l'humanité ; Bismarck fut un barbare
« de génie », surtout un barbare ; Gambetta l'appelait

« le monstre ». Cavour a libéré et ennobli l'Italie ; Bismarck a assis la Prusse sur l'Allemagne, exagérant la Prusse et corrompant l'Allemagne.

Mais le nom de Bismarck était, en 1861, inconnu de la France.

Voici le texte de l'appel que Gambetta dicta au docteur Péphau :

LA JEUNESSE DE FRANCE A LA JEUNESSE D'ITALIE

Tanta molis erat Romanam condere gentem...

Frères !

Le comte de Cavour a cessé de vivre ! Que la jeune Italie, que la démocratie Européenne entrent dans le deuil et les larmes ; car si la vie de cet homme est grande et forte, la fin est sublime : il est mort de patriotisme, mal glorieux et dévorant qui n'a jamais atteint que les grandes âmes.

Or, c'est cette heure des suprêmes douleurs que nous venons choisir, nous, la jeunesse de France, pour vous porter nos regrets les plus amers, nos espérances les plus caressées, nos vœux les plus ardents, et faire comme un écho sympathique et enthousiaste à ces trois cris de la mort : Venise... Rome... France, révélation de l'avenir sortie toute puissante du tombeau.

Oui ! l'aveugle destinée vous a cruellement frappés en vous ravissant avant l'heure le puissant ouvrier, dont chaque effort ajoutait une assise de plus à l'édifice désormais indestructible de la réorganisation nationale. Encore quelques mois de vie, cruel destin ! et cette main bénie ouvrait à l'Italie ressuscitée les portes du Capitole étonné de revoir un peuple. Mais les lâches seuls se laissent abattre et fuient devant l'orage. Un principe est immortel et, si l'homme était fragile, l'œuvre subsiste impérissable et l'avenir apparaît chargé de promesses assurées.

Certes, ce n'est pas sur cette terre féconde d'Italie que manqueront les intelligences et les volontés pour recueillir et parfaire ce magnifique programme du comte de Cavour. Sur cette terre d'élection, le génie et l'héroïsme se gagnent et nous avons en vous, jeunes d'Italie, une foi inébranlable. Ne savons-nous pas, en effet, que vous pensez tous que le plus beau monument à élever à la gloire du grand Ministre, c'est de terminer son œuvre, de pratiquer de plus en plus ses principes d'ordre, d'entente mutuelle, d'abnégation et de solidarité civiques qu'il a vulgarisés, enfin de prouver au monde que les nations vraiment dignes de s'appartenir savent arriver à l'indépendance à travers le martyre ?

Italiens, continuez de montrer à l'univers qui vous regarde et vous admire, les vertus des deux dernières années et alors les paroles de l'agonie sont prophétiques : « Tout est sauvé. »

Que la mémoire du grand mort vous soit dans tous les actes de la vie politique un enseignement et un aiguillon. Et si jamais des voix hostiles et corruptrices semaient la discorde dans vos rangs à l'aide de ces misérables municipalismes dont votre lamentable histoire a fait justice, songez à Cavour et restez tous unis autour de Victor-Emmanuel. Que tout homme qui porte dans son cœur une étincelle de patriotisme ne s'éloigne pas du roi : c'est là seulement la voie qui mène à Venise, il n'y en a pas d'autre.

Voilà ce que nous autres, petits-fils de 89, nous avons voulu dire à nos frères, issus hier de cette immortelle Révolution qui seule doit transformer le monde, car seule la justice fait des miracles. Aussi leur dirons-nous, avec un des nôtres ! « Montrez-vous révolutionnaires, c'est-à-dire calmes avant la lutte, dévoués et énergiques au jour de l'étreinte suprême : montrez-vous peuple, et l'Italie n'est plus en péril ; les nations qui veulent être grandes, doivent, comme les héros, être élevées à l'école du malheur. »

Cette page est, évidemment, « très jeune » ; elle n'est pas exempte de déclamation ; les réminiscences classiques y alternent avec de la phraséologie romantique. Mais de quel souffle généreux et frais n'est-elle pas animée ! Comme elle fait prévoir le grand orateur ! Comme le politicien perce et éclate sous l'orateur ! « Ces misérables municipalismes » : c'est, déjà, toute sa théorie « de la centralité politique » qu'il distinguera de la centralisation administrative. « Restez tous unis autour de Victor-Emmanuel », il ne fait pas de la République un dogme ; l'Italie ne peut achever son unité que par la

Monarchie. « Il est mort de patriotisme, mal glorieux et dévorant qui n'a jamais atteint que les grandes âmes » : c'est tout Gambetta.

Il m'a paru que nos alliés de 1915 ne liraient pas, sans en éprouver une légitime fierté, cet hommage de celui qui devait être le plus grand homme d'État de notre République au plus grand homme d'État de l'Italie.

LE VAN EYCK DE BRUGES[1]

J'ai trouvé dans les papiers de Gambetta, quand je les ai dépouillés après sa mort, une lettre de son écriture, signée de son prénom, adressée à une femme du nom de Ninette, datée simplement, sans indication de mois ni d'année : « Bruges, mardi soir, 4 h. 1/2 », et qui contient une description singulièrement vivante, de ce chef-d'œuvre de Joan van Eyck, *La Vierge et saint Donatien*. Comment cette lettre jaunie était-elle revenue à Gambetta ? l'avait-il redemandée à « Ninette » ? Qui était cette « Ninette » à qui il éprouvait le besoin de jeter, toute chaude et toute vibrante, en sortant du musée, sa joie d'artiste ? En quelle année était-il allé à Bruges ? Autant de questions auxquelles, malgré mes recherches, il m'est impossible de répondre. Il est certain seulement que la lettre, d'une inspiration d'ailleurs très juvénile, est antérieure à la chute de l'Empire, car nous connaissons les voyages que Gambetta a faits depuis la guerre et cette lettre ne peut se rapporter à aucun d'eux. Je la croirais volontiers des environs de 1865 :

Bruges, mardi soir, 4 h. 1/2.

Ma chère Ninette,

Me voici, de nouveau, perdü à la barrière de Bruges. Je rentre dans un cabaret au bord de l'eau ; cette bicoque s'appelle Tivoli, du nom de la plus charmante villa de Rome. J'entre et je vais t'écrire ou, pour mieux dire, je vais te parler tout bas. La plume est détestable, mais la langue me démange, et je t'écrirais avec la pointe du doigt plutôt que de me priver de ce lointain plaisir.

Je viens de me promener dans la campagne, tout seul ; j'ai
suivi pendant une heure une immense allée bordée de quatre
rangées de chênes séculaires ; c'est la plus belle et la plus ancienne avenue de Bruges : ces deux conditions vont toujours de
pair en ce pays, il n'y a de beau que ce qui est vieux. Il y a trois
cents ans, la vieille Flandre s'est endormie, elle n'est pas encore
éveillée. Le suaire qui la recouv e est magnifique, mais c'est un
suaire. On sent que la vie, telle que nous la comprenons à
Paris, est absente ; pas de mouvement, pas de bruit, pas de
cafés, pas de journaux, pas de femmes dans les rues. Oh ! sur
ce dernier article, tu peux te rassurer... En vérité, je commence
à m'expliquer les guenons d'Ostade, de Téniers et de Van der
Velde. Je ne suis pas éloigné de dire avec Louis XIV (et Dieu
sait s'il est mon cousin) : « Otez ces magots ! »

Heureusement, le Passé tout or, tout poésie, tout joyeux dans
son cadre, vous console du présent, et je m'en donne à bouche
que veux-tu. Je suis revenu à mes chers Memling, mais j'ai pu
ajouter à toutes mes joies d'hier le bonheur sans pareil de voir
pendant trois heures le Van Eyck de l'Académie Royale, et je
crois pouvoir, sans te déplaire, te donner une impression générale.

Van Eyck est peut-être plus grand, plus fort, plus terrible que
Memling ; ce qui lui manque en délicatesse, en finesse, il le
regagn en puissance, en philosophie, en profondeur. Je te
disais hier que Memling était un sensualiste raffiné, un amant
des caresses et des trésors de la nature, mais sans sentiment
religieux ; avec Van Eyck, c'est bien autre chose. Celui-ci est un
grand saint, en prenant le mot comme l'Eglise ; c'est un passionné, un fou de religion. Il ne voit et ne sent rien de si haut,
de si attachant, de si enviable que l'amour de Jésus ou de sa
mère ; il néglige tout ce qui l'entoure pour se précipiter à plein
courant dans l'océan divin. C'est ce qui fait les saints. Aussi
notre artiste donne-t-il toute sa passion à exprimer l'amour religieux, l'extase, la prière ; la Vierge est surtout l'objet de son
culte, ce qui lui permet de répandré sous mille formes la passion de cœur qui l'échauffe.

Le tableau que j'ai vu représente la Vierge jouant avec son
fils auquel elle tend un bouquet de ces fleurs jaunes et vertes,
dites *giroflées de Notre-Dame*, qu'un peu de terre et de soleil
fait pousser aux creux des roches marines ; en adoration devant
le groupe céleste se trouve un chanoine, vieillard de 70 ans, que
le culte de Dieu et la dîme n'ont pas trop abîmé. L'homme est

gros et gras sous son surplis blanc ; il est à genoux, d'une main il tient ses bésicles, de l'autre il soutient avec effort son bréviaire. Ses mains sont très belles, quoique ridées et gourdes, comme il arrive aux goutteux. Mais là où le génie du peintre éclate, c'est la tête du chanoine ; c'est surprenant de vie et de profondeur. Le crâne est fort, épais, avec de larges joues, que le temps a déchirées et rayées. L'oreille est prodigieuse ; on dirait qu'elle se dresse pour écouter la musique d'un orgue placé dans le fond ; cette oreille est énorme, évidemment un portrait ; le gras de l'oreille est séparé de la joue par un peu de lumière incomparable. Le cou est large et plissé. Toute la face de ce vieillard est de teinte rose pâle qui va si bien aux vieux abbés, ni trop rouge parce que cela est indécent, ni trop pâle parce que cela ne serait plus exact chez un chanoine. Les tempes sont littéralement dévastées ; il y a des paquets de nerfs et de rides mêlés comme une dentelière ; une touffe de cheveux blancs s'agite sur le côté de la tête ; c'est tout ce qui reste au vieillard ; le reste du crâne est poli, luisant comme une agate. Les yeux sont toute une biographie, bleus et clairs, avec une cornée très blanche, mais striée : le globe de l'œil bombé est cependant fatigué, ce qui explique la présence des lunettes. La bouche est fine, quoique fermée ; elle est si fermée que les dents sont certainement restées. Le menton n'a plus que la peau, les os ont disparu sous la graisse ; le nez est fin, mais dur. Avec cette tête si puissante, le tableau s'explique et Van Eyck ne l'a fait que pour mettre en relief cette étonnante figure dont le sens est très précis, dédain de la vie terrestre et familiarité avec l'autre monde ; on dirait que déjà la seconde vie a commencé pour le chanoine et qu'il restera ainsi toute l'éternité.

Mais je vois bien que le papier va me manquer. Je t'embrasse et t'envoie une paquerette que je viens d'arracher à la berge. Consulte et que l'oracle me soit favorable.

LÉON.

On trouvera quelque intérêt à rapprocher de cette lettre charmante la page fameuse des *Maîtres d'autrefois* où Fromentin décrit, avec le même enthousiasme et les mêmes préférences, le même tableau :

Ce tableau, dont la reproduction se trouve au Musée d'Anvers, est le plus important qu'ait signé Van Eyck, au moins quant à

la dimension des figures. Il est de 1436, par conséquent postérieur de quatre ans à l'*Agneau mystique*. Par la mise en scène,
le style et le caractère de la forme, de la couleur et du travail,
il rappelle la *Vierge au donateur* que nous avons au Louvre. Il
n'est pas plus précieux dans le fini, pas plus finement observé
dans le détail. Le clair-obscur ingénu qui baigne la petite composition du Louvre, cette vérité parfaite et cette idéalisation de
toutes choses obtenue par le soin de la main, la beauté du travail, la transparence inimitable de la matière ; ce mélange d'observation méticuleuse et de rêveries poursuivies à travers des
demi-teintes, ce sont là des qualités supérieures que le tableau
de Bruges atteint et ne dépasse pas. Mais ici tout est plus large,
plus mûr, plus grandement conçu, construit et peint. Et l'œuvre
en devient plus magistrale, en ce qu'elle entre en plein dans les
visées de l'art moderne et qu'elle est sur le point de les satisfaire
toutes.

La Vierge est laide. L'enfant, un nourrisson rachitique à cheveux rares, copié sans altération sur un pauvre petit modèle
mal nourri, porte un bouquet de fleurs et caresse un perroquet.
A droite de la Vierge, saint Donatien, mitré d'or, en chape
bleue ; à gauche et formant coulisse, saint Georges, un beau
jeune homme, une sorte d'androgyne dans une armure damas-
quinée, soulève son casque, salue l'Enfant-Dieu d'un air étrange
et lui sourit. Mantegna, quand il conçut sa *Minerve chassant les
vices*, avec sa cuirasse ciselée, son casque d'or et son joli visage
en colère, n'aurait pas buriné le *saint Georges* dont je parle,
d'un outil plus ferme, ne l'aurait pas bordé d'un trait plus in-
cisif et ne l'aurait jamais peint ni coloré comme cela. Entre la
Vierge et le saint Georges à genoux figure le chanoine George de
Pala (Van der Paele), le donateur. C'est incontestablement le
plus fort morceau du tableau. Il est en surplis blanc ; il tient
dans ses mains jointes, dans ses mains courtes, carrées, toutes
ridées, un livre ouvert, des gants, des besicles en corne ; sur son
bras gauche pend une bande de fourrure grise. C'est un vieillard.
Il est chauve ; de petits poils follets jouent sur ses tempes, dont
l'os est visible et dur sous la peau mince. Le masque est épais,
les yeux sont bridés, les muscles réduits, durcis, couturés, cre-
vassés par l'âge. Ce gros visage flasque et rugueux est une merveille de dessin physionomique et de peinture. Tout l'art d'Hol-
bein est là-dedans. Ajoutez à la scène son cadre et son ameu-
blement ordinaire : le trône, le dais à fond noir avec dessins
rouges, une architecture compliquée, des marbres sombres, un

bout de verrière qui tamise à travers ses vitres lenticulaires le jour verdâtre des tableaux de Van Eyck, un parquet de marbre, et, sous les pieds de la Vierge, ce beau tapis oriental, ce vieux persan, peut-être bien copié en trompe-l'œil, mais dans tous les cas tenu, comme le reste, dans une dépendance parfaite avec le tableau. La tonalité est grave, sourde et riche, extraordinairement harmonieuse et forte. La couleur y ruisselle à pleins bords. Elle est entière, mais très savamment composée, et reliée plus savamment encore par des valeurs subtiles. En vérité, quand on s'y concentre, c'est une peinture qui fait oublier tout ce qui n'est pas elle et donnerait à penser que l'art de peindre a dit son dernier mot, et cela dès la première heure.

On comparera, avec plaisir et profit, ces deux descriptions. On ne cherchera pas à les classer, comme dans une composition, au collège...

DE THIERS, DE GAMBETTA
ET DE LA ROUMANIE [1]

1. *Temps* du 22 octobre 1916.

Une vieille femme charmante, qui a été l'amie fidèle
et bonne des plus chers amis de ma jeunesse, m'a donné
récemment un document qui ira, quelque jour, le plus
tard possible, grossir, avec quelques autres, la collection d'autographes du musée Condé. C'est une lettre de
Thiers, recommandant au gracieux accueil du prince
Bibesco un jeune avocat du nom de Gambetta.

J'ai raconté ailleurs (*Récits et portraits contemporains*)
que Thiers, dont les désaccords avec Gambetta furent à
certains moments assez vifs, avait eu toujours, dans le
fond, beaucoup d'amitié pour lui, l'ayant distingué déjà,
sous l'Empire, entre les jeunes hommes qui venaient
recueillir ses oracles. Thiers avait cette qualité délicieuse d'aimer la jeunesse, parce qu'il se sentait, comme
il le fut, toujours jeune ; et cette autre qualité, plus rare
encore, d'aider volontiers au succès des hommes de talent,
parce que, supérieur à tous, et nul n'en était plus que lui
convaincu, il ne s'appliquait pas, comme les beautés, ou
douteuses ou sur le retour, à s'entourer de « repous-
soirs ».

Il faut dire aussi qu'à cette époque, les hommes qui se
destinaient à la politique s'y préparaient pendant assez
longtemps, comme à une carrière où le seul génie ne
suffit pas, et qu'ils prenaient la peine d'étudier les choses
de l'armée, celles de la politique étrangère et les finances,

avant de les gouverner. « N'importe qui étant bon à
n'importe quoi, on peut, n'importe quand, le mettre
n'importe où... », cette formule, spirituellement excessive, date de plus tard. J'ai retrouvé des cahiers de
notes de Gambetta sur toutes les matières que doit connaître un homme d'État. Comme il y avait déjà une question d'Orient, il voulut l'étudier en Orient. Cela lui
permit, par la suite, de garder à la France sa clientèle
catholique des pays du Levant et de combattre une politique qui risquait de ramener le Turc au pied des Pyramides.

En 1868, Gambetta a tout juste trente ans et n'est
connu encore que pour deux ou trois plaidoyers, qui
annoncent un futur orateur, et pour avoir, tout républicain d'avant-garde qu'il soit, soutenu dans le quartier des
Écoles la candidature, simplement libérale, de Prévost-
Paradol. Il ne prononcera qu'à la fin de l'année son
éclatant discours sur l'affaire Baudin.

Thiers ne l'en avait pas moins remarqué et attiré chez
lui, avec d'autres jeunes qui s'appelaient Adrien Hébrard
et Jules Ferry. Lorsque Gambetta eut réuni la pacotille
qui devait lui permettre de faire le voyage d'Orient avec
son ami Clément Laurier, il s'en alla trouver Thiers,
qui villégiaturait à Saint-Germain. J'entends Thiers :
« Ah ! jeune homme, vous allez voir de bien beaux pays !
Vous allez voir aussi de singuliers gouvernements ! »
Et de raconter l'histoire de la péninsule des Balkans
depuis, au moins, Mahomet II, la campagne de Bonaparte
en Égypte, et sa propre campagne d'Égypte, qui faillit
mettre l'Europe en feu ; et d'évoquer des propos de
son grand patron, le prince de Talleyrand ; et de dauber
sur Guizot, et sur le bon roi Louis-Philippe qui, après
avoir menacé de coiffer le bonnet rouge, avait remis
son bonnet de coton, et sur l'empereur Napoléon III, qui

avait placé un Hohenzollern sur le trône princier de Roumanie.

Il avait, lui, de bien bons amis en Roumanie, des Valaques de race, les petits-fils du grand vornit Démètre Bibesco ; les fils du prince Georges, qui avait été élu, en 1845, prince de Valachie à vie et qui ne l'avait été que pendant trois ans. C'étaient de très braves jeunes gens, les frères Grégoire, Nicolas, Georges et Alexandre, qui avaient tous quatre fait leurs études militaires en France. Thiers se faisait un plaisir de présenter Gambetta à l'un d'eux, le prince Nicolas, qui, s'étant marié à Paris avec Hélène d'Elchingen, petite-fille du maréchal Ney, était retourné à Bucarest, et qui connaissait, presque aussi bien que lui-même, les affaires de Roumanie.

Voici le billet qu'il remit à Gambetta et qui a été retrouvé dans les papiers de Clément Laurier, soit que les voyageurs n'aient pas rencontré le prince à Bucarest, soit qu'ils se soient fait rendre par lui l'autographe que j'ai sous les yeux :

Saint-Germain (Seine-et-Oise), 4 août 1868.

Mon cher prince,

Si vous ou votre femme ne m'avez pas oublié, ce que je pourrais bien croire, vous accueillerez avec votre bonne grâce accoutumée le porteur de cette lettre que je recommande à votre attention.

M. Gambetta, auquel je donne cette lettre pour vous, est ce que nous appelons en France un républicain. Mais il a plus d'esprit, de bon sens, de véritables lumières que beaucoup de conservateurs fort éclairés, et je voudrais que la plupart des chefs de parti en eussent autant. Personne ne connaît mieux le vrai Paris, et ne pourra vous en donner des nouvelles plus fraîches et plus exactes.

M. Gambetta, membre très distingué du jeune barreau, profite de ses vacances pour s'instruire en voyageant, et je vous prie de l'aider à emporter des idées justes de votre pays. Il rafraîchirait (*sic*) en revanche les idées que vous avez emportées du nôtre.

Mon tendre compliment à la belle Hélène, qui ne voudrait plus porter son nom, si elle savait ce qu'on en a fait à Paris, et mes plus vives amitiés pour vous.

A. THIERS,
député de la Seine.

Faut-il commenter cette lettre malicieuse et charmante ? Thiers y est tout entier. Est-il de ceux que peuvent oublier un noble étranger, et surtout une jolie femme ? Il sait bien que non. C'est à l' « attention » du prince qu'il recommande Gambetta comme quelqu'un dont on entendra prochainement parler. Ce jeune avocat est « ce qu'on appelle en France un républicain ». L'un des fondateurs de la monarchie de Juillet et le plus illustre de ses ministres, Thiers n'a pas encore franchi le pas qui le sépare de la République : est-il déjà bien éloigné de le sauter ? Le voici, en tout cas, bien fâché déjà contre « beaucoup de conservateurs », apparemment les légitimistes, pas mal d'orléanistes et les bonapartistes, qui, bien que « fort éclairés » — qu'on juge des autres ! — ont moins d'esprit et de bon sens que le candidat « irréconciliable » de demain. C'est enfin du « vrai Paris » que Gambetta donnera des nouvelles, qui n'est pas assurément celui de l'exposition de 1867 et du baron Haussmann, car l'opposition d'alors n'avait pas de goût pour le grand préfet et elle n'avait pas apprécié davantage la grande foire du monde où le second Empire avait jeté ses derniers rayons. C'était toute l'Union libérale qui avait collaboré, de Ranc à Lambert de Sainte-Croix, aux fameux couplets :

Viens, roi des Grecs, Paris vaut bien Athènes;
La *Maison d'Or* vaut bien le Parthénon,
Et tu verras que notre belle Hélène
Ne manque pas de mériter son nom...

C'était Hortense Schneider ; et l'on n'avait pas reconnu encore dans le chef-d'œuvre de Meilhac et Halévy le souffle léger d'Aristophane, tant on confondait avec l'antique ce pseudo-classique qui en est tout l'opposé.

Les cartes de visite de Thiers portaient simplement : *Monsieur Thiers*. On peut s'étonner qu'il ait cru nécessaire d'ajouter à sa signature : *Député de la Seine*. Pourquoi pas : *de l'Académie française* ? Il venait, à la vérité, d'écrire « rafratchir » avec deux *f*, comme eussent fait Mme de Sévigné, le maréchal de Saxe et Bonaparte, qui ne savaient pas davantage l'orthographe.

GAMBETTA ET BISMARCK

L'AFFAIRE SCHNOEBELÉ[1]

1. *Revue de Paris* du 15 août 1917.

Le projet d'une entrevue entre Gambetta et Bismarck, au printemps de 1878, a fait couler beaucoup d'encre. J'ai été souvent interrogé à ce sujet ; j'ai raconté ce que j'en savais dans divers articles [1] qui se répètent à quelques détails près.

J'ai le souvenir très net d'avoir dîné chez Gambetta aux Jardies, en tête à tête, au mois de septembre 1882. C'est ce soir-là qu'il me dit quelques mots de son entrevue projetée avec Bismarck.

Depuis la mort de Thiers, Gambetta était de tous les hommes d'État français celui qui intéressait le plus vivement les chancelleries. A l'époque du 16 mai, alors que Thiers se voyait de nouveau président de la République, il avait projeté de faire de Gambetta son premier ministre et il lui disait avec un mélange de fatuité diplomatique et d'affectueuse bienveillance : « Je vous présenterai à l'Europe. »

Gambetta se présenta tout seul ; il était, dans toute la force du mot célèbre, « bon Européen ».

Nombre d'Allemands, militaires et civils, ne se cachaient pas de leur admiration pour l'homme qui avait été contre leur pays l'âme de notre défense nationale. Le livre du général Colmar von der Goltz sur *Gambetta et ses armées* avait paru, dès 1874, dans les *Preussische Jahrbücher* (*Annales prussiennes*). Un soir que le vieil empe-

---

1. Notamment dans le *Temps* (11 décembre 1901 et 13 décembre 1904) et le *Journal des Débats* (6 avril 1911).

reur Guillaume assistait à une représentation de la *Jeanne
d'Arc* de Schiller, au moment où il est dit que l'héroïne a
fait sortir des armées du sol en le frappant du pied, on
l'avait entendu murmurer : « Et moi aussi, j'ai connu un
homme qui a fait cela : Gambetta. »

Bismarck, dans les causeries à bâtons rompus qu'il
affectionnait, mais où il ne disait que ce qu'il voulait dire,
en paraissant s'abandonner à sa verve, et quelquefois
pour que cela fût répété, Bismarck parla, à plusieurs
reprises avec éloges, de Gambetta. Il dit qu'il l'avait suivi
dans toute son action politique, qu'il le tenait pour un
homme d'État de premier ordre et pour un « homme ».

Ayant été tenus à des diplomates, ces propos furent ré-
pétés à Gambetta. Il était, depuis quelque temps, en relations avec le comte Henckel de Donnersmark qui lui suggéra l'idée de se rencontrer avec le chancelier.

* *

C'était un grand seigneur prussien, l'un des deux plus
riches propriétaires de la Prusse, industriel et financier des
plus avisés, membre de la Chambre Haute, et qui travaillait
volontiers dans la politique internationale, où il apportait
beaucoup d'intelligence, un esprit libre, ou à peu près, de
préjugés et pas mal de connaissance des hommes.

Il avait épousé, quelques années avant la guerre, une
aventurière de haute marque, Polonaise d'origine, Thérèse
Lachmann, qui avait quitté son premier mari, tailleur de
son métier, pour rouler dans les théâtres et avait, par le
scandale de ses débordements, désespéré son second mari,
le marquis de Païva, ministre de Portugal à Paris, qui
s'était tué. Elle tenait salon dans un hôtel qu'elle avait fait
construire par Lefuel à l'avenue des Champs-Élysées et
fait décorer par Baudry, qui lui peignit un délicieux pla-
fond, et par Dalou, qui lui sculpta une admirable chemi-

née. Ces belles choses étaient encadrées dans un luxe
d'assez mauvais goût. C'est son escalier d'onyx qui avait
fait dire à Théophile Gautier :

Ainsi que la vertu, le *vice* a ses degrés.

Ce qui n'empêchait pas Gautier de fréquenter chez elle,
dans les dernières années de l'Empire, et avec la meilleure
société et beaucoup d'hommes de lettres, Sainte-Beuve,
Taine, Flaubert, Émile Augier, Edmond About, les Gon-
court, Émile de Girardin. Pendant ses séjours à Berlin,
elle avait fait la facile conquête du roi Guillaume, qui
la venait voir souvent, se faisant chaque fois précéder par
un gros bouquet de roses, et de Bismarck, qui ne causait pas
volontiers avec les bêtes.

Elle sortait d'aussi bas que la Dubarry et fut aussi belle
que la Pompadour et d'aussi bon conseil que la Mainte-
non. J'en parle par ouï-dire, ne l'ayant jamais vue. Je
répète ce que m'a dit d'elle un vieux diplomate du second
Empire, des mieux apparentés, mais qui, je pense, avait
été de ses amants.

Henckel avait été gouverneur de Metz pendant la
guerre ; Bismarck l'avait consulté, en sa qualité de financier, à l'époque des négociations de Versailles. Il n'en
était pas moins revenu, dès la fin de 1871, à Paris, avec
la Païva qui prétendait rouvrir tout de suite ses salons.
Ils furent froidement reçus et avaient, même, été un peu
hués au théâtre des Variétés où la dame s'était outrageu-
sement étalée avec tous ses bijoux, un soir de première.
Bismarck avait demandé des explications. Il fallut toute
l'habileté de Léon Renault, alors préfet de police, appelé
en hâte par Thiers, pour régler l'incident à l'amiable.
Renault courut au château de Pontchartrain, que Henckel
avait acheté à l'époque de son mariage, et, ayant plu, en
tout bien, à la dame, obtint qu'elle se contentât de sa visite.

Henckel joua ensuite un rôle, dont Thiers disait qu'il
fut très honorable et très utile, pendant les négociations
qui hâtèrent la libération du territoire. De fait, Thiers
s'était habilement servi de lui, flattant sa vanité qui était
grande. On trouve aux annexes (13 et 14) de ses *Souvenirs*, une lettre et une note de Henckel. Thiers lui avait
demandé « ses idées personnelles au sujet d'un arrangement entre la France et l'Allemagne pour les derniers
trois milliards » (24 mai 1872), Henckel, dont les idées ne
furent accueillies ni par Bismarck ni par Thiers, n'en sut
pas moins un très grand gré à l'illustre homme d'État de
l'avoir consulté, et il s'employa de son mieux à Berlin,
avec le concours du maréchal de Manteuffel, pour accélé-
rer le règlement libérateur. Cela correspondait aux désirs
du vieil empereur, mais non pas à ceux de Bismarck, qui
aurait voulut prolonger l'occupation de nos provinces de
l'Est. Mme de Henckel y aida, elle aussi, de son mieux, en
raison de son influence sur l'empereur. Que pouvait-elle
refuser à Thiers? Il avait obligé Mme Thiers à recevoir à sa
table l'ancienne Païva, qui en avait été plus satisfaite
que de tous les bouquets du roi de Prusse.

C'est par Thiers, je crois m'en souvenir sans pouvoir
l'affirmer, que Gambetta connut Henckel. Il lui avait, sans
doute, donné, en vieillard expérimenté, le conseil de ne
point s'écarter de ces grands seigneurs officieux, au contraire de les voir, sans se donner à eux, et l'assurant
qu'un homme d'État en tirait plus de renseignements que
de la plupart des agents diplomatiques. Aussi bien le
« monde » avait-il fini par retourner chez Henckel, et,
l'ayant connu par Gambetta, la seule fois que j'ai diné
chez lui, j'y rencontrai quelques-uns des plus grands
noms du noble faubourg. Ceux qui les portaient sem-
blaient des familiers de la maison. Ce qui n'a point
empêché le comte de Meaux de reprocher âprement à
Gambetta, dans ses *Souvenirs*, d'avoir connu le singulier

personnage[1]. Il n'était apparemment licite qu'aux anciens compagnons d'enfance du comte de Chambord, à d'anciens ambassadeurs et à des fils de maréchaux, royalistes pur sang, de fréquenter en ces lieux.

De haute taille et corpulent, Henckel avait l'apparence d'un grenadier prussien, mais de manières parfaites, d'une politesse plutôt exagérée, pourtant comme saupoudrée de morgue féodale, et il causait fort bien, judicieux et quelquefois spirituel. Il était certainement un agent. Thiers avait eu l'adresse de se servir de lui. D'autres, par la suite, se firent jouer par cet habile homme.

**

D'après le récit que me fit Gambetta, la première suggestion que lui lança Henckel d'une entrevue avec Bismarck, ç'aurait été au printemps de 1878, quelques mois avant le Congrès de Berlin. Gambetta ne m'a certainement pas tout raconté de cette aventure, et bien que ma mémoire soit sûre, j'observe que mes souvenirs datent de bien des années. L'idée étonna, d'abord, Gambetta, puis le séduisit, malgré les dangers de l'opération, qui pouvait compromettre sa popularité, ou, peut-être, en raison même de ces inconvénients, qui comptent peu pour un patriote lorsque de grands intérêts lui paraissent en jeu.

A l'époque où se placent ces pourparlers (1878), Gambetta était président de la commission du budget.

Ce dont je me souviens exactement, c'est que Gambetta me dit avoir exigé que son voyage, qu'il ferait subitement, serait tenu secret jusqu'à son arrivée à Berlin. Mais l'entrevue devait être publique. Le soir de son arrivée à Berlin, Gambetta devait dîner chez Bismarck avec les présidents des Chambres allemandes et prussiennes et avec tous les ministres.

1. *Souvenirs politiques*, p. 342 et suiv.

Ainsi les choses avaient été poussées jusqu'au protocole
de l'entrevue.

Je dois observer qu'il n'est rien dit de ce dîner d'appa-
rat, destiné à être connu du monde entier, dans le volume
des *Lettres choisies* de Bismarck [1]. De ce qu'il n'en est pas
question dans ce recueil, il ne résulte pas que la version
de Gambetta ne soit point exacte. Rien ne démontre que
les éditeurs de ce volume, très postérieur à la mort de
Bismarck, et par lequel le projet d'entrevue a été révélé,
y aient publié toute la correspondance qui fut échangée à
ce sujet entre le Chancelier, son fils Herbert et Henckel.
Je tiens même pour certain que cette correspondance a
été très soigneusement expurgée. Les éditeurs n'en ont
publié que ce qui leur en a convenu, et avec la pensée
très manifeste de nuire à la mémoire de Gambetta. Nécessairement de braves gens tombèrent au piège. L'un des
derniers discours de Déroulède fut pour protester, avec
une belle véhémence, contre les haines persistantes qui
exploitèrent l'épisode. C'est à l'occasion de ce discours,
prononcé à l'anniversaire de Champigny, que je me récon-
ciliai avec Déroulède ; nous avions été amis pendant de
longues années ; je l'avais remis en rapports avec Gambetta ;
j'avais été, avec lui et Henri Martin, Detaille, Antonin Mer-
cié, l'un des fondateurs de la *Ligue des Patriotes* ; mais
nous étions brouillés depuis l'affaire Boulanger et nous
nous étions battus deux fois en duel.

La première lettre (du 17 octobre 1877) est datée de
Pontchartrain. Henckel relate avec satisfaction que ses
relations sont telles avec Gambetta qu'il a reçu sa visite à
la campagne. Herbert de Bismarck répond que son père
trouve fort intéressant qu'il voie Gambetta, mais que le
chancelier ne croit pas que ces relations puissent être
« utiles » à Gambetta lui-même. Que son parti apprenne

1. *Aus Bismarck's Briefwechsel*, Stuttgard et Berlin, 1901.

qu'il communique d'une façon quelconque « avec le prussien Bismarck », Gambetta ne tardera pas à trouver pesantes les conséquences de ces rapports (30 octobre). Sollicitude avisée et touchante. Mais est-ce bien pour Gambetta que Bismarck s'inquiète ? Il y insiste ensuite lui-même (28 décembre 1877) ; il regretterait que « Gambetta, homme d'autorité et pacifique, se compromît d'une façon frivole avec lui ». Puis la correspondance, telle qu'elle a été publiée, cesse jusqu'au mois de mars 1878 où l'entrevue est chose décidée. S'est-elle interrompue de fait ? Rien de moins probable.

Gambetta me dit encore qu'il avait eu le tort de mettre dans la confidence Émile de Girardin, alors député de Paris et l'un des vieux amis du comte Henckel, et que Girardin ne sut pas garder le secret, ce qui fut l'une des causes de l'abandon du projet.

La rupture vint de Gambetta, qui trouva un prétexte d'ordre parlementaire. Mais la véritable raison doit être certainement cherchée ailleurs. Gambetta fut-il informé que Bismarck avait dit et répété : « Il ne devra pas être question d'Alsace-Lorraine ? » Ce dont je suis sûr, c'est de la pensée qui dirigeait Gambetta, car je l'entends encore me dire avec force : « Je ne serais pas revenu les mains vides. »

Rapprochez ces deux paroles, et tout s'explique : la chimère et l'abandon du projet.

Je tiens encore de Gambetta qu'il visita, un jour, pendant l'un de ses voyages en Allemagne, celui des châteaux de Bismarck où le chancelier avait fait transporter la petite table sur laquelle avait été signé le traité de Versailles et qu'il avait emportée dans ses bagages. Risquant de trahir son incognito, Gambetta dit à l'amie (Mme Léonie Léon) qui voyageait avec lui : « Je ne serai pleinement heureux que le jour où cette table sera chez moi. »

Il n'y a point autre chose dans mes souvenirs, bien que j'aie gardé l'impression assez nette du regret qu'avait Gambetta de l'entrevue abandonnée. Il s'était évidemment persuadé, à l'époque, sur quelque propos de Henckel, qu'il arracherait à Bismarck d'importantes concessions. Quelles concessions? Qu'aurait-il rapporté dans ses mains?

Mais l'erreur, à mon sens, est précisément là. Avoir cru que des concessions lui seraient faites sur l'Alsace-Lorraine par celui qu'il appelait le *Monstre*, et cela parce que Gambetta en aurait fait la condition de l'appui de la France « à l'ordre nouveau » qu'à la veille du Congrès de Berlin, Bismarck avait esquissé dans son discours du 19 février, ce fut une illusion de la magnifique confiance qu'il avait en lui-même, dans un temps où il venait de réaliser des choses extraordinaires, et où la fortune lui semblait devoir être toujours prodigue de faveurs.

Il n'y a point de doute que ce fut Gambetta qui renonça à l'entrevue. Bismarck a longtemps hésité. Le 7 mars (1878), Gambetta écrit à Mme Léon : « Le *monstre* vient encore de se retourner. Je le soupçonne fort de n'avoir aucun plan et *d'être aussi embarrassé qu'embarrassant*, ce qui n'est pas peu dire. » Gambetta, lui aussi, est donc embarrassé. Bismarck prend enfin son parti : il risquera le coup. Henckel en informe Gambetta par une lettre du 4 avril[1]. Le 12, Gambetta quitte Paris pour Nice, où il assiste aux obsèques de sa tante. Henckel télégraphie, en

1. *Aus Bismarck's Briefwechsel*, p. 504 et suiv.

langage convenu, et écrit ensuite, ce même jour, à Bismarck que Gambetta est « pour le moment introuvable » et « ne pourra arriver avant huitaine ». Il est parti sans répondre à la lettre de Henckel. Bismarck, dans l'intervalle, 14 avril, écrit à Henckel pour confirmer l'accord et préciser des détails ; il rentrera de Friedrichsruhe à Berlin pour l'entrevue. Le 22, Gambetta, à son retour, écrit à Henckel pour s'excuser de son silence « par la perte douloureuse qui l'a atteint et l'a tenu éloigné de Paris, pendant trois semaines, sans communication avec personne ». Il lui donne rendez-vous pour le lendemain 23 (qui est un mercredi) entre 1 heure et 2 de l'après-midi, soit 1 h. 1/2. Henckel télégraphie, le 23, à Bismarck : « *Envoi* part dimanche ; arrive Berlin lundi soir ; sera mardi à votre disposition. » Il écrit, le même jour, au chancelier pour expliquer le long silence de Gambetta et commente sa dépêche : Gambetta partira le dimanche 28, sera le lundi 29 à Berlin au *Kaiserhof*, se rencontrera le 30 avec Bismarck. Henckel ajoute que les Chambres françaises rentrent le 29 et que Gambetta tient à n'en pas être absent trop longtemps.

Puis, le lendemain, jeudi 24, cette lettre qui est imprimée en français dans le volume de la *Correspondance* [1] :

Paris, ce 24 avril 1878.

Cher monsieur de Henckel,

L'homme propose... le Parlement dispose. Quand j'ai accepté hier avec empressement, je n'avais pas compté avec l'imprévu qui nous tient tous en échec.

Les questions relatives au ministère de la Guerre ont pris les proportions les plus considérables. On me prévient qu'un grand débat sera ouvert par le ministre de la Guerre dès la réunion des Chambres.

Je ne peux abandonner mon poste parlementaire en un pa-

1. Page 504.

reil moment et laisser derrière moi un incident aussi gros de
conséquences.

Je me trouve donc dans la dure nécessité d'ajourner tout au
moins après la session, qui sera très courte, l'exécution d'un
projet à la réalisation duquel vous avez prêté un concours si
efficace et si sympathique.

J'en conserve un vif sentiment de reconnaissance et après la
séparation des Chambres, vous me permettrez, s'il est toujours
temps, de faire appel à votre intervention.

Veuillez agréer, avec tous mes regrets, l'assurance de mes sentiments dévoués.

L. GAMBETTA.

C'est un prétexte, mais c'est un prétexte bien choisi.

La proposition de Gambetta et d'Antonin Proust sur
les pensions de retraite des officiers de l'armée vint en
discussion devant la Chambre, mais seulement le 6 mai.
Discussion importante, en effet, mais qui n'avait point pris
« les proportions les plus considérables ».

D'autre part, en faisant cette recherche dans les journaux de l'époque, j'ai retrouvé un article de la *République française*, dont on va lire les principaux passages.
La veille du jour où Gambetta fait définitivement savoir
qu'il n'ira pas à Berlin, la *République française*, dans son
numéro du mercredi 23 avril, qui porte la date du 24,
parce que le journal était alors antidaté, s'occupe des
bruits qui avaient couru au sujet de ce voyage et s'exprime
en ces termes :

Les journaux réactionnaires nous donnent depuis trois
semaines le spectacle le plus bouffon qui se puisse imaginer.
M. Gambetta appelé hors de Paris par un deuil de famille, — la
mort de sa tante, — a mis à profit les vacances parlementaires
pour prendre quelques jours de repos et il a eu l'indélicatesse
de ne point donner son adresse par la voie de la presse. Il paraît
que c'est là un scandale intolérable... Les journaux qui se
piquent de renseigner largement leurs lecteurs ont signalé
M. Gambetta en même temps à Berlin et à Vienne, à Constantinople et à Saint-Pétersbourg, dans le Tyrol, à Dusseldorf, où

l'ambassadeur de France à Berlin était allé à sa rencontre...
L'agence Havas s'est émue, un peu naïvement peut-être, et a cru
nécessaire de déclarer que M. de Saint-Vallier n'était pas allé à
Dusseldorf. Le *Moniteur* vient d'obtenir de son correspondant
de Berlin la certitude que M. Gambetta n'est pas allé dans cette
ville, qu'il n'a pas vu M. de Bismarck, *qu'il n'a pas négocié tou-
chant la Lorraine*, car on n'a pas craint de mêler le nom de
nos provinces perdues à ces fables de nouvellistes sans retenue...

Les nouvellistes (on parlait encore français, on ne
disait pas les *reporters*), les nouvellistes n'étaient pas si
mal renseignés, puisqu'ils anticipaient sur l'événement,
et, sans doute, à la suite des indiscrétions d'Émile de
Girardin, très ancien ami, comme je l'ai dit, de Henckel.

Il est à peine besoin de dire que ces lignes eurent du
retentissement et furent fort commentées. Il reste toutefois à expliquer comment, le 23, la *République française*
ayant publié le matin l'article qu'on vient de lire, article
qui, s'il n'a pas été inspiré par Gambetta, a été du moins
lu par lui en épreuves, il a, dans son entretien de l'après-
midi, entre 1 heure et 2 heures, réglé son itinéraire avec
Henckel, au lieu de rompre, et informé Mme Léon qu'il
a « vu et promis ».

On supposerait à tort que l'article a été écrit pour
dérouter les nouvellistes. De quel poids, si l'entrevue
avait eu lieu, serait retombé sur Gambetta, directeur du
journal, l'article si dur pour ceux qui n'avaient pas craint
« de mêler le nom de nos provinces perdues à ces fables
de journalistes sans retenue » ! Mais on peut croire que son
parti était déjà pris le 23 quand il eut son entretien avec
Henckel, dans l'après-midi. Il est diplomate, lui aussi. Il
ne veut pas rompre brusquement. Feignant d'être d'accord,
laissant Henckel et aussi Bismarck, s'engager entièrement après d'assez longues résistances, et cela n'est pas
pour lui déplaire, il prépare la rupture par l'avis qu'il
donne à Henckel, et que celui-ci transmet par lettre à

Bismarck : « Les Chambres françaises rentrent précisément le 2 mai, le jour même où Gambetta est attendu à
Berlin ; or il ne saurait être absent trop longtemps après
l'ouverture de la session. »

Il faut noter, en outre, que, d'après le projet convenu,
Gambetta aurait eu son principal entretien avec Bismarck
le 30. Et l'ouverture de l'Exposition universelle avait lieu
le 1ᵉʳ mai ! Gambetta pouvait-il n'y point assister ? être
ce jour-là à Berlin ?

Si Bismarck a lu l'article de la *République française*, il
l'a sans doute attribué à Gambetta. Quoi ! dans son propre
journal, ses amis les plus proches s'indignent à la pensée
du voyage projeté ! Cela est bien joué.

Quoi qu'il en soit, la rupture vient bien de lui. Henckel,
dépité, télégraphie à Bismarck que l'homme qu'il attendait est malade et que, de l'avis de son médecin, il ne
pourra « rentrer » (*zurückkehren*) à Berlin que dans huit
ou dix jours.

On a vu que Girardin était au courant du projet. Gambetta s'en est-il ouvert à d'autres amis ? Il résulte d'un
récit de M. Caze, alors député, qu'il avait été sondé par
Gambetta et s'était montré hostile à l'idée de la rencontre, et d'un récit de Mme Adam que Spuller avait été
informé et s'inquiétait, à juste titre, de l'aventure. L'article de la *République française* pourrait bien être de
Spuller, dont il me semble reconnaître la marque. Mais
croire que Spuller aurait écrit l'article sans en référer à
Gambetta, et comme pour couper les ponts entre Bismarck
et lui, ce n'est point le connaître. Gambetta passait, tous
les soirs, plusieurs heures dans son cabinet directorial ;
il y lisait les épreuves des principaux articles ; celui-ci
était d'importance. Bien plus, il demeurait dans l'im-

meuble du journal (53, rue de la Chaussée-d'Antin).
Il entretint nécessairement Mme Léonie Léon de la
négociation. Il avait été, au début, hostile à ce que la
France se fît représenter au Congrès de Berlin pour les
affaires d'Orient. Il a changé d'avis, le 6 mars, après un
entretien prolongé avec Waddington, en présence de
Freycinet. Il en a averti, dès le lendemain, Mme Léon
qui avait déconseillé l'abstention, et c'est à elle, galam-
ment, qu'il attribue sa conversion : « Je rends les armes à
la sage Minerve ; tes paroles ont triomphé de mes dernières hésitations... » Assurément la représentation officielle de la France au Congrès de Berlin est une chose, et
l'entrevue de Gambetta et de Bismarck en est une autre.
Toutefois, il y a eu certainement un lien entre les deux
dans l'esprit de l'homme d'État qui se targuait d'être,
avant tout, un diplomate. Surtout une femme amoureuse
a dû dire à son amant : « C'est toi qui devrais aller à
Berlin, au Congrès, y parler au nom de la France... S'ils
(les ministres, envieux, jaloux) ne veulent pas t'y envoyer,
vas-y seul, règle toi-même avec le *Monstre* les affaires de
l'Orient et du monde. » Gambetta a dû convenir que sa
maîtresse est dans la vérité. Oui, il ira seul, puisqu'un
gouvernement ingrat et médiocre lui préfère, comme
plénipotentiaire, à côté de Waddington et de Saint-Vallier,
le directeur politique Desprez (ou tel autre). Mais il se
décide finalement, pour des considérations plus puissantes, à renoncer à l'entrevue arrangée. En attendant qu'il
s'explique de ces raisons avec sa maîtresse, il lui écrit
encore le 23 avril : « J'ai vu, j'ai promis, le *Monstre* rentre pour me recevoir [1]. » C'est le cri de triomphe. Bismarck

1. A lire à la loupe ce billet du 23, du même jour où paraît l'article de
la *République française*, on y aperçoit comme l'annonce des raisons qu'il
va donner à M⁰ Léon pour n'avoir pas suivi son avis. M⁰ Léon est absente
de Paris ; Gambetta lui écrit : « J'ai reçu la dépêche et j'ai ressenti la joie
de Mignonne et de son heureux et pieux ami. Mais j'ai bien d'autres choses
et des plus graves et des plus hautes. *Arrive, il n'est que temps.* J'ai vu,
j'ai promis. Le *Monstre* rentre pour me recevoir, et j'ai besoin de te voir.

hésitait. Gambetta l'a emporté. Il fait rentrer à Berlin le
terrible chancelier de fer pour le recevoir. Mais, le 24, en
même temps qu'il se dégagera par le billet à Henckel, il
dira à sa maîtresse : « Bismarck s'est dérangé pour rien ;
j'ai changé d'avis. » Et il triomphera encore. Il est Gambetta. Il est, aussi, amant et Méridional.

Dirai-je qu'il se vante ? De fait, c'est lui qui n'a plus
voulu. Mais Bismarck, comme on l'a déjà dit, n'avait
point vu sans appréhension Henckel s'engager en relations régulières avec Gambetta. Il ne s'agissait au début
que de conversations entre Gambetta et un ami de
Bismarck. Déjà le chancelier s'inquiète que, du seul fait
de s'entretenir par intermédiaire « avec le *prussien*
Bismarck », Gambetta joue sa popularité. Est-ce bien de
la popularité de Gambetta que se préoccupe le grand
réaliste de Varzin ? Si Gambetta maintenant se rend de sa
personne à Berlin, combien la pensée qui lui aura dicté
ce téméraire voyage risque davantage d'être méconnue en
France ! Mais si Bismarck reçoit Gambetta à Berlin, s'il
s'entretient avec lui, pendant de longues heures, comme
avec le porte-parole le plus autorisé de la France, ce n'est
pas seulement en Allemagne, c'est dans le monde entier
que le traité de Francfort paraîtra remis en cause : il aura
tremblé sur sa base. Le chancelier de fer et le héros de la

Donc à jeudi il le faut. Je ne peux en dire plus long : ce sont choses qu'on
ne peut ni écourter ni délayer. Je t'embrasse, *et je te supplie de me porter
le viatique de la sagesse*. A toi, toujours. » Pourquoi réclame-t-il avec tant
d'instance ce « viatique » ? Est-ce pour discuter de ce qu'il va dire à Bismarck ? Est-ce pour peser à nouveau le *pour* et le *contre* du voyage ? Quand
l'amie arrivera le 24, ne lui dira-t-il pas : « Ton viatique vient trop tard ;
je me suis déjà décidé » ? — Le 23, Gambetta dîne chez M⁰ Adam avec
Freycinet, Léon Renault, Girardin, Spuller. Selon son récit (*Après l'abandon de la Revanche*, p. 164), M⁰ Adam lui tire les cartes : « Méfiez-vous des
femmes... Je vois une route, ne la faites pas, etc. » Mais tous les convives
ont lu, le matin, l'article de la *République*; les cartes le répétaient ! Plus
tard, à une date que M⁰ Adam ne précise pas, elle supplie Gambetta de
ne pas voir Bismarck. Un ami lorrain assiste à l'entretien. « Emu, il nous
dit qu'il avait renoncé à le voir. » M⁰ Adam convoque aussitôt Spuller
pour lui faire part de la nouvelle. « Il accourt et pleure comme un enfant. »
Spuller était, depuis longtemps, informé de la nouvelle, alors même qu'il
ne serait pas l'auteur de l'article du 23 avril.

Défense nationale ne se sont pas rencontrés pour la curiosité de se connaître, de heurter leurs éloquences. Ils ne
se sont pas rencontrés seulement pour échanger des vues
sur les affaires des Balkans. Vainement aura-t-il été convenu entre les intermédiaires « qu'il ne devra pas être
question de l'Alsace-Lorraine ». Ils n'auront pas été plus
tôt en présence l'un de l'autre que leurs yeux en auront
parlé.

C'est ce qu'ils comprirent tous deux. Gambetta dira à
Mme Léon : « J'ai préféré ma popularité. » Bismarck,
informé, aura dit : « Ouf! » Et voilà pourquoi le chimérique projet ne fut jamais repris.

Les éditeurs de la *Correspondance* le constatent dans
une note dont voici la première partie :

Une entrevue du prince de Bismarck avec Gambetta n'a pas
été de nouveau provoquée dans la suite et n'a donc pas eu lieu ;
toutefois Gambetta, d'après le dire d'un de ses proches amis,
s'est rendu plus tard en touriste, *incognito*, à Friedrichsruhe,
en l'absence du prince, et s'est fait montrer l'intérieur de la
maison.

Cela est exact, ainsi que je l'ai dit plus haut. D'autre
part, dans ses *Mémoires sur Bismarck*, le docteur Maurice
Busch mentionne en deux brèves notes un voyage de
Gambetta en Allemagne (1881) et les réflexions que fit le
chancelier à ce propos.

15 *octobre*. — Bucher me prie de démentir que Gambetta ait
fait une visite à Vienne.

« Je regrette, m'a-t-il dit, que ce soit inexact. Ça aurait rendu
Gambetta pour toujours impossible en France ! »

15 *novembre*. — Je viens de voir le chancelier, qui est de retour
à Berlin. Je lui ai demandé ce qu'il y avait d'exact dans les bruits
de visite de Gambetta.

« Il n'y a pas un mot de vrai, m'a répondu M. de Bismarck ; je
ne dis pas que, quand il était à Dantzig, il n'ait pas eu l'idée de
faire un tour à Varzin. Mais il a dû réfléchir avant de rien faire
et on a dû lui écrire de Paris qu'une pareille visite ferait un
déplorable effet en France. »

Toujours, chez Bismarck., le même souci de la popularité de Gambetta ! Souci d'une sincérité au moins suspecte, mais qui témoigne chez l'ancien ambassadeur à
Paris d'une connaissance réelle du caractère français. Je
n'ai pas dissimulé mon sentiment sur l'erreur qu'aurait
été le voyage, d'où Gambetta n'aurait, sans doute, rapporté, avec des souvenirs, que des déceptions. Mais de là
à mettre en cause, à ce propos comme à tout autre, le
patriotisme de Gambetta, il y a loin, et c'est cependant
ce qu'ont fait le vicomte de Meaux et quelques autres
mémorialistes. J'ai relaté la protestation véhémente de
Déroulède contre ces accusations et sottises ; elle suffit[1].

1. Voici, d'après le volume intitulé : *A Champigny-la-Bataille, Propa-
gandes* (décembre 1916), le passage du discours de Déroulède en réponse
aux attaques dirigées contre Gambetta, au sujet du projet d'entrevue avec
Bismarck, notamment par M. de Meaux et M⁰ᵉ Adam.
« Vous n'ignorez pas, en effet, qu'à la suite de la publication d'un livre
de mémoires où manque un peu trop peut-être la mémoire du cœur, une
véritable campagne a été entreprise, je ne sais dans quel but, ni au profit
de qui, tendant à nous montrer Gambetta comme un ami de l'Allemagne
et comme un apostat de la Patrie.
« C'est ici, Patriotes, c'est sur la tombe des défenseurs de Paris qu'il m'a
paru juste et bon de relever l'accusation portée contre celui qui fut l'âme
de la Défense nationale et qui est resté jusqu'au bout, je vous l'atteste, le
plus Alsacien-Lorrain de tous les Français.
« Car moi, aussi, je l'ai connu, moi aussi, depuis le jour de mon évasion
d'Allemagne jusqu'à la veille de la blessure qui devait l'emporter, moi
aussi, à Tours, à Paris, aux Jardies, j'ai eu avec le grand tribun de nombreuses entrevues et j'ai, moi aussi, recueilli de ses lèvres de significatives
paroles que je ne me contentais pas de noter au jour le jour, mais que je
confiais, que je transmettais, que je répétais, au sortir de nos entretiens,
aux bons Français qui m'entouraient encore à la Ligue des Patriotes, et
dont le témoignage prouverait du moins que je n'ai pas attendu vingt-
huit ans pour penser ce que je pense et dire ce que je dis de Gambetta.
« Il est clair que le républicain catholique que je suis, — oui, messieurs,
très catholique quoique républicain, et très républicain quoique très catholique — n'a pas toujours approuvé tous les actes de la politique intérieure
du chef de parti, mais il est certain que le patriote républicain que je serai
toujours, était d'accord avec Gambetta sur toute sa politique extérieure.
« Qu'il ait cherché, comme on l'a déjà cent fois redit, à se rencontrer

* *

L'AFFAIRE SCHNŒBELÉ

Par contre, la fin de la note des éditeurs de la *Correspondance* appelle de ma part un démenti. Voici ce second

officieusement avec le chancelier de fer ; qu'il ait cru utile à sa cause, à notre cause, de se trouver face à face avec le maître incontesté de l'Europe, alors germanisée ; qu'il ait voulu lire dans ses yeux, surprendre dans son langage le secret de ses yeux. surprendre dans son langage le secret de ses redoutables volontés, dans l'espoir orgueilleux peut-être, mais non pas coupable, de tromper à son tour le grand trompeur et de le renseigner au rebours de la vérité, comme Thémistocle renseignait Xerxès : cela est possible, cela est même certain et je ne l'ai jamais ignoré. Mais ma foi absolue et raisonnée dans la solidité de son patriotisme, dans la puissance de son cerveau et dans l'habileté de sa langue, faisait plus que me rassurer sur cette prise de contact avec l'ennemi. J'y voyais un motif d'espérer bien plus qu'une raison de craindre.

« Peu m'importaient, je l'avoue, les moyens détournés qu'il prenait et les relations suspectes qu'il s'était créées pour en arriver à ses fins.

« Est-il vrai que, moins confiant que moi, le bon Spuller se soit indigné des fréquentations prussiennes de son ami ; que l'honnête et pur républicain de 1848, M. Duclerc, s'en soit attristé ; que M. Jules Grévy s'en soit réjoui ? Il ne m'appartient pas de confirmer ou d'infirmer l'authenticité de ces anecdotes. Les morts sont morts et les vivants peuvent se tromper et nous tromper. Mais il y a les faits publics qui parlent plus haut que les confidences C'est eux seuls qu'il faut envisager, et sur eux seuls qu'il faut raisonner.

« Pourquoi, si Gambetta, reniant son passé, eût réellement songé à nous orienter vers l'Allemagne, nous a-t-il sans cesse préconisé l'alliance avec l'Angleterre.

« Pourquoi, s'il eût été partisan, comme on le prétend, de notre dispersion coloniale, conforme en tous points aux indications et aux intérêts de la Prusse, sa première préoccupation en arrivant à la présidence du Conseil a-t-elle été de consolider notre situation militaire en Europe et de réorganiser notre mobilisation désorganisée par l'expédition de Tunisie ; et cela, au risque même d'ébranler sa situation ministérielle devant le Parlement par le choix du plus compétent, mais du plus compromettant des collaborateurs, l'éminent général de Miribel ?

« Pourquoi, s'il était décidé à lier partie avec Bismarck, tous les diplomates prussiens, M. le prince de Hohenlohe en tête, ont-ils mis tant d'acharnement et de hâte à lui arracher des mains le portefeuille des Affaires étrangères qui venait de lui être confié ?

« Pourquoi les intrigues de couloirs qui voulaient et qui allaient le jeter à bas donnaient-elles pour prétexte : Gambetta, c'est la guerre ?

« Pourquoi, s'il négociait sous main l'abandon des provinces perdues, m'a-t-il personnellement poussé à fonder la Ligue des Patriotes et en a-t-il signé le premier la formule sacramentelle réclamant la revision du traité de Francfort ? »

Je félicitai Déroulède de ce discours. J'extrais de sa réponse ces lignes :

« Votre lettre a remué tous ces souvenirs, déjà anciens, mais toujours vivaces, puisqu'au-dessus d'eux plane la grande mémoire que j'ai défendue et que je défendrai « quand même ». Merci de me l'avoir écrite. »

paragraphe, tel qu'il émane évidemment de Henckel :

A cette occasion, il convient de déclarer inexacte l'insertion parue dans *le Figaro* de juillet 1901, sur une visite qu'avait faite le comte Henckel Donnersmarck, en 1887, aux bureaux de *la République française*, au moment de l'affaire Schnœbelé. Le comte, aujourd'hui prince Donnersmarck, n'est jamais entré dans les bureaux de rédaction de ce journal et n'a dit à personne qu'il était à Paris avec une mission du prince de Bismarck. En réalité, le prince de Donnersmarck a reçu alors la visite d'une personnalité du camp de Gambetta où il avait plusieurs bons amis, et, interrogé s'il tenait ou non le cas pour grave, a répondu qu'il ne connaissait l'affaire que par les journaux, mais qu'il avait la conviction que l'histoire n'aurait point de suites et qu'elle se règlerait sous peu dans des conditions favorables. A cela se réduit la part de celui qui était alors le comte Henckel Donnersmarck à l'incident [1].

Mentiris impudentissime, comme disait l'évêque, et avec d'autant plus d'impudence que la prétendue rectification mêle le faux avec le vrai. Le langage que les éditeurs de la *Correspondance* prêtent à Henckel est bien celui qu'il a tenu, à Paris, à l'époque de l'incident Schnœbelé. Je ne dis point, n'en sachant rien, qu'il ne l'ait pas tenu à un visiteur, qui était des amis de Gambetta, Proust, de Reims, ou tel autre. Mais ce que je sais, pour en avoir gardé l'exact souvenir et pour avoir à l'époque tiré argument de la conversation, c'est que j'ai reçu, le jeudi 21 avril 1887, dans mon bureau de la *République française* (j'en étais alors le directeur politique), la visite de Henckel et qu'il me parla dans les termes que relate la note, sans dire, bien entendu, qu'il était à Paris avec une mission de Bismarck. Il inventa lui-même l'allégation pour donner à son démenti un air de vérité. Procédé bien connu. Que sa démarche lui ait été reprochée par la suite, je n'en suis pas autrement

1. Pages 505 et 506.

surpris ; qu'il ait menti pour se disculper, je ne m'en
étonne pas davantage.

.·.

J'étais, comme à l'ordinaire, venu au journal, ntre
onze heures et minuit, pour y avoir les dernières nouvelles et corriger les épreuves. Le secrétaire de la rédaction me communiqua les dépêches qui annonçaient
l'arrestation de Schnœbelé, commissaire spécial à la
gare de Pagny, par la police allemande. Il aurait été
arrêté sur territoire français ; il avait été conduit, les
menottes aux mains, à Metz. On considérait à Nancy
qu'un guet-apens avait été tendu à Schnœbelé par Gautsch,
commissaire allemand à Ars-sur-Moselle. L'émotion était
grande en Lorraine. Elle n'allait pas être moindre à
Paris.

Je fus fort perplexe. S'agissait-il d'un simple incident
de frontière ou de quelque piège à la Bismarck ? Était-ce
un coup de policier ou un coup de chancelier ? Fallait-il
reproduire les dépêches sans commentaire ou m'en expliquer tout de suite ?

Comme j'en étais là de mes réflexions, le garçon, qui
faisait fonctions d'huissier, me passa la carte du
comte Henckel de Donnersmarck. Je le fis aussitôt entrer
dans le cabinet qui avait été celui de Gambetta et qu'il
connaissait de vieille date. Je l'entends encore me dire,
dès la porte : « Qu'est-ce que cette affaire que l'on crie
sur le boulevard ? » et moi lui répondre : « Mais c'est à
moi à vous le demander. »

Henckel, en toilette de soirée, sortant du théâtre, me
raconte alors qu'il a dîné la veille de son départ chez
Bismarck. Il lui a dit qu'il allait passer quelques jours à
Paris. Bismarck lui a souhaité de s'y amuser et de lui
rapporter, au retour, des nouvelles du général Boulanger,

alors ministre de la Guerre. « Si le chancelier, me dit
Henckel, avait prémédité quelque coup, il m'aurait
engagé, sans doute, à différer mon voyage. Il ne m'aurait
point parlé de Paris de son ton le plus tranquille. Cela
ne peut être qu'une histoire d'agents, sans autre importance. »

J'eus l'impression, que j'ai gardée, de la sincérité de
Henckel. Il paraissait très *ennuyé*. Venu à Paris pour s'y
amuser, comme lui avait dit Bismarck, il y trouvait une
affaire qui ne contribuerait point à rendre plus agréable
son séjour. L'explication, simple, était très plausible.

Je tournai et retournai Henckel sans tirer de lui autre
chose. Il me quitta vers une heure du matin. C'est la
dernière fois que je l'ai vu, bien qu'il soit revenu par la
suite à Paris et que nous ayons échangé des cartes.

A la réflexion, je publiai les dépêches sans un mot de
commentaire ; mais la bonne foi de Henckel m'avait paru
si évidente que j'allai, dès le lendemain, raconter sa
visite à Grévy, alors président de la République, et, à sa
demande, au général Boulanger.

L'argument rassurant que je tirais de la visite de
Henckel et de ses propos frappa également Grévy, très
calme, et Boulanger, assez agité. Je n'étais d'ailleurs convaincu qu'à moitié. Bismarck n'a point provoqué l'incident :
soit, mais n'y accrochera-t-il pas une négociation perfide,
refusant de rendre Schnœbelé et allant ainsi vers la
guerre ? J'étais officier de réserve au titre de l'état-major ;
je demandai à Boulanger de m'attacher à l'état-major
du général de Galliffet, qui commandait l'armée de couverture. Boulanger y consentit aussitôt, avec bonne grâce,
bien que je l'eusse déjà malmené. Quand le duc d'Au-
male avait publié, l'été précédent, les lettres de Boulanger, j'avais réclamé sa démission et l'avais qualifié :
« l'officier général qui a encore l'honneur immérité de
commander en chef l'armée française. »

Du 24 au 30 avril, la *République française* publia cinq articles sur l'affaire, un de Gustave Isambert, un de Ranc, trois de moi, tous également fermes et modérés. Le guet-apens fut vite établi. On ne discutait que sur le point de savoir si Schnœbelé avait été arrêté sur territoire français ou sur territoire annexé. J'écrivais, le 26 : « M. de Bismarck voudra-t-il assumer la responsabilité du guet-apens de Novéant ? Ses ennemis, et il en compte quelques-uns en Europe, ses ennemis eux-mêmes ne le croiront pas. Le chancelier sait en quels termes Napoléon jugeait lui-même le guet-apens d'Ettenheim : « Il me nuisit dans l'opinion et ne me fut d'aucune utilité politique. » De même Isambert, le 27, et Ranc, le 28 : « La mise en liberté de Schnœbelé s'impose ; elle ne peut pas être refusée et elle ne le sera pas. Donc, pas d'énervement. Ayons la patience et le sang-froid que donne le sentiment qu'on a pour soi le droit et la justice. »

En effet, Schnœbelé fut remis en liberté le 29, on va voir dans quelles circonstances ; et, comme j'étais tenu par Grévy au courant de la négociation, j'écrivis, le 30, dans un article où le nom de Bismarck n'était qu'incidemment prononcé : « L'ordre d'élargissement de M. Schnœbelé a été signé hier par l'empereur d'Allemagne ; l'ambassadeur de la République en a été avisé aussitôt par le chancelier. »

* *
*

L'alarme avait été chaude. Je crois pouvoir dire que le récit de mon entretien avec Henckel, accourant dans mon cabinet pour s'informer de l'incident qui avait été une surprise pour lui, ne fut pas étranger à la conviction préalable, pour ainsi dire, de Grévy que Bismarck n'était pour rien dans le traquenard, mais que tout son jeu allait consister à nous faire commettre à ce propos quelque

imprudence dont il eût aussitôt tiré parti, comme autrefois de notre crédulité à la prétendue offense d'Ems.

Ce fut Grévy qui conduisit l'affaire avec autant de fermeté que de prudence. Je le voyais tous les jours. Il
avait gardé sa sérénité coutumière, un peu olympienne.
Je le trouvai un soir lisant Horace en latin.

La nervosité de Boulanger se traduisit par des propositions saugrenues, comme d'échelonner toute la cavalerie
à la frontière afin de voir venir l'ennemi. Il était manifestement inquiet. Il aurait, dit-il, préféré que l'incident
ne se produisît que dans quinze ou dix-huit mois. Il
demanda au Conseil avec quelque solennité, qui lui allait
mal, l'autorisation de se retirer pour aller travailler avec
le général de Miribel. L'incident clos, il laissa dire et se
persuada qu'il avait fait reculer l'Allemagne. Il alla
même, un jour, jusqu'à insinuer que ses collègues avaient
manqué d'énergie, ce qui fut vivement relevé par Grévy.
Galliffet dit à l'un des ministres : « Si pendant que nous
aurons les Prussiens dans le ventre, nous avons pour
nous conduire un pareil fumiste, nous sommes f... »
Cependant Boulanger avait fait, au moins, un choix qui
témoignait de quelque connaissance des hommes ; il
avait donné à Galliffet le commandement de l'armée de
couverture qui était la création de Miribel.

Le ministre des Affaires étrangères, Flourens, eut la
sagesse de laisser faire Grévy et de se conformer à ses
indications. Le président du Conseil, Goblet, bon patriote,
mais rageur, me pria de passer chez lui pour avoir de
moi le récit de mon entretien avec Henckel. Il s'irritait
à plaisir contre Grévy, l'accusant de faiblesse pour ne pas
appuyer la négociation sur le seul rapport de Sadoul,
procureur général à la Cour d'appel de Nancy, dont l'enquête sur place l'avait conduit à conclure que Schnœbelé
avait été saisi par les agents de Gautsch sur territoire
français (21 avril). Donc violation de territoire.

Or, nécessairement, les journaux officieux allemands affirmaient que l'arrestation avait eu lieu sur territoire annexé. Herbert de Bismarck, alors ministre des Affaires étrangères, s'était contenté d'abord de faire déclarer que Schnœbelé avait été arrêté en vertu d'un mandat décerné contre lui par la cour de Leipzig. « Il était accusé de complicité dans des crimes de haute trahison pour s'être livré à des faits d'espionnage et à des actes ayant pour objet de faciliter la désertion dans l'armée. La justice allemande aurait les preuves entre les mains. » (Communication du chargé d'affaires, comte de Leyden, le 22 avril.)

On aurait pu continuer à discuter sans fin sur la question de savoir si Schnœbelé, qui, en effet, avait été appréhendé d'abord sur territoire allemand par les agents de Gautsch, mais qui s'était dégagé et avait regagné le territoire français, avait été finalement arrêté à quelques mètres à l'est ou à l'ouest du poteau frontière. Il résulte, pour moi, de l'enquête, que Schnœbelé avait bien dépassé de quelques pas le poteau quand un individu, vêtu en gardien de bestiaux, s'était rué sur lui ; que le commissaire était alors revenu en arrière sur territoire français ; qu'un second individu, vêtu du même costume, avait aussitôt prêté main forte à son camarade ; qu'ils l'entraînèrent alors sur territoire allemand et le terrassèrent, après une lutte assez violente, son chapeau allant rouler sur la route à un mètre du poteau. Mais les policiers allemands auraient recruté autant de témoins qu'ils auraient voulu, ce qu'ils firent en effet, vêtus ou non en marchands de bestiaux, pour jurer que cette version, qui me semble exacte, était fausse, et, comme l'écrira le 28 Herbert de Bismarck, « que l'arrestation avait eu lieu *exclusivement* sur le territoire allemand ; qu'il n'y avait eu nullement violation du territoire français ». Au surplus, Schnœbelé cessa lui-même d'assurer qu'il avait été

appréhendé sur le sol français, et il reconnut les preuves
de sa « culpabilité », qui étaient des lettres autographes
de son agent Klein, mises à la poste de Metz. (Note remise
le 29 à l'ambassadeur de France à Berlin, Jules Herbette,
et publiée peu après par la *Gazette de l'Allemagne du
Nord.*)

Ce fut sur ces entrefaites que Grévy, le 24, décida
d'abandonner à la fois la discussion sur le point précis
où Schnœbelé avait été arrêté et la discussion sur les
charges vraies ou fausses, sans doute vraies, alléguées
par la cour de Leipzig, et de porter le débat sur un autre
terrain.

On venait, en effet, de découvrir dans le bureau de
Schnœbelé, à son commissariat à Pagny, deux lettres de
Gautsch, datées d'Ars-sur-Moselle, les 13 et 16 avril, d'où
il résultait que le commissaire allemand empêché,
disait-il, de se rendre à Pont-à-Mousson pour causer avec
lui, comme il avait été précédemment convenu entre
eux, donnait rendez-vous à son collègue « à l'endroit où
avait été (récemment) détruit le poteau frontière », afin
de constater le délit et en rechercher les auteurs.

Dès que Grévy eut connaissance de ces lettres, il avait,
en vieux juriste franc-comtois, déclaré que, désormais, il
importait peu de savoir où Schnœbelé avait été saisi, sur
le territoire français ou sur l'allemand, et que toute la
négociation devait porter sur ces pièces. Elles établis-
saient, en effet, jusqu'à l'évidence que Schnœbelé avait
été appelé sur la frontière par ruse, et que Gautsch, ainsi,
l'avait fait tomber dans un véritable guet-apens. Or,
d'après les principes du droit des gens et le *Dalloz*, il
faut que l'arrestation ait été faite légalement et loyalement, sans que la présence de l'étranger sur le territoire

où il a été saisi « soit l'effet de la violence, de la ruse ou
d'une force majeure ». Ce n'est point, dès lors, Schnœbelé
qui a été appelé à la frontière par un tiers quelconque ;
c'est le commissaire de police de Pagny qui a été convo-
qué par le commissaire de police d'Ars, pour une affaire
de service, et cela, avec cette condition aggravante qu'il
s'agissait de rechercher de concert les auteurs d'un délit
« commis contre l'empire d'Allemagne ». C'est en qualité
de fonctionnaire français, remplissant les devoirs de sa
charge, que Schnœbelé est venu au rendez-vous. Il était,
dès lors, couvert par cette qualité, et c'est en cette qualité qu'il devait être mis en liberté.

* *

Le Conseil des ministres se rangea aussitôt à l'avis de
Grévy, et un courrier de cabinet (M. Gervais) partit pour
Berlin avec les photographies des documents trouvés chez
Schnœbelé. Le ministre des Affaires étrangères donna à
l'ambassadeur ses instructions par deux télégrammes,
datés du 24 avril au soir et du 25, qui développaient la
thèse, aussi irréfutable en droit que sur le point de fait.

Quand Jules Herbette remit (le 23) les photographies
des lettres de Gautsch à Herbert de Bismarck, celui-ci ne
cacha point sa surprise et, « visiblement décontenancé »,
raconte l'ambassadeur, « ne dissimula point que c'était
un piège regrettable [1] ». Pourtant, il se remit peu à peu pour
alléguer que ces sortes d'embûches étaient, sans doute,
de mise entre policiers, et que Schnœbelé n'aurait point
dû s'y laisser prendre. Au surplus, le commissaire fran-

---

1. Schnœbelé raconta au pasteur Nyegaard (de Nancy) qu'au moment où
les deux policiers allemands se jetèrent sur lui et le terrassèrent, ils le
fouillèrent et manifestèrent un violent dépit de ne point trouver sur lui
les lettres de Gautsch, ou la dernière lettre du commissaire, celle qui était
son sauf-conduit. « *Er hat es nicht* » (il ne l'a pas), s'écrièrent-ils. — Ce
récit m'est communiqué par la fille du pasteur Nyegaard, qui le tenait de
son père.

çais avait commis un acte de beaucoup plus blâmable en
cherchant à suborner, à prix d'argent, au vu et au su du
gouvernement français, des Alsaciens-Lorrains, sujets
allemands, et à se ménager des intelligences jusque dans
les forts de Strasbourg.

Mais l'ambassadeur était sur un terrain trop solide pour
se laisser entraîner sur un autre qui l'était beaucoup
moins. Il n'avait pas le moins du monde l'intention de
prendre fait et cause pour les faits délictueux qui seraient
relevés à la charge de Schnœbelé. Les règles du droit
international étaient seules en cause. Une arrestation,
entachée d'irrégularité et de ruse, ne saurait être maintenue. Toutefois le gouvernement français n'hésiterait pas,
Schnœbelé une fois mis en liberté, à le déplacer, ou à le ré-
voquer si les griefs allégués contre lui se trouvaient exacts.

Le fils du chancelier promit seulement de faire son
possible pour arranger l'affaire. L'ambassadeur eut l'impression que, « le premier dépit passé », Bismarck s'exé-
cuterait, mais que cette décision lui coûterait d'autant
plus que le gouvernement de la République se trouvait
plus manifestement dans son droit.

**

Pendant que la conversation se rengageait ainsi dans
la bonne voie, un autre incident se produisit, dont il
n'est point question dans la correspondance diplomatique,
mais qui m'a été raconté par le prince de Munster après
son départ, quelques années plus tard, de l'ambassade de
Paris [1]. Il l'avait, me dit-il, relaté dans ses mémoires qui

1. Le prince de Munster me fit ce récit au château de Monaco, où il était
l'hôte du prince Albert. J'étais depuis longtemps en relations avec lui.
Quand je me promenais à cheval, au Bois, avec le général de Galliffet, il
nous rejoignait volontiers. Galliffet lui demanda, un jour, comment il
avait été seul, dans le corps diplomatique, à ne pas croire au succès de
Boulanger. « C'est, lui répondit Munster, parce que je fais partie de votre
cercle où tout le monde y croyait. »

« intéresseraient sans doute les gens », quand ils seraient publiés.

Munster était dans ses propriétés du Hanovre au moment où avait éclaté l'affaire de Pagny. Se rendant ensuite à Berlin pour les fêtes de son Ordre, il rencontra en chemin de fer le courrier qui portait à Berlin les photographies des lettres de Gautsch. M. Gervais les lui montra et le très galant homme qu'était l'ambassadeur dit aussitôt que, dans ces conditions, la mise en liberté de Schnœbelé s'imposait. Comme il avait des suje's de plainte contre Bismarck, il alla, sitôt débarqué à Berlin, raconter la chose, non pas au chancelier, mais à l'empereur qui s'écria, en vieux soldat qu'il était : « Mais, si l'arrestation était maintenue, on ne pourrait plus jamais envoyer de parlementaires ! »

Il signifia sans retard sa volonté à Bismarck, qui, furieux contre Munster, ne trouva pourtant rien à objecter et demanda seulement à son vieux maître le temps nécessaire pour se retourner sans trop de honte. Cela lui fut accordé.

Munster alla dîner chez Herbette (26 avril) et lui confia que ses premières impressions n'avaient pas été bonnes mais qu'il s'entremettait avec zèle auprès de l'office de la justice de l'empire pour la mise en liberté immédiate de Schnœbelé, selon les règles de la justice allemande ; que le secrétaire d'État Schelling était fort mécontent des circonstances de l'incident ; que Bismarck et Moltke lui-même trouvaient l'affaire mal engagée et désiraient la voir se terminer le plus tôt possible, se rendant compte qu'ils avaient dans le monde entier ce qu'on appelle « une mauvaise presse » ; enfin que l'Empereur était animé des dispositions les plus conciliantes.

Munster ajouta que, dans ces conditions, il ne convenait pas de pousser le gouvernement allemand l'épée dans les reins ; que nous aurions avantage à lui laisser un peu de

temps, et que, plus nous   ions le sentiment de notre
droit, plus nous devions rester calmes.

* *

La négociation ne traîna pas plus de deux jours. Herbert
de Bismarck essaya encore de comparer les torts de
Gautsch avec ceux de Schnœbelé, tout en assurant que
Schnœbelé serait remis en liberté si l'enquête établissait
qu'il avait été arrêté en territoire français. Mais Herbette
ne voulut point démordre de la seule considération de
droit, à savoir l'arrestation dans des conditions illégales,
en raison du véritable guet-apens (27 avril). Et bien lui
en prit. Car Schnœbelé, ayant eu connaissance des déposi-
tions de six témoins allemands qui juraient que son arrestation avait bien eu lieu sur territoire allemand, avait admis,
dès le 22, devant le juge d'instruction de Metz que ce
pouvait bien être la vérité : « J'aurais juré, dit-il, que je
me trouvais de nouveau sur le sol français, lorsque j'ai
été arrêté. En présence de la déclaration de témoins, je ne
peux toutefois plus l'affirmer avec la même certitude ; je
peux aussi m'être trompé. » Il avait avoué encore qu'il
était employé pour des affaires d'espionnage par le service
de renseignements du ministère de la Guerre.

Herbert de Bismarck, muni de cette pièce principale
de l'enquête de Metz, la porta lui-même à Herbette dans
la soirée du 27 avril. Nécessairement, il insista sur ce que,
de son propre aveu, Schnœbelé avait pu être arrêté sur
le terrain allemand. Sans doute, ajouta-t-il, la configu-
ration du sol n'a pas permis aux témoins français de s'en
rendre compte. Toutefois la convocation de Schnœbelé
par Gautsch pour affaire de service constituait à son profit
une sorte de sauf-conduit. Il faisait consulter, par mesure
d'ordre, les autorités allemandes sur l'authenticité des
lettres photographiées. Si l'authenticité n'était point con-

testée, Schnœbelé serait immédiatement remis en liberté. À la vérité, on avait des indices de la complicité de Gautsch avec Schnœbelé « pour l'espionnage », et c'était, on le pouvait croire, de ces affaires qu'ils projetaient de s'entretenir ensemble sans témoin gênant. Mais, comme ils avaient aussi des relations de service, Schnœbelé bénéficierait du doute sur l'objet du rendez-vous.

Cela n'était point mal combiné ; peut-être même était-ce exact. Herbette rendit compte à Flourens, qui commençait à s'énerver, de son entretien avec Herbert de Bismarck. Il tenait sa victoire sur le meilleur des terrains, que Grévy avait reconnu d'un œil sûr : le droit international ; il ne la laisserait point échapper.

Enfin, le 28 au soir, Herbert annonça à l'ambassadeur, qui n'avait cessé de faire preuve d'un parfait sang-froid, que le chancelier était décidé à demander l'approbation de l'empereur pour la mise en liberté de Schnœbelé. Ce serait le lendemain, ou, « si Sa Majesté se trouvait empêchée », le surlendemain. Mais l'empereur « approuva » dès le lendemain matin (29). De fait, Bismarck avait capitulé de l'avant-veille, sur l'ordre formel de l'empereur.

Le 28 au matin, Flourens avait très honorablement télégraphié à Herbette que l'intention du gouvernement était de déplacer Schnœbelé et que l'ambassadeur pouvait le faire connaître. Le colonel Vincent (chef du service de renseignements) avait été déjà, croyait-il, changé lui aussi, par le général Boulanger. Le ministre des Affaires étrangères trouvait fondée l'observation du comte de Bismarck « qu'il n'est pas admissible que des fonctionnaires soient embauchés pour cette besogne », l'espionnage.

Observation judicieuse que les successeurs du colonel Vincent au deuxième bureau eussent sagement fait de méditer : il n'y aurait pas eu d'affaire Dreyfus.

GAMBETTA

ET

LA LOI DE TROIS ANS [1]

1. *Revue politique et littéraire* du 6 juin 1913.

Les questions militaires, à peu près ignorées des républicains de 1848, attirèrent de bonne heure l'attention de Gambetta. Il se familiarisa avec elles, pendant ses années d'apprentissage, par de nombreuses lectures et par des entretiens avec de jeunes officiers. Les deux articles sur le budget de la guerre qui parurent, sous sa signature, dans la *Revue Politique et Littéraire*, en 1869, sont de l'un de ces officiers, le capitaine Jung, qui n'aurait pas obtenu pour lui-même l'autorisation de les publier ; à les lire avec attention, il semble bien que Gambetta y ait mis la main. Quand les événements de l'Année terrible le portèrent au ministère de la Guerre, les généraux de l'armée de la Loire et ceux de l'armée du Nord, dès qu'ils eurent pris contact avec lui, furent frappés de l'étendue et de la solidité de ses connaissances. Il ne savait pas seulement les choses de l'armée ; il en avait encore le sens, ce sens qui fait défaut à tant d'hommes politiques et, parfois, à des officiers.

Au lendemain de la guerre, lorsque Gambetta, dans son discours de Bordeaux, trace le programme du parti républicain, il inscrit, en première ligne, sur le même plan, l'instruction et le service militaire obligatoires ; il fait commencer l'éducation militaire dès l'école (26 juin 1871).

Que doit être l'homme de ces nouvelles générations auxquelles va incomber la tâche de refaire la France et d'achever la Révolution par la République ? « Je ne veux pas seulement, répond Gambetta, que cet homme pense, lise et raisonne ; je veux qu'il puisse agir et combattre. Il faut mettre, partout, à côté de l'instituteur, le gymnaste et le militaire. » Ces deux éducations, « il faut les pousser de front. Autrement, vous ferez une œuvre de lettrés, vous ne ferez pas une œuvre de patriotes... Que. pour tout le monde, il soit bien entendu que, lorsqu'en France un citoyen est né, il est né un soldat. »

Supposez le législateur mettant partout, dès 1878, à côté de l'instituteur, le gymnaste et le militaire : quelles générations. plus unies et plus fortes ils eussent faites ! Rassemblés une ou deux fois par semaine pour de communs exercices, les enfants des écoles, laïques et libres, ne se trouveront pas engagés avant l'âge dans des camps opposés ; le goût et l'habitude des exercices physiques leur feront un organisme plus vigoureux, les préserveront de la débauche précoce et de l'alcool ; ni l'antimilitarisme ni l'intolérance ne pénétreront dans l'école.

Aussi bien est-ce la plus pure tradition républicaine. La loi du 27 brumaire an III (17 novembre 1794) a réglé simultanément l'éducation civique et l'éducation militaire : « On enseignera aux élèves : 1° à lire et à écrire... On fera apprendre le recueil des actions héroïques... (article 2). Les garçons seront exercés aux exercices militaires auxquels présidera un officier (article 4). » Le décret impérial de 1808 a aboli la loi de Brumaire : « Il y aura des écoles primaires où l'on apprendra à lire, à écrire et les premiers éléments du calcul. » C'est à la législation de la Convention qu'il faut revenir. « L'éducation militaire, dira plus tard Paul Bert[1], est plus importante encore que l'éducation civile, car, si de l'éducation civile peut dépendre la fortune et la liberté du pays, de l'éducation militaire peut dépendre son existence et son honneur. » Et encore : « Nous devons développer dans le citoyen libre l'esprit militaire sans lequel les armes, les canons, les forteresses ne seraient que d'inutiles instruments. »

1. Conférence du 6 août 1882.

A l'Assemblée Nationale, Gambetta prit une part considérable à la discussion de la loi du 16 août 1872 sur le
recrutement. Le principe de la loi : l'obligation du service
personnel, avait rencontré de tous les côtés de l'Assemblée
« l'assentiment commun du patriotisme ». Cependant, le
principe une fois reconnu, deux systèmes se trouvaient
en présence dont le premier le remettait pratiquement en
cause : le service à long terme, de cinq ans, qui compor-
terait nécessairement un nombre très grand de dispenses
et d'exemptions, parce que les revenus de l'État ne permettent d'entretenir qu'un nombre limité d'hommes sous
les drapeaux ; le service à court terme, de trois ans, qui
permettrait, soit de supprimer, soit de réduire la seconde
portion du contingent et de supprimer les dispenses pour
quelque cause que ce fût.

Gambetta tenait, avec la majorité des républicains et
avec plusieurs des généraux qui siégeaient dans l'Assemblée,
notamment Trochu, Chareton et Billot, pour le service de
trois ans. Sur le service *minimum* de cinq ans, Thiers
s'était déclaré irréductible. Il n'avait cédé qu'à regret sur
le service de sept ans.

Nous savons aujourd'hui pour quelles raisons, étrangères à sa vieille conviction sur les armées de métier,
Thiers s'était résolu, au cours de l'été de 1872, à exiger
de l'Assemblée le service de cinq ans et à se retirer plutôt
que d'accepter la responsabilité d'une moindre durée du
service militaire. La discussion de la loi n'avait pas encore
commencé que Thiers recevait des avis inquiétants sur
les desseins, à peine secrets, de Bismarck contre « la
glorieuse vaincue » qui se relevait trop vite. Un discours du duc d'Audiffret-Pasquier à propos des marchés
de la guerre, discours « plus éloquent que prudent », au

dire de Rémusat, avait été commenté par la presse allemande, sur un coup d'archet du chancelier, comme la
menace d'une prochaine tentative de revanche. Le général
de Manteuffel avertissait Saint-Vallier que « les méfiances
augmentaient contre la France » et que « les militaires
s'agitaient dans l'entourage de l'Empereur » ; « le maréchal
de Moltke lui avait recommandé de prendre des précautions,
la probabilité d'une reprise d'hostilités de la part de la
France paraissant augmenter ». Même son de cloche venait
de Russie : de rapports des agents russes en Allemagne
il résulte « qu'on y exprime publiquement le regret hai-
neux de ne pas nous avoir assez abattus et qu'on proclame
très haut la nécessité d'une nouvelle guerre ». L'ambassadeur d'Angleterre a confié au vicomte de Gontaut-Biron que
le vieux roi a accueilli les suggestions de Bismarck :
« Il croit au désir de revanche de votre part ; il veut la
rendre impossible. » C'est ensuite le banquier Bleischrœder :
« Le prince de Bismarck n'est pas content de M. Thiers,
il ne voit pas sans inquiétude la réorganisation de votre
armée. » Chaque jour, de nouvelles difficultés, vraies querelles d'Allemands, sont soulevées par le chancelier et
ses agents au sujet des délais de paiement de l'indemnité
de guerre et de l'évacuation du territoire. Et Thiers a beau
protester des intentions pacifiques de la France, s'in-
génier à multiplier les preuves de sa bonne volonté à
payer les milliards : le ton de la presse allemande ne baisse
pas, les menaces se multiplient ; le ciel, vers l'Est, continue à s'assombrir [1].

« Jusqu'où montera cette disposition implacable d'hostilité ? » se demande le ministre des Affaires étrangères,
Charles de Rémusat. Dès lors, selon Thiers, le service de
cinq ans s'impose, parce qu'avec le service de cinq ans,

---

1. Voir THIERS, *Occupation et Libération du Territoire* ; duc de BROGLIE,
La Mission de M. de Gontaut-Biron à Berlin ; HANOTAUX, *Histoire de la
France contemporaine*.

« nous aurons deux ou trois classes à mettre immédiatement en ligne » en cas d'agression subite.

Voilà la raison de derrière la tête de Thiers et il n'en dit qu'un mot à l'Assemblée, celui que je viens de citer, car il n'en pourrait dire davantage sans compliquer encore les choses du côté de Berlin, sans offrir à Bismarck un prétexte, un argument trop facile à développer ; mais le mot est clair et précis ; il doit suffire à quiconque veut entendre.

A l'attitude de Gambetta pendant la discussion des articles et amendements relatifs à la durée du service militaire, on peut croire que Thiers l'avait avisé des menaces allemandes et de la nécessité, au moins momentanée, du service de cinq ans, afin d'avoir sans retard une armée prête à toutes les éventualités.

En effet, si partisan qu'il fût du service de trois ans, Gambetta se contenta de le voter silencieusement, — ce qui fut remarqué, — le laissant défendre par des orateurs de droite, Keller, Raudot, le général Trochu (8 juin 1872) ; puis, dans la séance du 10, séance dont le duc de Broglie devait dire que tous ceux qui y avaient assisté en garderaient toujours le souvenir, il apporta à Thiers le concours qui décida du succès de la journée.

Le service de trois ans ayant été repoussé, les généraux Chareton et Guillemant avaient proposé de fixer à quatre années la durée du service militaire, et, comme leur amendement n'avait été rejeté qu'à une voix de majorité par la Commission de l'Armée, comme l'un des membres les plus respectés du Centre droit, Léonce de Lavergne, l'avait appuyé par des arguments d'ordre économique qui avaient porté, l'Assemblée hésitait et, de fait, était manifestement favorable à la proposition. Thiers, se rendant compte du péril, posa la question de confiance. Deux fois, il monta à la tribune pour mettre le marché à la main de l'Assemblée : « Je sortirai profondément affligé

de cette enceinte si vous ne votez pas les cinq ans... Vous
prendrez cette déclaration comme vous voudrez ; c'est
mon devoir et c'est mon droit de la faire... Votre responsabilité est limitée ; la mienne est immense, incalcu-
lable. »

« Il est difficile, sans l'avoir vu (écrira plus tard
Jules Simon), de se faire une idée de l'agitation qui suivit
ces paroles. »

Si redoutables et si rapprochés que fussent les enseignements de 1867 que Thiers avait invoqués, quelques-uns
des meneurs de la droite aperçurent dans sa mise en
demeure une occasion de le renverser, et, ce qui leur
aurait servi d'excuse, avec le concours de la gauche ; les
voix républicaines, semblait-il, ne pouvaient pas manquer
au service de quatre ans. Le baron de Kerdrel avait donc
demandé la remise du vote au lendemain, « afin, disait-
il, que le temps portât conseil aux uns et aux autres, » —
de fait, expliqua la *République française* du lendemain,
« afin de donner à la majorité le temps de prendre ses
mesures ». Le général Chareton ayant retiré son amendement, le général Martin des Pallières le reprit.

La menace d'une crise présidentielle suffisait, évidemment, pour dicter aux républicains leur devoir. Gambetta
s'élance à la tribune. Les clameurs de la droite couvrent
sa voix. Il réussit cependant à crier de tous ses poumons
que le vote doit être immédiat, ainsi que le demande
Thiers, puisque la question politique a pris le pas sur
la question militaire. Sur le fond, — le service de quatre
ans, — « la seule conduite qui lui paraisse *patriotique*, à
ses amis et à lui, c'est l'abstention ».

Pourquoi ce mot de « patriotique » ? Ce n'est pas le patriotisme, c'est seulement l'intérêt des républicains qui
commande de garder Thiers au pouvoir. Mais s'il est
vrai que, dans les circonstances présentes, le service de
cinq ans peut seul assurer la défense nationale contre

toutes les éventualités, c'est bien le patriotisme qui commande de ne pas lui faire obstacle.

L'intervention de Gambetta a changé la face du combat. La gauche avancée s'abstenant, l'intrigue improvisée échoue. L'amendement du général des Pallières est rejeté au scrutin. On adopte, par assis et levé, le service de cinq ans.

La loi militaire fut promulguée le 27 juillet. La connaissance que nous avons aujourd'hui des desseins de Bismarck montre à l'évidence combien Thiers a eu raison d'exiger, en 1872, le vote du service de cinq ans. Après la publication de tant de documents qui, pourtant, ne révèlent qu'une partie de la vérité, il est hors de doute que l'écrasement définitif de la France par le moyen d'une agression subite a été par trois fois, en 1872, en 1874 et en 1875, dans la pensée du chancelier allemand. Comme nous n'avions encore de réserves que sur le papier, le service de cinq ans s'imposait, à cette heure précise, avec la clarté d'un théorème de géométrie ou d'arithmétique. On ne sait jamais dans quelle mesure un acte de prévoyance a contribué à détourner l'accident possible contre lequel il a été dirigé. La loi de 1872 est l'un des titres les plus certains de Thiers à la reconnaissance des bons Français.

« Les années suivantes, écrit Jules Simon [1], Thiers eut le chagrin de voir combien le service de cinq ans était impopulaire. » Gambetta, plus près de la démocratie, connut encore mieux la dure et lourde charge qu'était pour tout le peuple des travailleurs le service à long terme. Si persuadé qu'il fût que « le service de trois ans était la vérité militaire » [2], il n'en avait pas moins con-

1. *Gouvernement de M. Thiers*, t. II, p. 60.
2. Discours du 12 août 1881 à l'Elysée-Ménilmontant.

senti la loi de 1872. — A peine appliquée, la mettre inconsidérément en cause, c'eût été gêner le travail de l'armée, compromettre la mobilisation. « Il ne fallait toucher à l'armée que d'une manière extrêmement prudente, et, pour ainsi dire, inquiète. » Au surplus, la durée excessive du service n'était-elle pas le seul défaut de la loi ; l'Assemblée de Versailles avait bien décrété le service obligatoire, elle n'avait pas su faire « le service égal pour tous ». Le jour où des Chambres républicaines réduiront de cinq ans à trois ans la durée du service militaire, il faudra faire disparaître de la loi toutes les inégalités, le volontariat d'un an, les dispenses, celles des instituteurs comme celle des ecclésiastiques et des congréganistes ; bien plus, le service de trois ans devra être, « précédé d'une constitution des cadres inférieurs, à l'abri de toute espèce de défaillance », car, « si, par malheur, on donnait le service de trois ans avant d'avoir assuré l'ossature de l'armée, c'est-à-dire ce qui en constitue la solidité et la résistance en temps de paix et le nerf et la vigueur en temps de guerre, vous auriez des troupeaux, vous n'auriez pas une armée ».

Un autre que Gambetta aurait pu promettre à la démocratie, dès les élections générales de 1876, la réduction du service militaire. Même entourée et précédée des garanties qui viennent d'être indiquées, il ne la fit apparaître dans son programme qu'en 1881, c'est-à-dire près de dix ans après la promulgation de la loi de 1892.

Réforme démocratique, assurément ; mais l'intérêt de la démocratie ne passe qu'après celui de l'armée. Sans vouloir citer aucun nom, on peut rappeler que, déjà vers cette époque, le patriotisme, tel que l'entendait Gambetta et tel que l'avaient entendu les vieux républicains, commençait à fléchir. Paul Bert s'en plaindra : « Des idées généreuses, ou égoïstes, ou hideuses, ont fait leur chemin... Nous avons vu non seulement grandir dans les âmes l'horreur de la guerre, ce qui est bien naturel, mais, en même temps, diminuer le sentiment patriotique[1]. » Dans le discours de 1881, où il annonce la réduction de la durée du service militaire, Gambetta rappelle d'abord, « à l'honneur de notre temps », que, sur la question de l'armée « il n'y a pas eu de partis depuis nos défaites ». « On ne comprendrait pas, dit-il ensuite, — et je ne voudrais pas croire qu'il pût exister, — on ne comprendrait pas qu'il y ait un parti qui persistât à se dire Français et qui osât porter la main sur ce qui est, surtout dans le malheur, la suprême consolation et la suprême espérance : l'armée française. »

Le manifeste du comité électoral de Belleville s'exprimait en ces termes sur la durée du service militaire : « Nous le voulons de trois ans, *si cette période de temps est compatible avec la solidité de l'armée, en permettant la formation des cadres.* C'est là pour nous une condition absolue. Nous voulons être forts pour être libres et respectés. »

C'est ainsi que parlaient alors les comités électoraux.

J'ai raconté ailleurs[2] comment « le grand ministère » fut renversé avant d'avoir saisi la Chambre des divers projets qu'il avait mis à l'étude et qui furent déposés, après sa chute, sous forme de propositions de loi. Gambetta déposa, le 25 mai, le projet de loi de recrutement qui avait été préparé par le général Campenon et le général de Miribel. Sur les principes directeurs de ce projet, qu'il avait marqués dans son discours du 12 août 1881, il avait tenu à se mettre d'accord, non seulement avec ses collaborateurs militaires, mais avec les principaux chefs de l'armée et, notamment, avec le général Chanzy, le général Saussier et le général de Galliffet.

1. Discours du 5 août 1882.
2. Histoire du ministère Gambetta.

L'exposé des motifs de la proposition est très sommaire. Il se borne à rappeler que « le pays réclame depuis longtemps avec insistance la réduction du temps de présence sous les drapeaux » et que « la durée de trois ans est généralement considérée comme le minimum du temps nécessaire à l'instruction de l'ensemble des classes et à la constitution des cadres inférieurs ».

Un projet analogue fut présenté quelques jours plus tard par le général Billot, qui avait remplacé le général Campenon au ministère de la Guerre. Ce projet et la proposition de Gambetta furent renvoyés à une Commission de 22 membres qui se constitua le 1ᵉʳ avril. Gambetta fut élu président par 14 voix contre 6 au colonel Tézenas et 2 à Margaine ; Francis Charmes fut nommé secrétaire.

Ce sont les notes prises par Francis Charmes, en sa qualité de secrétaire de la Commission de l'Armée, qu'on lira plus loin. Ces notes sont presque exclusivement relatives, ainsi que l'indique le sous-titre du cahier, aux opinions émises par Gambetta, d'abord dans le 9ᵉ bureau où il avait été élu commissaire à l'unanimité des voix, opinions qu'il reproduisit devant la Commission, puis, comme président, au cours de la discussion générale de la nouvelle loi. Francis Charmes, avant de les transcrire sur le registre de la Commission, soumettait ses notes à Gambetta : « C'est du Polybe », lui dit-il un jour qu'il ne les avait pas lues sans quelque satisfaction.

Le mal profond qui devait l'emporter minait déjà Gambetta. Le témoignage de Charmes à cet égard, dans sa note sur la séance du 22 novembre, paraîtra singulièrement émouvant. C'est bien à la Commission de l'Armée que Gambetta a donné les derniers avertissements de son patriotisme clairvoyant et inquiet.

Il nous a semblé, à Francis Charmes et à moi, que ces souvenirs n'auraient pas seulement dans les circonstances présentes un intérêt historique et qu'il y aurait peut-être utilité à rappeler les considérations par lesquelles Gambetta justifiait la dure loi que serait, sans exemptions ni dispenses d'aucune sorte, le service universel de trois ans.

Les fils de la bourgeoisie et tous les jeunes gens qui se destinaient aux professions libérales n'avaient, jusqu'alors, passé qu'une année sous les drapeaux. Hé oui ! convenait Gambetta, « le sacrifice sera grand », et, « certainement, il est bon d'avoir des fabriques et des usines », et, aussi, des artistes et des savants ; mais « il s'agit pour nous de continuer d'être ou de disparaître » ; et, « avant tout, il faut avoir une patrie ! »

COMMISSION RELATIVE AU RECRUTEMENT ET A L'AVANCEMENT DANS L'ARMÉE, AINSI QU'A L'ÉTAT DES SOUS-OFFICIERS, NOMMÉE LE 30 MARS 1882.

Notes de M. Francis Charmes.

Opinions de M. Gambetta.

Dans le 9e bureau, M. Gambetta a déclaré accepter la réduction du service militaire à 3 ans, mais à la condition très expresse que l'organisation de 35.000 sous-officiers serait assurée. Ce chiffre est nécessaire pour encadrer l'effectif prévu par le Budget. C'est pour se le procurer que M. Gambetta estime qu'il faut incorporer toute la liste du recrutement cantonal, sauf les invalides et les soutiens de famille.

On objecte que, dans ce système, la puissance des conseils de révision risque de devenir trop grande, mais on peut prendre des précautions pour en assurer la justice et l'impartialité. Il ne faut pas perdre de vue, d'ailleurs, que le recrutement total est à peine suffisant pour constituer les 500.000 hommes qui composent l'effectif normal. Si on calcule, en effet, la moyenne des 18 dernières années, on voit que l'effectif qui était de 143.000 hommes et qui peut être élevé à 153.000 par l'adjonction des volontaires d'un an et de certains dispensés, se réduit par la soustraction des soutiens de famille et l'élimination des

hommes impropres au service, élimination qu'il faut augmenter
de 5 p. 100, c'est-à-dire de 7.500 hommes se réduit, disons-nous,
à 145.850 hommes. Cette dernière élimination des hommes
impropres donne lieu à des fraudes qu'il faut surveiller : tel
homme, impropre au service, s'entend avec un autre pour ne
pas se présenter au conseil de revision. En conséquence, il est
porté : bon absent, et un autre est éliminé à sa place. Plus
tard, il se présente au corps, est examiné et renvoyé. Le chiffre
de ces réformés s'est élevé à 5.500).

Pour revenir aux sous-officiers, leur nombre s'élève à 35.000,
dont 8.000 se recrutent par rengagement volontaire, 12.000 se
recrutent dans la 2e et la 3e année de service, et enfin 15.000
dans la 4e. Si on supprime la 4e année, il est clair qu'on
perd ces 15.000 sous-officiers, qui sont pourtant indispensables
et qu'il faut se procurer d'une autre manière. C'est pour cela
qu'il convient d'incorporer annuellement la classe tout entière,
en y comprenant les éléments que l'on en sépare ou qu'on en
élimine aujourd'hui, et qui en forment l'élite. Ce sont
6.000 jeunes gens qui sont les engagés conditionnels d'un an,
2.500 autres qui sont exemptés pour cause ecclésiastique, et
autant pour cause universitaire. Il est permis d'espérer qu'en
laissant ces jeunes gens suivre le sort commun, on trouvera
parmi eux les sous-officiers dont nous craignons le déficit, et
qui sont nécessaires pour encadrer un effectif de près de
500.000 hommes. En effet, nous avons porté à 145.850 le chiffre
réduit du contingent bon. En augmentant de 2 p. 100 la proportion des soutiens de famille, on obtient une réduction de
10.150, ce qui ramène ce chiffre à 135.700. Enfin, il faut calculer
une nouvelle déperdition de 2 p. 100 pour la différence entre la
date de clôture des opérations des conseils de revision et celle
de l'incorporation, soit 2.700 à distraire des 135.700 ; restent
133.000 hommes.

Si nous calculons les réductions qui s'opèrent annuellement,
nous aurons les moyennes suivantes :

7 p. 100 pour la 3e année, soit 9.310, reste. . . .		423.690
6 p. 100 pour la 2e année, soit 7.930, —		425.080
3 p. 100 pour la 1re année, soit 3.990, — . . .		129.010
Total		877.780
Auxquels il faut ajouter comme effectif perma- nent.		150.000
Ce qui donne comme chiffre de l'effectif normal budgétaire.		427.780

Voilà la masse qu'il s'agit d'encadrer, et qui rend indispensables 35.000 sous-officiers, chiffre que, d'autre part, nous ne pouvons espérer nous procurer que par l'incorporation totale de la classe annuelle, en supprimant le volontariat d'un an et les exemptions pour causes spéciales. Ce contingent, il faut ensuite le garder trois ans consécutifs sous les drapeaux, car c'est par cette présence réelle et prolongée que nous avons chance de voir se former des sous-officiers. Les sous-officiers ne se forment pas dans les écoles; ce serait une erreur de le croire; ils ne se forment que dans le régiment, et dans le régiment au complet.

25 avril 1882.

En ouvrant la séance du 27 avril 1882, M. Gambetta, président, rappelle que la discussion doit porter sur le fait de savoir s'il convient d'adopter le service de 3 ans, mais il ajoute qu'elle serait stérile et purement académique si on la renfermait dans l'étude du principe lui-même, sans se préoccuper de son application. C'est donc à la fois sur le service de 3 ans, et sur le système dans lequel on l'appliquerait, que le débat est ouvert.

(Plusieurs membres présentent divers chiffres du contingent annuel.)

Les chiffres produits par M. Ballue, dit M. Gambetta, paraissent exagérés. Il faut remarquer que jamais l'effectif de notre armée ne s'est élevé au-dessus de 454.000 hommes, ce qui prouve que les chiffres fournis à M. Ballue (545.000 hommes) sont purement théoriques et n'ont existé que sur le papier. Au surplus, il a pu constater lui-même les écarts très considérables qui existent entre les chiffres officiels si on a demandé, soit au service de l'Etat-major général, soit au service de l'habillement, soit au service de la solde. Les chiffres qu'il a produits pour son compte lui ont été fournis après une étude très attentive. Il convient de les établir, pour une moyenne de 3 années, après avoir consulté les pièces des exercices écoulés, apurés, pour une période de 8 à 10 ans.

M. Ballue croit, lui aussi, que les chiffres qui lui ont été fournis sont exagérés; puis, passant à la question des sous-officiers, il rappelle que M. Gambetta a dit que sur 35.000 sous-officiers, 15.000 venaient de la 4ᵉ année de service. En admettant le chiffre de 35.000 qui ne peut être atteint que par l'adjonction des adjudants, M. Ballue estime que, le chiffre des sous-officiers rengagés étant d'environ 8.000, celui des sous-officiers produits dans la période de 1 à 2 ans de service est de 899, celui de la période de 2 à 3 ans est de 16.971, et celui de la 3ᵉ à la 5ᵉ année est de 7.750. Donc, en chiffres ronds, les sous-officiers produits vraiment par la 4ᵉ année de service ne dépassent pas 8.000. Encore faut-il faire observer que ce ne sont pas les meilleurs, car l'homme qui n'arrive à être sous-officier qu'à sa 4ᵉ année de service n'est certainement pas un homme d'élite. La suppression de la 4ᵉ année n'aurait donc pas, au point de vue des sous-officiers des conséquences aussi fâcheuses qu'on l'a craint.

M. Gambetta fait remarquer que lorsqu'il a dit que la 4ᵉ année de service fournissait 15.000 sous-officiers, il n'a pas voulu dire que ces 15.000 sous-officiers avaient tous atteint ce grade seulement lors de leur 4ᵉ année. Si la 4ᵉ année ne fournit directement que 8.000 sous-officiers, il en résulte que 7.000 viennent des années antérieures et sont généralement excellents, mais il n'est pas moins vrai que la suppression de la 4ᵉ année fait disparaître ces 15.000 sous-officiers composés d'éléments divers, et, par conséquent, qu'il faut à tout prix combler cette lacune. Au total sur 35.000 sous-officiers, il y a 8.000 rengagés et 27.000 non-rengagés, et, sur ces 27.000, la suppression de la 4ᵉ année en fait disparaître 15.000.

Séance du 28 avril.

En réponse à M. Farcy, MM. Gambetta, Ballue, Margaine, s'élèvent contre l'assimilation que M. Farcy semble vouloir établir entre ce qui se passe dans la marine et ce qu'on pourrait pratiquer dans l'armée de terre. MM. Ballue et Margaine sont convaincus qu'on ne fera jamais de sous-officiers dans des écoles. M. Gambetta appuie fortement cette opinion. Il n'y a, dit-il, aucune comparaison à établir entre la marine et l'armée de terre, non plus qu'entre ce qui se passe en Allemagne et ce qui peut avoir lieu chez nous. On peut, dans la marine, ouvrir des écoles à des hommes qui y reçoivent utilement un complément d'instruction, mais qui savent bien qu'ils ne deviendront pas officiers. Du moins, le cas où ils le deviendraient est bien rare, et il l'est de plus en plus à mesure que la science nautique se complique et exige une étude plus difficile et plus longue. C'est tout au plus aujourd'hui si 1/10 des officiers de marine est pris parmi les sous-officiers. Cette proportion diminue et diminuera toujours. Il en résulte que le soldat de marine travaille pour devenir sous-officier, non pas officier; il n'aspire pas si haut. De même en Allemagne, et pour d'autres causes, par des causes sociales, le sous-officier, sachant bien qu'il ne deviendra pas officier et n'aspirant pas à le devenir, peut recevoir dans des écoles spéciales un supplément d'instruction très utile. Chez nous, les mœurs sont différentes, et l'on peut tenir pour certain qu'un homme qui entrerait à l'école n'y entrerait pas pour devenir sous-officier, perspective qui, déjà, ne tente pas beaucoup de monde, il voudrait être officier. Les sous-officiers se forment ailleurs que dans l'école, ils se forment au régiment.

A propos des sous-officiers, M. Martin Feuillée avoue que, jusqu'ici, il a toujours voté pour le service de 5 ans et contre le service de 3 ans; c'est qu'il se préoccupait du recrutement des sous-officiers. On sait qu'après un an de service, on en a 899; après deux ans, 6.000, ce sont les meilleurs; après trois ans, 8.000. Les sous-officiers fournis par la seconde année étant les meilleurs, dans le système actuel, on en profite pendant deux ans; avec le système de trois ans, on n'en profitera qu'un an, on perdra le bénéfice d'au moins une année pendant laquelle ils avaient la pleine possession de leur métier. C'est une perte qu'il faut réparer à tout prix : il faut retrouver le nombre, il faut retrouver la qualité. On n'y réussira certainement pas par certains systèmes qu'on a proposés et qui consistent à libérer successivement tous les hommes qui auront fait preuve d'instruction militaire.

Si on entre dans cette voie, M. Martin Feuillée déclare qu'il n'acceptera pas le service de 3 ans.

Séance du 1ᵉʳ mai.

A propos du chiffre du contingent annuel, M. Margaine dit qu'on devrait prendre pour base celui de la classe la plus nombreuse depuis dix ans.

M. Gambetta préférerait établir la moyenne d'un certain nombre d'années, et à l'objection que les contingents futurs seraient tantôt plus forts, tantôt plus faibles que cette moyenne, il répond que cela ne constitue pas une difficulté budgétaire lorsque le contingent dépasserait la moyenne, on demanderait un crédit supplémentaire; lorsqu'il ne l'atteindrait pas, on procéderait par annulation de crédit. Cette méthode conserverait une sorte de fixité au budget normal de la guerre :

Voici d'ailleurs les calculs auxquels M. Gambetta s'est livré pour déterminer le contingent annuel :

Sur les 291.000 inscrits, il faut défalquer :

```
31.000 impropres au service,
44.000 dispensés par leur situation de famille (2e partie du contingent),
21.000 placés dans les services auxiliaires (4e partie du contingent),
23.000 ajournés (5e partie),
29.000 de la 3e partie :
───────
148.000
           4.000 inscrits maritimes,
          15.000 engagés de 5 ans,
           5.000 volontaires d'un an,
           5.000 dispensés pour culte ou instruction publique.
          ──────
          29.000
```

soit 148.000 hommes à défalquer de 291.000; il reste : 143.000 hommes formant la 1re partie du contingent, ou 153.000, si l'on prend les 10.000 du volontariat d'un an et des dispensés en faveur des cultes et de l'instruction publique.

Mais, à l'avenir, il conviendra de défalquer encore :

```
Pour faiblesse de constitution 5 p. 100. . . . . . .    7.150
Comme soutiens de famille, 7 p. 100 . . . . . . . .    10.150
Comme déchet, entre la révision et l'incorporation.    2.700
                                                      ───────
        Total. . . . . . . . . . . . . . ..           20.000
```

20.000 soustraits de 153.000, il restera 133.000 hommes, chiffre déjà présenté à la Commission.

Mais chaque année, on rappellera en moyenne 8.000 hommes des ajournés des classes antérieures, qu'on pourra verser dans les services administratifs et auxiliaires. Le total vrai sera donc : 141.000 hommes.

Ce total, avec les déductions qui s'opèrent annuellement pour des motifs divers, et entre autres la mortalité, est à peine suffisant pour que trois contingents, auxquels on ajoutera l'effectif permanent, produisent en réalité les 500.000 hommes prévus par le budget.

M. Gambetta déclare que, dans la proposition de loi qu'il a présentée, il ne s'est pas inspiré de considérations politiques, mais seulement du grand intérêt de la défense nationale. Tout le monde doit y concourir, et, pour lui, lorsque la caserne s'ouvre à chaque contingent, il voudrait y voir confondues les blouses, les vestes et les paletots, toutes les classes de la société appelées à rendre pour le même temps, le même service. Certes, le sacrifice sera grand !

Lorsque la génération actuelle s'est engagée dans la vie politique, l'idéal qu'elle se faisait d'une grande démocratie comme la nôtre s'écartait sensiblement des obligations qu'elle doit accepter aujourd'hui. Cette démocratie devait, dans son esprit, être le règne du travail et de la paix ; malheureusement, les désastres de la guerre sont venus changer le point de vue auquel elle avait voulu se placer et aurait voulu rester ; car, enfin, s'il est bon d'avoir des fabriques, des usines, avant tout, il faut avoir une patrie. Tout le monde l'a senti, et l'on n'a plus différé que sur les moyens les plus propres à atteindre ce but commun. Faut-il, pour cela, faire appel à une classe particulière de la nation ? Non, puisque toutes sont intéressées dans la question, et il semble même que celui qui a le plus à défendre et à protéger ait un intérêt supérieur et doive presque davantage. Il en est de l'impôt du sang comme des autres : chacun doit payer proportionnellement à son intérêt. La vérité est donc dans le principe du service pour tous, principe consacré en l'an VI dans la loi due au général Jourdan. Si la charge est lourde pour la classe moyenne, son honneur et son intérêt lui conseillent de l'accepter, car, si le pays reste ce qu'il est, c'est elle qui en profitera davantage. Elle doit avoir dans l'armée la même place que dans la société. Au lieu de s'y affaiblir, elle s'y fortifiera, s'y trempera, et en sortira plus de taille à lutter sur tous les théâtres de la vie sociale.

Le pays demande la réduction du service militaire à trois ans. L'objection est dans la difficulté de recruter des sous-officiers : mais on y pourvoira si l'on prend le contingent intégral. On trouvera là l'élite de la jeunesse française et comme la représentation du génie national tout entier. C'est à ces sources qu'il faut puiser, et si on le fait sans les avoir diminuées d'avance, on aura une floraison de sous-officiers comme nous n'en avons jamais eue. Plus tard, ces sous-officiers, versés dans la réserve, y feront d'excellents officiers : ils auront des soldats qui, tous, auront fait trois ans de service actif ; aussi jamais, on peut le dire, la force des réserves n'aura été mieux assurée.

Or, il faut prévoir le cas où le malheur nous frappant de nouveau, que nous resterait-il si nous perdions notre première armée ? Le système qu'on propose, par imitation de la loi de

1855, a été déjà jugé par l'événement. Il n'y avait qu'un cri pour le condamner en 1871. On peut lui appliquer le mot du vieux Tavannes sur des mercenaires du même genre, lorsqu'il disait que s'appuyer sur eux, c'était faire jouer son honneur et son argent par la main d'un autre.

M. Gambetta conclut que, si son système a l'incontestable avantage d'assurer de solides réserves, il doit aussi pourvoir au recrutement des sous-officiers, et que, si cette question des sous-officiers n'était pas résolue avec certitude, il n'y aurait rien de mieux que de garder le système actuel.

(Après une réplique de M. de Choiseul, qui prend la défense de l'ancienne armée, M. Gambetta répond :)

« Je regrette d'avoir été mal compris dans ce que j'ai dit de notre ancienne armée ; je n'ai pas voulu méconnaître son courage qui a été héroïque ; je me suis contenté, avec les chefs les plus autorisés de cette même armée, de blâmer la part excessive qui y avait été faite à la vétérance sur la jeunesse. »

Séance du 4 juillet 1882.

M. Gambetta, président, rend compté à la commission des travaux de la sous-commission depuis la séance du 1er mai. Il s'agissait à ce moment de préciser ce que le service de 3 ans laissait entre les mains du ministre de la Guerre, après les éliminations de la loi de 1872. Le ministre et la sous-commission sont arrivés à des chiffres approximatifs, mais légèrement différents l'un de l'autre. La règle adoptée pour fixer ces chiffres a été de prendre la moyenne de quatre années (1876, 77, 78, 79) qui étaient, à la vérité, un peu faibles, mais auxquelles on en a ajouté une cinquième qui était plus forte. Le ministre de la Guerre a adopté dans ses calculs une règle particulière, qui a consisté à se mettre en présence de sa proposition de loi, à la considérer comme votée et à la faire fonctionner. Il a apporté à la sous-commission le résultat de cette hypothèse. Il a pris une classe ; il a opéré les adjonctions et les réductions prévues par la loi ; il a fixé le chiffre qui en résulterait au bout d'une année ; il est parti de ce premier résultat et a calculé son effectif de la deuxième année, puis de la troisième, et il est arrivé ainsi au chiffre de l'effectif réellement entretenu. Il y a joint l'effectif permanent, soit 132.000 hommes pour avoir le chiffre de l'effectif total.

La sous-commission a adopté cette figuration synoptique et s'est contentée de marquer les chiffres sur lesquels on était d'accord, et d'indiquer pour les autres le motif et la quantité de la différence. C'est ainsi qu'on est parvenu au tableau en partie double qui a été distribué. Il faut aujourd'hui que la sous-commission se prononce sur ces chiffres, et qu'elle résolve, suivant qu'elle les adoptera ou les repoussera, le problème de l'incorporation totale ou de l'incorporation partielle. Il importe de savoir exactement ce qu'on veut faire. Le ministre de la Guerre, en incorporant les ajournés, en incorporant soit pour un, soit pour deux ans, les membres de l'enseignement religieux ou laïque, arrive à un résultat un peu différent de celui de la sous-commission. La raison de la différence, qui devrait être *en moins et qui est en plus*, vient de l'élévation de la taille militaire adoptée par la sous-commission, de la majoration de 2 p. 100 minimum de la déperdition qui se produit après les opérations des conseils de revision, d'un désaccord plus apparent que réel sur le chiffre des engagés volontaires, car, quel que soit ce chiffre, il figurera comme plus fort ou plus faible dans l'effectif permanent, de sorte que le résultat total n'en sera pas changé.

Le travail du ministre a été subordonné à un certain nombre de projets relatifs à l'avancement des sous-officiers et à la constitution d'une armée d'Afrique, distincte de l'armée coloniale. Le ministre a promis de déposer prochainement ces projets.

M. le président conclut qu'il s'agit pour la Commission de se prononcer sur les chiffres du contingent, puis sur le service de 3 ou de 5 ans.

Après quelques observations de MM. Reille, de Roys et Marmottan, M. Gambetta dit qu'il faudra discuter avec soin les détails de la loi, mais qu'il conviendrait néanmoins de fixer les principes sur lesquels elle doit reposer. Il importe de savoir d'avance si on veut organiser le service de 3 ans, ou tel autre service d'une durée différente. Il est possible qu'on n'arrive pas à s'entendre sur l'application et qu'on soit obligé de revenir sur le principe, mais le principe doit être fixé éventuellement, sous peine pour la commission de marcher au hasard. Il rend compte des observations présentées par le ministre pour faire, ainsi qu'il l'a dit, « l'essai loyal » du service de 3 ans. Le ministre s'est préoccupé naturellement de la question des sous-officiers, qu'il espère recruter en quantité suffisante, bien

qu'il ne prenne pas tout le monde pour la même durée, d'abord
en usant du système de la prime, puis en retenant le droit de
disposer d'une série d'emplois dans la vie civile. Enfin, le
ministre se réserve formellement, par un article de son projet,
le moyen de conserver pendant un an ou deux les classes libérées dans la disponibilité.

M. Reille voit dans ces précautions peu de confiance dans le
système.

M. Gambetta proteste qu'il ne faut pas conclure de la précaution à l'inefficacité du système.

M. Reille maintient que la prime et les autres expédients proposés par le ministre ne suffiront pas à faire des sous-officiers.
Il faut ajouter la durée du service, et, si on la supprime ou si
on la restreint pour la plus grande partie de l'armée, c'est une
raison de plus pour organiser une portion permanente. Tout le
monde l'a d'ailleurs senti, bien qu'on l'ait exprimé de manières
différentes, car les lois spéciales présentées par le ministre au
sujet de l'armée d'Afrique, des sous-officiers, etc., n'ont d'autre
but que d'augmenter l'effectif permanent. C'est ce but qu'il
faut, avant tout, atteindre.

M. Gambetta fait remarquer que les portions permanentes
affectées à l'armée d'Afrique et à l'armée continentale n'appar-
tiendront pas à la même unité militaire. Le ministre de la
Guerre organise d'abord la force continentale, puis, à côté, une
force distincte pour les colonies. Les noyaux permanents de
chacune de ces unités seront séparés les uns des autres, sinon
les différents corps et les différentes armes, empruntant ceux-ci
à ceux-là, il en résulterait une confusion, peut-être même une
dislocation très dangereuse à un moment donné.

M. Reille croit que ce danger n'est pas aussi grand que
le pense Gambetta et qu'on peut le prévenir par une organisation prévoyante et habile. Il est très frappé des défauts
actuels de l'infanterie de marine, qui se résument en ceci, que
cette armée, dispersée comme elle l'est, se compose de compagnies, de bataillons, de régiments, de brigades qui ne sont
jamais ensemble, dont les officiers ne se connaissent pas et ne
connaissent pas leurs troupes, de sorte qu'un général n'a
jamais commandé réellement une brigade, ni peut-être un
colonel, un régiment. Il préférerait que l'infanterie de marine
fût rattachée à l'infanterie de ligne dans la proportion de deux
compagnies par régiment. Les régiments seraient appuyés par
ces troupes d'élite, et ces troupes elles-mêmes pourraient être

rapidement réunies pour former un corps excellent qu'en cas de guerre on jetterait sur la frontière, où il servirait de rideau à la mobilisation du reste de l'armée.

M. Gambetta croit qu'un tel remède, à un mal qu'il ne nie pas, serait des plus dangereux. L'éparpillement de l'infanterie de marine ne serait pas conjuré, mais aggravé, et la réunion de ces tronçons serait d'autant plus difficile qu'ils seraient très éloignés les uns des autres, et que les colonels mettraient peu de bonne volonté à les laisser partir lorsqu'on les réclamerait.

6 juillet.

M. Gambetta combat le système qui ferait des catégories dans l'armée. La force militaire la plus puissante sera, à ses yeux, celle qui mettra le moins de différence entre l'armée et ses réserves. A ce point de vue, le système du baron Reille est très critiquable. M. Gambetta ne croit pas que son application donne un noyau militaire suffisant comme nombre, ni qu'elle relève la qualité de l'armée prise dans son ensemble. Les réserves seront, en effet, très faibles dans ce système, tandis que, dans le sien, elles doivent être du même ordre que le reste de l'armée. Pour atteindre ce but, et avoir une armée vraiment homogène, composée de parties sensiblement égales, formant un tout compact, il faut trois ans de présence dans la caserne et non pas seulement une apparition sur le champ de bataille en temps de guerre. La charge sera lourde sans doute ; elle le sera au point de vue financier, car l'ensemble de nos forces militaires coûtera près d'un milliard par an, c'est-à-dire la dîme des revenus de la France. Elle le sera au point de vue social. Cependant, à ce dernier point de vue, le service obligatoire égal pour tous aura l'avantage que les jeunes gens instruits pourront recevoir dans l'armée un grade correspondant à la situation qu'ils occupent dans la société. Une solidarité plus étroite s'établira entre l'armée et la nation. Il en résultera sans doute le réveil de cette confiance en nous-mêmes qui s'est malheureusement affaiblie, et qui est un élément moral qu'il ne faut pas négliger. M. Gambetta ne croit pas que ce système soit aussi fatal qu'on le dit aux lettres, aux sciences et aux arts. En tout cas, l'état de l'Europe et notre propre situation nous imposent un grand effort, car il s'agit pour nous de continuer d'être ou de disparaître.

7 juillet.

A propos du recrutement rég onal proposé par Ballue, Gambetta, dit que l'application de ce système, pour un petit avantage, risquerait de produire un grand inconvénient. Dans certaines régions, le recrutement des cadres inférieurs serait très difficile et resterait toujours très défectueux. Il estime que le système mixte de la loi de 72 donne satisfaction à tous les intérêts en présence, et qu'il assure à la mobilisation régionale la plus grande mobilité possible. En temps de guerre, certaines opérations sur nos frontières exigent dars nos corps d'armée une disponibilité, une mobilité qu'on risque de perdre avec le régime régional pur. Rien, d'ailleurs, n'est plus délicat que de toucher au système établi. Il ne faudrait le faire qu'avec infiniment de lenteurs et de précautions.

A la fin de la séance du 15 novembre 1882, Gambetta exprime l'avis qu'en continuant l'étude de la loi sur le recrutement, on peut s'occuper aussi de la loi sur l'avancement des officiers et sur le rengagement des sous-officiers. La commission aura à s'occuper de ces questions dans ses prochaines séances.

Séance du 22 novembre 1882.

A propos de la loi sur l'avancement, et de la question de savoir à quel moment, avant ou après le grade de capitaine, l'officier, pour avancer, devra passer par l'Ecole supérieure de guerre, Gambetta rappelle que plusieurs préopinants ont été d'avis que, pour devenir capitaine, on devrait passer par l'École supérieure de guerre. Il sait toute l'importance qu'a acquis le commandement de la compagnie : toutefois, l'Ecole supérieure de guerre lui apparaît mieux placée après le grade de capitaine, pour ouvrir accès au grade de chef de bataillon. Il s'agit de savoir où sera la barrière médiane entre les grades inférieurs et les grades supérieurs. Je suis, dit-il, partisan de l'unité d'origine. Je la crois nécessaire pour la cohésion de chaque arme et de toutes les armes entre elles. Unité d'entrée au point de départ, tel doit être le principe. Toutes les armes seront astreintes au premier degré de stage. Mais ici, il faut remarquer que les services de l'armée se divisent en deux branches que j'appellerai, l'une la branche de combat, l'autre la branche scientifique. Elles sont indispensables toutes deux, mais, loin d'être confondues, elles doivent, à mon avis, être tenues absolument séparées. Dans l'organisation actuelle, on place dans les arsenaux les officiers les meilleurs, les plus distingués, les plus instruits. Qu'arrive-t-il ? C'est qu'en temps de guerre ces officiers s'en vont ; ils rejoignent le rang et ils ne laissent rien à leur place. L'armée combattante recueille des officiers de grand mérite, mais souvent, il faut le dire, un peu rouillés, un peu déshabitués du service actif ; les arsenaux se vident et certains services indispensables se trouvent languissants. Je crois donc qu'il faut établir une ligne de démarcation dans l'armée, mettre d'un côté les combattants, de l'autre, les architectes, les chimistes, les bureaucrates, les ingénieurs, etc. Pour ces derniers, du moins pour quelques-uns d'entre eux, le recrutement scientifique est nécessaire, et, à ce titre, je serai d'avis de conserver l'École polytechnique, ne voyant point par quelle autre on pourrait la remplacer avec profit.

Je passe à l'autre branche de l'armée. Les combattants se forment d'abord dans le rang, puis dans l'école spéciale pour devenir officiers, puis dans l'académie ou école supérieure de guerre pour devenir officiers supérieurs. Il y a toutefois une différence à faire entre les grades, au sujet des conditions qui permettent d'y atteindre. Il ne doit pas être possible d'arriver à l'épaulette sans avoir pris dans le rang le premier degré d'instruction militaire. Il faut de plus que le soldat, l'homme du rang puisse arriver au grade de sous-lieutenant, de lieutenant, et qu'il y arrive d'autant plus sûrement qu'il aura rendu certains services ou accompli certaines actions. Pour le grade de capitaine, le premier degré, l'école du rang, ne suffit pas ; il faut le second, l'école spéciale. Le grade de capitaine a acquis une importance qui vient moins du nombre des hommes à commander que de la variété des manœuvres de la compagnie : de là vient la difficulté de tenir solidement ces grandes chaînes et de les faire mouvoir sur le terrain. J'estime donc que le second degré, c'est-à-dire l'école spéciale, est une initiation nécessaire à ces fonctions. Le troisième degré est l'Ecole supérieure de guerre : il faudrait passer par là pour devenir chef de bataillon. Dès lors, le capitaine qui aurait acquis, dans l'exercice de son grade, l'expérience technique du commandant de compagnie, de batterie ou d'escadron, après avoir acquis un complément de connaissances indispensable pour les grades supérieurs, pourrait parvenir aux échelons plus élevés.

M. Ballue croit qu'il importe fort qu'on puisse arriver à

l'École supérieure de guerre, avant d'avoir perdu la capacité
d'apprendre, et il voudrait que les lieutenants n'en fussent pas
exclus.

M. Gambetta n'y contredit point : il n'a pas voulu interdire
absolument l'accès de l'Académie de guerre à tous autres que les
capitaines. Il formule ainsi son opinion : « le lieutenant après
trois ans de grade, et le capitaine toujours, peuvent concourir à
l'Académie de guerre ».

⁎⁎

Ces paroles de Gambetta sont les dernières qu'il ait pronon-
cées dans la Commission. Il a parlé pendant dix minutes ou un
quart d'heure avec une grande puissance de diction, mais une
fatigue évidente. Quand il a eu terminé, il s'est tourné vers moi
et m'a dit : « Vous avez pris des notes, n'est-ce pas, sur cette
élucubration ? » Il était en nage et s'est longuement essuyé,
épongé les joues et le cou avec son mouchoir. J'ai été frappé de
la difficulté de sa respiration et de la lassitude qu'il éprouvait,
à la suite d'un effort de si courte durée. Sa barbe, au bas des
joues, était absolument blanche. Ces observations que j'avais
faites alors avec un peu d'étonnement me sont revenues à l'esprit quelques jours plus tard. Je n'ai pas revu Gambetta.

J'ai été à Ville-d'Avray pendant sa maladie, un soir, avec
Xavier. Il faisait un temps lourd et humide, avec du vent ; tout
inspirait la tristesse autour de la maison, et tout l'augmentait
dans la maison même. Quelques amis étaient réunis dans le
salon du rez-de-chaussée, à droite en entrant. Ils attendaient
le résultat d'une consultation qui avait lieu en ce moment.
Nous sommes allés au-devant des médecins, et le premier que
j'ai vu descendre l'escalier, c'était Paul Bert, m'a frappé par son
air préoccupé. Cependant, ils s'efforçaient tous de paraître confiants et rassurés, et le bulletin qu'ils signèrent était optimiste.
Malgré cela, j'éprouvais au cœur une sorte d'angoisse, et c'est
avec ce sentiment que je sortis de la maison et repris le chemin
de la gare. A ce moment, Lannelongue nous rejoignit Xavier et
moi ; il nous prit chacun par un bras et traversa la moitié du
jardin sans rien dire. Comme j'exprimais ma satisfaction du
mieux dont on parlait, Lannelongue se retourna pour voir si
nous étions seuls, il nous poussa d'un mouvement brusque
dans une petite allée, et il nous dit : « Jamais il n'a été plus
mal ; ce bulletin est pour le public, on a voulu le faire ainsi ;

mais, à moins d'un miracle, il est perdu. » — Ces paroles confirmaient l'espèce de pressentiment inavoué que nous avions. — « En vérité, dis-je à Lannelongue, il en est là ? — Ah ! mon cher ! Ah ! mon cher... » Il ne répondit pas autre chose, et nous rejoignîmes la gare. Il y avait Trélat, etc., une dizaine de personnes.

En arrivant à Paris, nous trouvâmes dans la gare, sur le quai où aboutissait la voie, un groupe d'amis qui attendaient avec une vive anxiété sur leurs visages. J. Reinach était le premier, un peu en avant. On leur donna de meilleures nouvelles.

Autant que je m'en souvienne, c'était un samedi.

FRANCIS CHARMES.

CÉRÉMONIE COMMÉMORATIVE

DES JARDIES

DISCOURS

prononcé le 14 janvier 1906

A LA CÉRÉMONIE DES JARDIES

S'il n'y a pas d'autre exemple, ni dans notre histoire, ni dans aucune autre, d'un homme d'État qui ait marqué si profondément sa trace dans l'âme de sa nation qu'après un quart de siècle, les lieux où il a vécu ses dernières heures sont restés, à la date anniversaire de sa mort, le but d'un pèlerinage tous les ans plus nombreux ; que son pays ne puisse être secoué d'une crise sans que le regret : « Ah ! s'il était là ! » ne sorte de toutes les bouches ; et que ses enseignements et jusqu'à ses moindres paroles sont invoqués, dans les disputes des partis, non seulement par ses amis et collaborateurs, mais par ses adversaires d'autrefois, comme des raisons supérieures ou décisives ; — si une telle exception a pu se produire à la règle commune du progressif oubli, même pour les serviteurs les plus glorieux d'un peuple qui en a tant compté, c'est apparemment que le nom de cet homme est évocateur à la fois des souvenirs les plus durables et des plus chères espérances.

Que représente donc ce grand républicain ? Il est l'incarnation du patriotisme français. Il est celui qui, dans l'opposition comme au pouvoir, a tout subordonné au souci, à la pensée dominante du bien public.

La déclamation qui est toujours odieuse, l'est surtout lorsqu'elle s'exerce sur le patriotisme. Vous pouvez relire toute l'œuvre oratoire de Gambetta, — aux heures tragiques de la Défense nationale, les proclamations qui

redressaient les âmes, telles ces sonneries de clairon qui
font relever le pas aux régiments fatigués ; et aux heures
graves et plus calmes où la France entreprit de se régé-
nérer dans la démocratie et la liberté, les sermons laïques
où il enseignait la patience et l'obstination indomptables,
le culte vigilant de l'armée, l'obligation de faire « à la
plus grande personne morale qui soit au monde » des destinées dignes de son passé ; — vous n'y trouverez pas un
mot qui ne vienne du cœur, qui n'aille au cœur. Pas une
fois, il n'a essayé de faire du patriotisme une machine de
guerre dans la bataille pour le pouvoir, un instrument de
règne ; et bien qu'il n'oubliât jamais que le premier nom
des républicains dans l'histoire fut celui de patriotes, il eût
tenu pour absurde et coupable la prétention de monopoliser
pour les siens l'amour du pays commun à tous les Français.

Par contre, à quelque moment de sa vie publique, si
courte et si pleine, que vous le preniez, vous l'y verrez
chercher, de toutes les ressources de son intelligence, à
travers l'âpre conflit des peuples rivaux, quelle direction
sera la plus conforme aux intérêts permanents de son
pays. L'exacte appréciation de ces intérêts, c'est le principe de toute sa politique ; mais je dis « des intérêts permanents », parce qu'il savait, parce que l'étude attentive du
passé lui avait appris que les grandes erreurs, d'où sortent,
comme un châtiment, les grandes catastrophes, proviennent
presque toutes du mirage qui fait apparaître aux gouvernants leurs ambitions personnelles comme les intérêts du
pays dont le sort leur est confié.

Cette méconnaissance ou cette confusion sont d'ordinaire le fait seulement d'un individu ou de quelques-uns,
d'un conquérant, d'une famille royale pressée d'essaimer
sur les trônes voisins, d'une Église impériale pour
laquelle l'ennemi, ce sont les hérétiques. Cependant les
démocraties, elles aussi, la Révolution elle-même, ont
subi ces mêmes égarements qui n'ont pas été moins funestes.

Le jour où la Révolution, après avoir atteint d'un magnifique élan les frontières de la vieille Gaule, les a dépassées parce qu'elle avait besoin de couvrir la misère de son anémie intérieure par la gloire des conquêtes, elle a méconnu l'intérêt permanent du pays et elle a préparé Napoléon. Le jour où la démocratie, mi-républicaine, mi-césarienne, s'est laissée aller aux guerres de propagande, c'est-à-dire à transporter dans la politique extérieure les principes de sa politique intérieure, et par suite à substituer à la politique éprouvée de l'équilibre, à la politique de l'indépendance des nations, celle des nationalités, elle a méconnu l'intérêt permanent du pays et a préparé l'année terrible. Si jamais les théories du socialisme internationaliste réussissaient à prévaloir, c'en serait fait ce jour-là non plus de la grandeur, mais de l'indépendance de la nation.

Gambetta comme Danton, avec qui il offre tant de ressemblance, et comme celui qu'il appelait « l'incomparable cardinal de Richelieu », a été exclusivement Français. Tout jeune, sous l'Empire, alors que bien des républicains, malgré tant de signes précurseurs, s'obstinaient à rêver de fraternité universelle, il n'hésitait pas à s'inscrire en faux contre ces illusions — car s'il faut toujours rester de son parti, il ne faut jamais craindre, fût-on seul, à l'avertir qu'il se trompe, — et quand Michelet disait successivement : « *Mon* Allemagne ... *Ma* Russie ... *Ma* Pologne ... », il ne voulut dire que : « *Ma* France. »

Non pas assurément qu'il conçût la politique française au dehors comme on ne sait quelle timide entreprise de petits profits et de petits gains; mais précisément parce que, d'accord ici avec Michelet, il considérait « qu'il faut enseigner aux Français la France comme dogme et comme révélation », — précisément parce qu'il savait combien la grandeur et la puissance de la France sont indispensables à l'équilibre du monde et combien aussi toute intervention de la France, quand elle est conforme à son génie, contribue, par d'irrésistibles contrecoups, au progrès général de l'humanité. C'est parce qu'il avait cette idée de la France que, répudiant également pour elle les dangers de la pusillanimité et ceux de la chimère, il répétait à ses représentants, quelques mois avant sa mort, comme il l'avait dit aux premiers jours de sa vie publique : « N'agissez que d'après votre intérêt mûrement étudié, mûrement délibéré. »

Son estime des hommes politiques, qu'ils fussent français ou étrangers, amis ou ennemis, se mesurait au discernement qu'ils avaient des intérêts de leur pays propre. Il a dit un jour de Bismarck : « C'est justement un hommage à rendre à ce politique aussi ferme et aussi maître de lui-même qu'audacieux à certaines heures, qu'il ne s'occupe que des choses qui se rapportent directement à l'intérêt allemand. »

Ah ! Messieurs, ce dernier grand discours de Gambetta, ce discours du 18 juillet 1882 sur les affaires d'Égypte, comme on voudrait qu'il fût toujours présent à toutes les mémoires ! Écoutez seulement ces quelques lignes : « Quand je regarde l'Europe, je remarque que depuis dix ans il y a toujours eu une politique occidentale représentée par la France et l'Angleterre, et permettez-moi de dire que je ne connais pas d'autre politique européenne capable de nous être de quelque secours dans les plus terribles hypothèses que nous puissions redouter. Messieurs, ce que je vous dis aujourd'hui, je le dis avec le sentiment profond de la clairvoyance et de l'avenir. » Et comme on murmurait à l'extrême-gauche : « Ceux qui m'interrompent viendront ici donner les raisons qui les autorisent à croire que ma parole est sans crédit dans le domaine des affaires extérieures ; mais j'ai le droit de dire qu'avant comme après la guerre de 1870, jamais je n'ai eu de préoccupation plus constante, entendez-le bien, supérieure à la fois aux intérêts personnels et aux intérêts du parti, que celle de la sécurité de la patrie; et je me détesterais, je m'interdirais à jamais l'honneur de parler devant mon pays, si je pouvais mettre quelque chose en balance avec son avenir et sa grandeur. »

A Dieu ne plaise, messieurs, que parlant d'un homme qui, tout en épuisant son génie à créer sur les ruines accumulées par l'Empire une France nouvelle, et, disons-le, une République nouvelle, n'en avait pas moins pour l'ancienne France un respect et une admiration qui allaient au culte, je puisse donner à croire que de tels accents, surtout que de tels sentiments, soient sans précédents dans notre histoire. Bien au contraire, l'une des principales sources du patriotisme de Gambetta était dans ce passé; il le connaissait comme bien des historiens de profession ne l'ont jamais connu, c'est en étudiant la France d'autrefois dans la bonne et dans la mauvaise fortune qu'il avait, selon une noble formule de Challemel-Lacour, « recueilli le secret de ses destinées » : et ainsi, il sentait comme condensée en lui cette grande âme éparse à travers tant de siècles, tant de gloire et de douleurs. Il avait vécu avec les rois et les hommes d'État qui employèrent leurs efforts à faire et à développer la France, avec les chefs militaires qui défendirent ou étendirent ses frontières, avec les hommes de la Révolution qui ressuscitèrent le droit, fondèrent la liberté, donnèrent toute sa force à l'idée de patrie, avec l'immense peuple anonyme d'artisans, de paysans et de soldats qui a été, à toutes les époques, l'incomparable matière première de notre histoire nationale. Avec quelle émotion, avec quelle compréhension il parlait d'eux, s'élevait au-dessus de leurs querelles, réconciliait, dans son ardente et pieuse pensée, tous ces fils d'une même mère, qui si souvent furent des frères ennemis! Ces éléments contraires ou divers, qui, broyés et mêlés par les événements, ont fait l'harmo-

nieuse unité de la France, nul ne les a jugés avec plus
d'équité que lui, d'un esprit plus libre et plus large. Disciple enthousiaste de Voltaire, il est, il le dit en propres
termes, « le dévot de Jeanne la Lorraine » ; ennemi irréconciliable de la théocratie, il est l'admirateur de Bossuet ;
démocrate ou républicain dans les moelles, — « la démocratie, disait-il en se frappant le cœur, il faut l'avoir
là », — il n'égale pas seulement le royaliste Berryer aux
plus grands orateurs, mais aux meilleurs citoyens de son
parti. Comme il parlait de Hoche ! Comme il parlait de
Richelieu ! Un soir, ici, dans l'automne de sa dernière
année, de quelle voix, que j'entends encore, il évoquait la
scène fameuse des adieux de Richelieu au père Joseph,
le capucin expirant, déjà dans la mort, et le cardinal se
penchant sur le lit funèbre, criant la dernière victoire de
son armée d'Alsace à son vieux confident, au voyageur
qui part pour le pays inconnu où les nouvelles du monde
ne parviennent pas : « Père Joseph ! père Joseph ! Bri-
sach à nous ! »

Ainsi, il ne chérissait pas seulement d'une profonde
tendresse la « douce France », son beau ciel, ses belles
campagnes et ses belles villes, où il fait si bon vivre, et
dont il sentait et exprimait si bien le charme. Mais il
aimait encore et surtout la France « morale », la France
« nourrice des idées générales du monde », la France qui
avait lutté et souffert, « la France pour elle-même ». Ce
n'est pas lui, oh ! non ! qui se fût avisé de prétendre que
la France doit être d'autant plus chère à ses fils qu'elle
est mieux gouvernée, qu'elle assure plus de liberté et
plus de justice, qu'elle est plus heureuse et qu'elle fait
plus d'heureux ! La vieille formule, vieille comme l'égoïsme
et comme la lâcheté, *ubi bene, ibi patria*, il la repoussait
avec horreur ; et c'était de la France vaincue, humiliée,
brisée par le despotisme, qu'il s'écriait « que celle-là, il
faut l'aimer comme une mère » !

De même que le propre du patriotisme est de préférer son pays à tous les autres, de même l'amour du bien public consiste essentiellement à préférer aux intérêts des partis ou des individus l'utilité générale; c'est, si je puis dire, la forme intérieure du patriotisme.

Si, de tous les hommes d'État qui ont bien servi la République, aucun n'a eu d'elle et n'a donné d'elle une idée plus haute que Gambetta, c'est qu'il a toujours fait effort sur lui-même et sur son parti pour élever les intérêts républicains au point où ils se confondent avec les intérêts généraux de la nation.

Seulement, messieurs, s'il n'y a pas d'idée plus simple que l'idée de patrie, que l'impératif catégorique : « Tu dois ta vie à ton pays... », il est autrement difficile de reconnaître, dans les affaires intérieures, ce qui est le bien public, de le distinguer de ce qui en a l'apparence, de ne pas le confondre, même de la meilleure foi du monde, avec des avantages particuliers, ou encore de le dégager d'intérêts contradictoires. Grande difficulté à toutes les époques et sous tous les régimes; combien plus grande encore dans un vieux pays où le passé est resté si vivace, et dans une jeune démocratie qui élabore fiévreusement l'avenir !

Qu'il y ait des erreurs politiques dans la vie de Gambetta, il en a convenu lui-même, sans embarras, avec la belle sincérité qu'il apportait dans tous ses actes; mais il n'en a pas moins donné à tous ses contemporains, aux adversaires dont il forçait le respect et l'estime, comme aux amis de qui, plus d'une fois, il réclama de pénibles sacrifices d'opinion, la sensation, le choc direct du citoyen que la passion de la chose publique domine et possède tout entier.

Qui, plus que lui, a été de son parti, républicain à la fois d'instinct et de raison, parce que, s'il ne faisait pas dater de la Révolution toute l'histoire de France,

il ne concevait pas la France issue de la Révolution sous
une autre forme de gouvernement que la République, non
pas une République nominale, mais une République
entourée exclusivement d'institutions républicaines? Le
jour où il s'écria : « Il y a quelque chose que je place
au-dessus de toutes les ambitions, c'es ia confiance des
républicains, sans laquelle je ne pourrais accomplir ce
qui est, j'ai bien quelque droi de le dire, ma tâche dans
ce pays : le relèvement de le patrie... », qui a donné à
ces beaux mots d'union républicaine un sens plus politique et plus haut? Qui, plus résolument, n'a rien voulu
être que par son parti ? Qui, moins que lui, a eu peur des
réformes, politiques ou sociales, des initiatives et des inno-
vations les plus hardies ?

Aujourd'hui encore, vingt-cinq ans après sa mort, nous
n'avons réalisé qu'une partie de son programme, du programme qu'il développait, au mois d'août 1881, devant
les électeurs de Belleville, à la veille de prendre le pouvoir. Il réclamait « la réforme radicale » de notre organisation judiciaire, la tenait comme « la première des
mesures réparatrices » ; nous l'avons à peine commencée
par l'extension de la compétence des juges de paix. La
question du recrutement des sous-officiers est d'autant
plus grave que la durée du service militaire est plus
courte ; alors que le service était encore de cinq ans, Gambetta professait que « c'était une question de vie ou de
mort pour l'armée, une de ces questions sur lesquelles il
ne faut pas transiger ». Où en est la réforme fiscale qu'il
proposait de résoudre par l'application, non pas inquisi-
toriale et vexatoire, mais loyale et intelligente du principe
inscrit dans la Déclaration des Droits de l'Homme : « Nul
ne doit contribuer à l'impôt que proportionnellement à
ses facultés » ? Où en est la réforme administrative qu'il
résumait en ces termes : « Le suffrage universel ayant
parlé, à partir de ce moment le gouvernement qu'il s'est

donné doit être libre dans la sphère de ses pouvoirs, libre
de toutes les sollicitations, de toutes les coalitions, de
toutes les tentatives que l'on fait pour entreprendre sur
ses prérogatives. Nous sommes dans une démocratie et
non dans un régime de faveur ; nous avons une démocratie élective, et non le gouvernement d'une maison privilégiée qui voit pulluler les créatures autour d'elle. Quand
je réclame l'indépendance de l'administration, quand je
dis que les administrations sont les intendants de la fortune de la France, je dis que je suis plus libéral, plus
démocrate que ceux qui prétendent qu'on doit tout livrer
aux pratiques, aux compétitions et aux influences parlementaires » ? Qu'avons-nous fait pour la décentralisation
administrative dont il disait : « Dans tout ce qui a rapport
à la sécurité de l'État, à l'impôt, à l'armée, à l'exécution
uniforme des lois, oh ! là-dessus, il m'est impossible de
conférer à une commune, ni petite, ni grande, rien qui
puisse ressembler à une mutilation de la patrie. Mais je
voudrais que ces communes, grosses ou petites, eussent
chacune leur force propre, que chaque commune eût le
droit de gérer ses biens, d'emprunter, d'hypothéquer à ses
risques et périls et d'être véritablement propriétaire dans
le domaine de ses intérêts purement locaux » ? La Chambre
vient seulement de mettre à son ordre du jour l'institution d'une caisse de retraites pour la vieillesse ; Gambetta,
dès 1881, proposait de constituer cette caisse par l'association de l'État et des sociétés de secours mutuels, et
Waldeck-Rousseau préparait, déposait alors un premier
projet dans ce sens.

On nous demande parfois ce que sera le programme de
demain. Il me semble que le voici : ce qui reste à accomplir
du programme de Gambetta en 1881.

Est-il nécessaire d'insister, messieurs, sur le caractère
profondément républicain et démocratique de ces réformes
qui attendent encore une majorité pour les faire entrer

dans la loi ou dans les mœurs ? Est-il nécessaire davantage
de montrer combien ces réformes démocratiques et républicaines sont, en même temps, inspirées par le souci scrupuleux du bien public ? Lorsque Gambetta réclame des
juges moins nombreux, mais « plus éclairés et plus
savants », « choisis au concours » et assez payés pour
« qu'ils n'aient plus aucune espèce d'intérêt à ce qu'on
appelle une promotion », est-ce pour son parti seulement
qu'il veut ainsi le bénéfice d'une magistrature à la hauteur de sa tâche et vraiment indépendante ? Lorsqu'il
réclame l'égalité absolue du service militaire, est-ce pour
flatter les passions niveleuses ? Non, dit-il expressément,
« ce n'est pas pour établir un service d'égalité à outrance,
mais parce que c'est dans ce réservoir de jeunes gens,
alimenté par toutes les artères de la France, que nous
trouverons l'intelligence, la fermeté, l'esprit d'obéissance
et de bravoure qui nous sont nécessaires pour pouvoir
encadrer les masses que nous donnera la patrie » ! Quand
il demande que l'administration soit soustraite « aux pratiques, aux compétitions et aux influences parlementaires », se dissimule-t-il qu'il va heurter et blesser son
propre parti qui tient les avenues du pouvoir ? Mais il a
trop l'estime de ce parti pour ne pas l'avertir à temps que
le népotisme électoral ne vaut pas mieux que le népotisme
des cours, et que la République ne serait plus la chose
publique si les fonctions et les emplois, au lieu d'être
réservés au talent et au mérite, l'étaient à l'intrigue et à
la faveur.

Messieurs, quand on vient commémorer le souvenir
d'un homme comme Gambetta, ce n'est point seulement
en témoignage d'une admiration que les années n'ont pas
affaiblie ; c'est surtout pour se rappeler avec plus de force
ses enseignements et pour s'inspirer plus profondément
de ses leçons et de son exemple. Que tout ce qui reste à
faire ne nous rende pas, au surplus, injustes envers nous-

mêmes, comme c'est notre ordinaire défaut. Pour peu qu'on s'élève, en effet, au-dessus de la région où s'agitent les partis et qui est pleine de leur poussière, c'est un sentiment de légitime fierté qu'on éprouve pour le pays qui, après de tels cataclysmes, au milieu de telles difficultés toujours renouvelées, a su accomplir l'œuvre immense et multiple qui porte la signature et l'empreinte de la République. Soit que nos regards se portent à l'intérieur, vers les milliers d'écoles et d'établissements d'enseignement de toute sorte qui couvrent aujourd'hui le territoire, vers les milliers de voies de communications nouvelles qui sillonnent le pays, vers ces œuvres d'assistance publique et de solidarité sociale dont chacune annonce ou figure une victoire de la fraternité sur la misère; vers ces syndicats et ces associations, jeunes encore et inexpérimentés, mais dont la conquête a été saluée par le monde du travail, par nos trois millions d'ouvriers comme la charte de leur émancipation définitive; vers l'État laïcisé qui, en reprenant sa liberté, a laissé courageusement aux Églises toute la leur; vers notre armée, enfin, reconstituée sur des assises plus larges, modelée sur la nation, comptant dans ses rangs les mêmes forces intellectuelles, où l'éducation des vertus professionnelles, plus nécessaires que jamais, se complète et s'achève par celles des vertus civiques, et qui, penchée sur sa tâche, toute à son devoir, a découragé les mauvais desseins, les uns par sa loyauté, les autres par la confiance qu'on lui sait en elle-même; — soit que nos regards franchissent la frontière, vers le vaste empire colonial que la prévoyance obstinée de quelques hommes d'État, l'endurance et la vaillance de nos soldats ont constitué en si peu d'années, et vers les nations étrangères étonnées de trouver chez nous, à côté des anciennes qualités restées intactes, la sagesse et la modération qui sont les marques les plus certaines de la force, — non, nous n'avons sujet ni de douter de nous ni de redouter qui que ce soit. Croyez-en, messieurs, un homme à qui l'on a souvent reproché — en d'autres termes, il est vrai — d'avoir plus souvent averti que flatté la démocratie. De toutes les épreuves et de toutes les crises que nous avons traversées, de celles dont la justice ou la liberté étaient l'enjeu comme de celles où la paix a paru compromise, la France et la République sont sorties plus dignes de l'estime du monde. Dans l'ardente et parfois obscure lutte des partis, nous sommes pareils au jeune soldat qui, après avoir pris sa part d'une grande bataille, n'était pas bien certain qu'il eût assisté à une vraie bataille et s'en assurait auprès d'un passant. Nous pensons parfois nous être querellés seulement à propos d'un homme, alors que nous avons combattu pour les plus grandes idées et que nous leur avons donné un nouvel essor. Les douleurs ne nous ont pas été épargnées; elles ont été fécondes. Nos destinées ont été souvent cruelles et tragiques; jamais elles n'ont été vulgaires. Des rêves fallacieux nous ont visités; le réveil, sous le coup de fouet de la réalité, nous a trouvés plus résolus et plus forts. Renan, après 1870, pleurant sur les ruines de la patrie, redoutant qu'elles fussent irréparables et n'espérant plus, devant la victoire de la force brutale, que dans la lointaine justice de l'avenir, écrivait : « On reconnaîtra un jour que la France était le sel de la terre. » Messieurs, ce qu'il y a de plus noble dans l'humanité n'a pas cessé un seul jour d'avoir besoin de nous. Nous avons derrière nous la plus belle histoire qui soit depuis celle des républiques antiques : nous la continuons. Demain comme hier, nous n'aurons qu'un mot d'ordre, celui que nous donna l'homme dont nous invoquons aujourd'hui la mémoire, qui ne désespéra jamais, qui agit toujours : « Tout pour la France par la République! »

TABLE DES MATIÈRES

ÉVREUX, IMPRIMERIE CH. HÉRISSEY

LIBRAIRIE FÉLIX ALCAN

ADAM (Mme JULIETTE-LAMBER). — **Guillaume II** (1890-1899).
1 vol. in-16 (*couronné par l'Académie française*) . . . **3 fr. 50**

ALBIN (PIERRE). — **Le Coup d'Agadir**. *La Querelle franco-alle-*
mande. Origines et développement de la crise de 1911. 1 vol.
in-16 . . . . **3 fr. 50**

— **La Guerre allemande.** *D'Agadir à Sarajevo (1911-1914).*
1 volume in-16. . . . . **3 fr. 50**

— *La Paix armée.* **L'Allemagne et la France en Europe** (1885-
1894). 1 vol. in-8. . . . . **7 fr. 50**

— **Les Grands Traités politiques de 1815 à nos jours,** Préface
de M. Maurice HERBETTE. 1 vol. in-8. 2º édition, 1912. . . **3 fr. 50**

BARTHÉLEMY (JOSEPH), professeur à la Faculté de droit de Paris.
— **Les Institutions politiques de l'Allemagne contempo-**
raine. 1 vol. in-16. . . . . **3 fr. 50**

DEBIDOUR (A.), professeur à la Sorbonne. — **HISTOIRE**
DIPLOMATIQUE DE L'EUROPE DEPUIS LE TRAITÉ
DE VIENNE, jusqu'à nos jours. 4 vol. in-8.

A) **Depuis le traité de Vienne juqu'au congrès de Berlin**
(1814-1878). 2 vol. in-8, 1892. . . . . **18 fr. »**

B) **Depuis le Congrès de Berlin jusqu'à nos jours**
(1878-1916) :

Iº *La Paix armée* (1878-1904), Préface de M. Léon BOURGEOIS.
1 vol. in-8, 2º édition, 1917. . . . . **7 fr. »**

IIº *Vers la grande guerre* (1904-1916). 1 volume in-8,
1917 . . . . **7 fr. »**

DUHEM (JULES). — **La Question d'Alsace-Lorraine** (1871-1914).
1 brochure in-8. . . . . **1 fr. 25**

La guerre. *Conférences de la Société des Anciens élèves de l'École*
libre des Sciences politiques, par MM. RENAULT (LOUIS), LÉVY
(RAPHAEL-GEORGES), BELLET (DANIEL), BOURGEOIS (ÉMILE), le
Gˡ MALLETERRE. 1 vol. in-16 . . . . **3 fr. 50**